浙江省自然科学基金项目（Y6110424）结题研究成果之一
教育部人文社会科学研究规划基金项目（12YJA790032）阶段性研究成果之一

中小企业集群融资新模式论

高连和　著

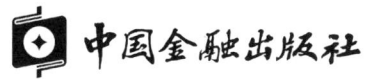
中国金融出版社

责任编辑：王雪珂
责任校对：李俊英
责任印制：丁淮宾

图书在版编目（CIP）数据

中小企业集群融资新模式论（Zhongxiao Qiye Jiqun Rongzi Xinmoshilun）/高连和著.—北京：中国金融出版社，2014.2
ISBN 978 – 7 – 5049 – 7458 – 7

Ⅰ.①中⋯　Ⅱ.①高⋯　Ⅲ.①中小企业—企业融资—研究　Ⅳ.①F276.3

中国版本图书馆 CIP 数据核字（2014）第 048521 号

出版
发行　中国金融出版社

社址　北京市丰台区益泽路 2 号
市场开发部　（010）63266347，63805472，63439533（传真）
网上书店　http://www.chinafph.com
　　　　　（010）63286832，63365686（传真）
读者服务部　（010）66070833，62568380
邮编　100071
经销　新华书店
印刷　保利达印务有限公司
尺寸　169 毫米 ×239 毫米
印张　17
字数　310 千
版次　2014 年 2 月第 1 版
印次　2014 年 2 月第 1 次印刷
定价　45.00 元
ISBN 978 – 7 – 5049 – 7458 – 7/F.7018
如出现印装错误本社负责调换　联系电话（010）63263947

序　言

中小企业集群融资是一个新生事物，是区域金融的一种新的表现形式并具有它本身的特殊性、复杂性和规律性，是吸纳疏导民间资本的有效新渠道，是区域金融研究的一个新领域。

国外的产业集群出现得比较早，发展得也比较成熟，而我国直到改革开放后的20世纪80年代中后期，才开始在一些地区尤其是东南沿海的江、浙、粤、闽等地出现大量各具特色的中小企业集群，中小企业集群经济在这些地方得到了快速的发展。中小企业集群不再是少数地区的特殊现象，越来越多的地区产业发展显现了中小企业集群化特征，中小企业集群已成为我国区域发展和产业布局的重要模式和发展趋势。中小企业集群的迅速发展以及它对区域经济的综合推动作用和对区域整体竞争力的提升力量，引起了政府、学者和其他社会各界人士的高度关注和重视。

区域金融与区域经济的相互作用关系，在不同的发展阶段其表现方式有所不同。在现代市场经济中，区域金融与区域经济的关系首先是相互适应。区域金融内生于区域实体经济，反过来，区域金融又要为区域实体经济服务。有什么样的区域实体经济形式和区域经济结构，就应该有什么样的区域金融服务方式和区域金融结构相对应，区域金融形式和区域金融结构与区域实体经济形式和区域经济结构相适应是客观经济规律的要求。在我国中小企业集群发展壮大起来，并向现代产业集群转型升级的关键时期，客观上要求有与之对应的集群融资服务新模式。

目前，我国处于初始状态的、为数稀少的中小企业集群融资研究成果，绝大多数都集中在对中小企业集群融资优势的分析上。学者们普遍认为，中小企业集群与单个游离状态中小企业相比所具有的截然不同的融资优势主要表现在三个方面。一是增强信用级别、提高融资可得性的信用优势；二是扩大融资规模、降低融资成本、增加借贷收益、减少信息不对称、提高融资效率的信贷优势；三是避免中小企业个体行动风险、形成群组协同共进的集体理性优势。

照此分析，中小企业集群在现实融资实践中不应该有融资困难的问题，可为什么我国中小企业集群仍然存在着融资难的问题？个别学者的回答是目前我国中小企业集群的融资优势没有充分发挥出来，但仍没有回答为什么中小企业集群的融资优势没有发挥出来和怎样才能发挥出来等问题。

课题组研究发现，我国中小企业集群融资存在着两大矛盾：一是中小企业集群融资理论（融资优势）与现实（融资困境）的矛盾；二是中小企业集群融资需求（十分旺盛）与供给（严重不足）的矛盾。这两大矛盾成为困扰和阻碍我国中小企业集群在新形势下转型升级的表象原因之一。

通过深入分析，我们认为，理论上分析的中小企业集群融资所具有的融资优势只是一种潜在的优势，要发挥这种潜在的融资优势需要一定的条件和载体，只有具备了这些条件和载体，中小企业集群融资的潜在优势就会转化为现实的融资能力，就能有效地解决集群中小企业融资难的问题。这些中小企业集群融资所需要的条件和载体，就是创新性的、内生性的包括中小企业集群融资机构、融资市场、融资方式、融资工具和融资制度等在内的中小企业集群融资新模式。中小企业集群是一种不同于个人、家庭、企业和政府的，介于纯市场组织与科层组织之间的，重要的区域经济新型组织形式，具有自身的特殊融资特征和融资行为方式。中小企业集群的融资环境与单个游离状态的中小企业融资环境相比发生了很大变化，现有的单个游离中小企业的融资理论及融资模式不适应于中小企业集群，而我国创新性的、内生性的中小企业集群融资新理论及新模式的缺失与缺位，是造成中小企业集群融资第一个矛盾产生的深层根本原因，以致面对非常庞大的中小企业集群融资需求，没有有效的集群融资手段使之得以满足，这又不可避免地促使了中小企业集群融资第二个矛盾的产生。可见，要化解中小企业集群融资的"双重矛盾"，除了外生性的金融机构努力外，最直接、最根本性的办法就是加快集群融资新模式的研究和创新，尽快建立健全中小企业集群融资新体系。

事实上，在实践中中小企业集群融资的创新模式已初显端倪。近几年来，我国一些地方的中小企业集群融资新模式的个例不断涌现出来，诸如多种集群担保模式、集合债券模式、集合票据模式、集合信托模式、集群信用联合体模式、"鸟巢模式"、园区融资模式、社区银行融资模式和区域主办银行融资模式等，这些所谓的中小企业集群融资新模式的出现产生了比较好的效应，在一定程度上帮助集群内中小企业解决了融资难的部分问题。但这些集群融资新模式还很零散、很不规范、很不系统，它们只是初级形态的中小企业集群融资新模式，还不是理论意义上的、我们所要研究的、真正的中小企业集群系统性整体性融资新模式。

中小企业集群融资新模式不同于单个游离状态中小企业的融资模式，是一种全面全新的中小企业集群融资模式体系。本次对中小企业集群融资新模式的研究主要从理论静态、理论动态和行业案例三个视角展开。

从理论上静态地看,基于中小企业集群融资特征的、内生于中小企业集群的、具体的中小企业集群融资新模式不是唯一的,而是多样化的,可以从多方面形成一个不同类型的、多元化的、有效适用的、完善的中小企业集群融资新模式的体系。中小企业集群融资新模式的性质是不同于单个中小企业内源性与外源性融资模式的准内源性融资与准外源性融资。中小企业集群的准内源性融资模式分为集群准内源性债权融资模式(如集群财务公司信用贷款、群内民间借贷融资、群内发行债券融资和群内融资租赁融资)和集群准内源性股权融资模式(如群内股权出让融资、群内增资扩股融资、群内产权交易融资等);中小企业集群的准外源性融资模式分为集群准外源性间接融资模式(如集群关系融资模式、集群"团体"融资模式)和集群准外源性直接融资模式,而集群准外源性直接融资模式又分为集群准外源性股权直接融资模式(如集群风险投资融资模式、集群上市融资模式)和集群准外源性债权直接融资模式(如集合债券融资模式、集群担保债权融资模式)。可以通过这些集群融资新模式,揭示中小企业集群融资优势的发挥机制。

从理论上动态地看,中小企业集群是一个典型的复杂适应系统,集群主体之间、集群内外环境之间不断进行着物质、信息和能量的交换,资金、技术、人员、信息、产品、管理经验等系统要素在集群内外进行流动,中小企业集群始终处于一个动态的变化中。身处其中的中小企业集群融资新模式也不可能是静止不变的、一劳久逸的,而是随着集群内外环境与集群质量的变化而变化和演进的。中小企业集群的融资模式通过自组织与他组织相结合的方式动态演化。中小企业集群融资模式的自组织演化是集群广度和集群深度两方面共同演进、相互协调的结果。集群广度主要决定中小企业集群融资的边界大小,集群深度主要决定集群融资模式的升级与替代即集群融资模式涌现性的强弱。中小企业集群融资模式的他组织演化受宏观环境、集群环境和企业规模三个因素影响。集群融资模式自组织作用是根本,而集群融资模式他组织是有序演化的重要条件。通过中小企业集群在自组织与他组织两种力量相互共同作用下,不同集群融资模式的动态选择,揭示中小企业集群融资新模式的演化机制。

从行业案例角度看,上述理论视角研究所提及的两类多样化的中小企业集群融资新模式,是从理论上勾勒出了中小企业集群融资的一般性模式。诚然,这些中小企业集群融资新模式带有某种共性、综合性和战略性,都很重要,但是,实践中中小企业集群的种类是多种多样的,中小企业集群有农业集群、加工制造业集群、流通商贸业集群、高科技产业集群、服务业集群等多种类型。这些各种类型的中小企业集群在我国各地以数以百计的单位出现，而且各地各类各行业的中小企业集群又是各自不同的，这就决定了中小企业集群融资新模式在实践中又具有行业或地方的特殊性。所以，对中小企业集群融资新模式的选择，在考虑其一般性的同时，更重要的是要从不同行业集群的不同性质和特点出发，分析、总结和研究出来适合各自性质和特点的行业集群融资新模式。作者选择了我国具有代表性的加工制造业集群、流通商贸业集群和文化创意业集群为例，对其各自的特殊融资新模式进行研究，从不同侧面揭示中小企业集群融资新模式在具体行业的适应机制。

中小企业集群融资新模式的选择要受到集群内外环境的影响。建立健全中小企业集群融资新模式体系是一项长期艰巨而又复杂的系统工程，既是一个集群财务公司的自组织行为，又是一个集群外其他机构的他组织行为，除了集群财务公司积极的自主创新以外，还需要各界各方的大力支持。不仅需要地方政府的有力支持，而且更需要国家层面的制度安排。地方政府是建立健全中小企业集群融资新模式体系的直接推动者，地方政府可以从领导重视、转变观念、理论研究、舆论宣传、政策倾斜、人才培养、基础设施、社会服务等各方面，都给予其大力的鼓励、支持和引导。建立健全中小企业集群融资新模式体系，也必须依靠国家宏观层面的制度设计和安排，中小企业集群融资新模式体系创新的最好形式是"摸着石头过河"与"顶层设计"相结合，"顶层设计"就是要求国家层面对中小企业集群融资作出制度性的设计和安排，从宏观制度上保障中小企业集群融资新模式体系的顺利运行。地方金融机构是建立健全中小企业集群融资新模式体系的主力军，金融机构面对新的中小企业集群融资需求，应主动采取应变措施，改变融资观念，创新信贷模式，提供全面融资服务。

对中小企业集群融资新模式体系的系统性研究，是作者及课题组的又一次新尝试和艰辛努力。研究尽管取得了较多收获，在一些方面突破了研究"瓶颈"并有所创新，但由于人们对中小企业集群融资新模式的研究目前仍处于初始探索状态，可参考借鉴的相关文献资料非常少，同时由于时间和作者水平所限，书中出现研究不足甚至错误在所难免，不当之处恳请各界专家学者批评指正和交流学习。

高连和

2013年12月10日

目 录

第一章 绪论 …………………………………………………… （1）
  第一节 研究的背景与问题 ……………………………………… （3）
  第二节 研究的意义 ……………………………………………… （5）
  第三节 研究的思路、内容及方法 ……………………………… （7）
  第四节 研究的创新之处 ………………………………………… （10）

第二章 中小企业集群融资的相关研究综述 ………………… （13）
  第一节 中小企业融资问题研究的简要回顾 …………………… （15）
    一、国外关于中小企业融资理论的研究 ……………………… （15）
    二、国内关于中小企业融资的研究 …………………………… （18）
  第二节 中小企业集群融资的研究现状 ………………………… （22）
    一、中小企业集群融资概念与性质的研究 …………………… （22）
    二、中小企业集群融资优势与条件的研究 …………………… （23）
    三、中小企业集群融资渠道与模式的研究 …………………… （24）
    四、中小企业集群融资机制与功能的研究 …………………… （27）
    五、中小企业集群融资促进路径与对策的研究 ……………… （28）
  第三节 中小企业集群融资研究的简评与展望 ………………… （29）
    一、研究文献简评 ……………………………………………… （29）
    二、研究文献展望 ……………………………………………… （30）

第三章 中小企业集群融资的基础问题 ……………………… （31）
  第一节 中小企业集群融资的概念、性质与特征 ……………… （33）
    一、中小企业集群融资的概念 ………………………………… （33）
    二、中小企业集群融资的性质 ………………………………… （36）
    三、中小企业集群融资的特征 ………………………………… （37）
  第二节 中小企业集群融资的优势与条件 ……………………… （39）

一、中小企业集群融资的优势…………………………………………（39）
　　二、中小企业集群融资的条件…………………………………………（41）
　第三节　中小企业集群融资的市场：内部市场与外部市场…………（44）
　　一、中小企业集群融资的内部金融市场………………………………（44）
　　二、中小企业集群融资的外部金融市场………………………………（48）
　第四节　中小企业集群融资的专业新机构：集群财务公司…………（50）
　　一、成立中小企业集群财务公司的理由………………………………（50）
　　二、促使成立中小企业集群财务公司的路径…………………………（53）
　第五节　中小企业集群融资的新工具…………………………………（55）
　　一、中小企业集群融资新工具的界定…………………………………（55）
　　二、中小企业集群融资工具创新的动因………………………………（56）
　　三、中小企业集群融资新工具的构成…………………………………（57）

第四章　中小企业集群融资的实践新模式……………………………（59）
　第一节　产业集群融资担保模式………………………………………（61）
　　一、产业集群融资担保各模式的特点及功效…………………………（61）
　　二、产业集群融资担保各模式的优劣势分析…………………………（64）
　第二节　集合债券模式、集合票据模式和集合信托模式……………（65）
　　一、中小企业集合债券、中小企业集合票据和中小企业
　　　　集合信托的发行要点………………………………………………（66）
　　二、中小企业集合债券、中小企业集合票据和中小企业
　　　　集合信托的综合比较………………………………………………（69）
　　三、"区域集优"债务融资模式——中小企业直接债务
　　　　融资模式的再创新和再升级………………………………………（71）
　第三节　中小企业集群融资的信用联合体模式………………………（73）
　　一、信用联合体模式的形成……………………………………………（74）
　　二、信用联合体模式中各参与方的分工………………………………（75）
　　三、信用联合体模式的效果……………………………………………（75）
　　四、信用联合体模式的启示……………………………………………（76）
　第四节　中小企业集群融资的"鸟巢模式"…………………………（77）
　　一、"鸟巢模式"的提出………………………………………………（77）
　　二、"鸟巢模式"的拓展实施…………………………………………（80）
　第五节　其他与集群有关的融资模式…………………………………（81）

一、园区融资模式 …………………………………………………… (81)
　　二、社区银行融资模式 ……………………………………………… (83)
　　三、区域主办银行融资模式 ………………………………………… (85)

第五章　中小企业集群融资的新模式（一）：静态的理论视角 ………… (89)
　第一节　第一类集群融资新模式：准内源性融资模式 ………………… (91)
　　一、集群内部市场融资模式含义和性质的界定 …………………… (91)
　　二、集群内部市场融资模式的具体形式 …………………………… (92)
　　三、集群内部市场融资模式的特点 ………………………………… (94)
　第二节　第二类集群融资新模式：准外源性间接融资模式 …………… (96)
　　一、集群关系融资模式 ……………………………………………… (96)
　　二、集群"组团"融资模式 ………………………………………… (102)
　第三节　第三类集群融资新模式：准外源性股权直接融资
　　　　　模式 …………………………………………………………… (109)
　　一、集群风险投资融资模式 ………………………………………… (109)
　　二、集群境外融资模式 ……………………………………………… (126)
　第四节　第四类集群融资新模式：准外源性债权直接融资
　　　　　模式 …………………………………………………………… (133)
　　一、集合债券融资模式 ……………………………………………… (133)
　　二、集群担保债权融资模式 ………………………………………… (147)

第六章　中小企业集群融资的新模式（二）：动态的理论视角 ………… (155)
　第一节　中小企业集群融资模式的动态演化方式：自组织与
　　　　　他组织 ………………………………………………………… (157)
　　一、中小企业集群融资模式的自组织 ……………………………… (157)
　　二、中小企业集群融资模式的他组织 ……………………………… (158)
　第二节　自组织动态演化的中小企业集群融资模式 …………………… (159)
　　一、中小企业集群广度的自组织动态演化 ………………………… (160)
　　二、中小企业集群深度的自组织动态演化 ………………………… (161)
　　三、不同集群广度深度组合状态下的集群融资模式及其
　　　　自组织演进路径 ………………………………………………… (168)
　第三节　他组织动态演化的中小企业集群融资模式 …………………… (172)
　　一、金融抑制—集群封闭情境下的集群融资模式 ………………… (173)

二、金融抑制—集群开放情境下的集群融资模式 …………… (174)
三、金融深化—集群开放情境下的集群融资模式 …………… (175)
四、金融深化—集群封闭情境下的集群融资模式 …………… (177)
五、不同集群内外环境组合情境下集群融资模式的
他组织演进路径 ……………………………………………… (177)

第七章 中小企业集群融资的新模式（三）：行业的案例视角 ……… (181)
第一节 加工制造业集群融资新模式 ……………………………… (183)
一、中国加工制造业集群的发展概况 ………………………… (183)
二、中国传统制造业集群融资的状况 ………………………… (187)
三、中国制造业集群融资模式的再创新 ……………………… (190)
四、中国制造业集群融资模式创新的促进措施 ……………… (194)
第二节 流通商贸业集群融资新模式 ……………………………… (196)
一、流通商贸业集群的相关概念 ……………………………… (196)
二、中国流通商贸企业集群的发展及其融资状况 …………… (200)
三、中国流通商贸企业集群融资模式的实践创新 …………… (202)
四、中国流通商贸企业集群融资模式再创新的思考 ………… (205)
五、中国流通商贸企业集群融资模式创新的促进措施 ……… (207)
第三节 文化创意业集群融资新模式 ……………………………… (208)
一、中国文化创意产业集群的发展 …………………………… (208)
二、中国文化创意产业集群融资的现状 ……………………… (210)
三、中国文化创意产业集群融资模式的创新 ………………… (213)
四、中国文化创意产业集群融资模式创新的举措 …………… (217)

第八章 中小企业集群融资的影响环境 ……………………………… (221)
第一节 影响中小企业集群融资的内部环境 ……………………… (223)
一、集群状态环境 ……………………………………………… (223)
二、集群内部治理环境 ………………………………………… (224)
三、集群信用评级与管理环境 ………………………………… (227)
第二节 影响中小企业集群融资的外部环境 ……………………… (229)
一、集群与集群联动环境 ……………………………………… (229)
二、政府政策环境 ……………………………………………… (231)
三、其他机构行为环境 ………………………………………… (233)

第九章　结语 …………………………………………………（235）
第一节　研究结论 …………………………………………（237）
第二节　政策建议 …………………………………………（242）
第三节　需要继续讨论和进一步研究的问题 ……………（245）

参考文献 ………………………………………………………（247）

后记 ……………………………………………………………（257）

第一章
绪 论

当各地迅速发展起来的中小企业集群作为一种普遍现象，成为我国区域经济和产业布局的重要模式和发展趋势的时候，研究在理论上分析具有诸多融资优势而现实中却存在融资难问题的中小企业集群融资"矛盾"，并分析其根源寻找出治本之道，具有重要的理论价值和现实意义。研究的目标就是要运用多种方法，探讨构建创新性的、内生的、系统化的中小企业集群融资新模式体系。

第一节 研究的背景与问题

改革开放以来，我国一些地区尤其是东部沿海地区的中小企业集群（以下简称企业集群，也称产业集群）① 经济得到了快速的发展。如浙江省目前已形成了成百上千个专业村、专业镇，其中产值超亿元的就有 500 多个，大约占了浙江工业产值的一半。广东省在 240 多个建制镇中传统产业领域已形成一定规模的专业镇就接近 60 个。此外，苏南地区的 IT 产业、晋江的制鞋业、山东寿光的蔬菜、河北清河的羊绒和北京中关村的信息产业等都形成了发展良好的中小企业集群，中小企业集群不再是少数地区的特殊现象，越来越多的地区产业发展显现了中小企业集群化特征，中小企业集群现已成为我国区域经济和产业布局的重要模式和发展趋势。

中小企业集群的迅速发展，以及它对区域经济的综合推动作用和对区域整体竞争力的提升力量，使之成为政府和学术界重要的关注对象。尽管，中小企业集群在我国作为一种新生事物，刚刚一开始迅猛发展就显示出来其强大的生命力，但是，其中大多数都还处于产业集群发展的初级阶段，中小企业集群在快速发展的过程中也存在着过度竞争、集群内企业自主创新和合作创新不足、产业层次偏低、群内中小企业融资难等问题。因此，采取措施加快中小企业集群的转型升级及演化发展迫在眉睫。

从理论推理和现实情况看，中小企业集群环境下的融资显然应该与单个游离状态的中小企业融资不同。现有的单个游离中小企业的融资理论及融资模式不适应于中小企业集群，而适应于中小企业集群环境的中小企业集群融资（以下简称集群融资）模式在实践中只初显端倪，中小企业集群融资的新模式还十分缺乏。我们必须探索集群环境下的、不同于单个游离中小企业的新的融资理论及融资新模式。因此，探索研究中小企业集群融资的新模式，是很重要、很必要的。

这主要是基于对两个现实矛盾问题的思考。

第一个矛盾问题是：中小企业集群融资存在理论（融资优势）与现实（融资困境）的矛盾。

中小企业融资难长期以来一直是一个难解的世界性问题，尤其是自 2008

---

① 严格地说，中小企业集群与产业集群的概念是不相同的。但鉴于目前人们对二者未加区分，所以，本研究中的提到"产业集群"、"企业集群"概念等同于"中小企业集群"的概念。

年美国次贷危机引发的世界性金融海啸以来，中小企业融资更是难上加难。按照经典的产业集群理论，中小企业集群融资比单个中小企业融资具有截然不同的信用优势、信贷优势和集体理性优势等独特优势，中小企业集群在现实融资中不应该有融资困难的问题，但为什么我国中小企业集群仍然存在融资难的问题，如在中小企业集群比较集中的浙江省，中小企业仍然还有41.15%的融资需求不能通过正规金融机构满足。笔者近期完成的浙江省中小企业集群融资的专题调查也显示，有35.1%的集群内中小企业存在融资难的问题（其中融资难的占29.8%，融资很难的占5.3%）。个别学者的回答是目前我国中小企业集群的融资优势没有充分发挥出来，但仍没有回答为什么中小企业集群的融资优势没有发挥出来和怎样才能发挥出来等问题。因此，基于对这种理论与现实"相悖"的思考，以现有相关理论与实践状况为基础，本课题组将通过探索性创新研究，从金融市场融资的角度回答这个为什么以及如何解决这个为什么。

第二个矛盾问题是：中小企业集群融资需求（十分旺盛）与供给（严重不足）的矛盾。

从现实情况看，近几年来我国中小企业集群中，出现了互助融资、集合发债等现实融资新模式。商务部在2010年上半年下文调查商贸业集群融资情况，并打算出台相关政策鼓励创新商贸业集群融资模式。随着区域经济的发展，我国中小企业集群如雨后春笋般出现，仅商业部门，2010年9月商务部发布的我国商贸业集群融资情况报告，截至2010年5月12日，全国交易额（或年吞吐货值）在100亿元以上的商贸业集群共有91个。至于全国各类商贸业集群究竟有多大的融资需求，暂时无法给出一个确数，但仅就江苏省87个大市场的融资需求就高达2 286亿元，全国各类商贸业集群的总体融资需求估计至少在万亿元以上。以此类推，我国所有行业的中小企业集群融资的总需求规模之大，恐怕是个天文数字。如此庞大的集群融资需求，加之各行各业中小企业集群类型的复杂多样化，客观上要求有多样化的、内生的中小企业集群融资模式与之相对应，但目前我国还没有完全意义上的中小企业集群融资的实践模式。显然，我国也存在中小企业集群融资需求（十分旺盛）与供给（严重不足）的矛盾。因此，要解决我国中小企业集群融资需求与供给的严重矛盾，急需探索更多的中小企业集群融资新模式。

因此，本课题是对"中小企业融资模式及其理论"和"中小企业集群发展"这两个问题的交叉研究。研究的科学问题是探索研究中小企业集群金融市场融资的新模式体系，其中所涉及的中小企业集群融资是一个整体性概念，与一般的单个中小企业融资不同，是一种特殊的以其整体力量在金融市场进行的有组织性的资金融通活动。

第二节 研究的意义

一、理论意义

1. 本研究有助于探寻中小企业集群融资的概念与内涵、性质与特征、模式与机制等问题，拓展和丰富企业融资理论和融资模式

中小企业集群融资是一个整体性的概念，与一般的单个中小企业融资不同，是一种特殊的以其整体力量进行资金融通的活动。现有的企业融资理论，仍然是从中小企业融资的宏观"外生"制度约束和微观"内生"规模约束两个角度来研究中小企业的融资机制，基本上忽视了中小企业集群这个"中观"的中小企业融资机制，以致目前还很少见关于中小企业集群融资机制的专著。本研究将企业融资理论与企业集群理论结合在一起，本身就是一种独特的分析视角，而由此形成中小企业集群融资的新模式以及相关问题的研究，如中小企业集群融资的概念内涵与特征、中小企业集群融资的组织机构、中小企业集群融资的新模式、中小企业集群融资的工具和渠道等，从中深入发现中小企业集群融资与单个中小企业融资不同的一般机制，揭示中小企业集群融资的规律，以期创新和丰富企业融资理论和融资模式。

2. 本研究有助于揭示中小企业集群融资模式的动态演化规律

现有研究很少将外部金融市场演进和中小企业集群规律性成长动态结合起来研究，对两者之间的内在匹配关系没有足够重视。本课题组认为，中小企业集群融资模式和机制与外部金融市场相互替代，二者的演进和不同组合，决定中小企业集群融资模式和机制变迁的实际路径。中小企业集群融资模式和机制变迁与外部金融市场演进之间存在着动态匹配关系。对上述动态匹配机制的深入研究，有助于揭示中小企业集群融资模式和机制演化的动态规律，将扩展和丰富企业融资机制研究的视角和内容。

3. 本研究有助于积累和丰富我国中小企业集群融资研究的第一手资料

虽然，这几年来，我国关于中小企业集群融资的研究文献开始增多，但总体上来说，对中小企业集群融资研究的文献资料还极其有限，研究的视角还比较狭窄，研究的广度和深度也都很不够，而且以规范定性研究为主，实证研究缺乏，这影响了该领域的学术交流和进步。本课题将在前期研究的基

础上对浙江义乌小商品、永康小五金、台州缝纫机和汽车摩托车、柳市低压电器、海宁皮革和慈溪家电、北京中关村等区域特色的中小企业集群进行动态跟踪和案例研究，通过对集群企业、地方政府、金融机构、科研院校、中介服务机构等网络成员的实地访谈、问卷调查和统计计量分析，积累和丰富中小企业集群融资方面的详实资料，为我国相关问题的研究奠定资料基础。

二、实践意义

1. 本研究有助于组建新的金融机构，丰富金融机构体系

目前，现实中已经有企业集团财务公司，而还没有中小企业集群财务公司（以下简称集群财务公司）。建立中小企业集群财务公司，不仅可以把中小企业集群的潜在融资优势转化为现实融资优势，而且是切实可行的。产融结合模式已经被国内外的经验所证实，而且其发展的趋势是将现有财务公司改造为产业金融机构，将财务公司的业务范围从单一企业集团扩大到所在产业，建立由同一产业或不同产业不同企业共同出资的产业金融机构。本课题组认为，要发挥中小企业集群融资优势，应组建新的中小企业集群融资主体——中小企业集群财务公司。若新组建集群财务公司，将丰富金融机构体系和完善整个金融体系。

2. 本研究有利于解决集群中小企业融资难的问题，促进中小企业集群成长

通过集群财务公司融资将是解决群内中小企业融资难的有效途径。中小企业集群财务公司不仅具有组织先进性，而且与其他金融机构相比又具有竞争优势。集群财务公司是中小企业集群融资的内生性需求和外在化表现的组织载体。中小企业集群巨大的融资缺口在外生性金融机构不能完全满足的情况下，通过内生性的为自己服务的金融机构——集群财务公司来填补，克服了融资的外部约束，将有效解决中小企业集群融资难的问题，促进中小企业集群快速、持续、健康地成长。

3. 本研究试图为政府决策部门制定集群融资政策提供建议和参考

党的十七大、十八大都强调要把我国建设成为创新型国家。区域创新体系是国家创新体系的有机组成部分，而现代产业集群构成了区域创新体系的核心微观基础。十八大也强调要支持小微企业特别是科技型小微企业发展。传统产业集群向现代产业集群转型升级，离不开、也更需要金融制度和融资模式的创新。通过本研究，试图为政府决策部门制定促进中小企业集群转型升级的集群融资政策，提供系统的思路、建议和参考。

第三节 研究的思路、内容及方法

一、研究的思路与框架

本研究组通过多年对中小企业集群融资的研究发现,中小企业集群融资存在着理论(融资优势)与现实(融资困境)、融资需求(十分旺盛)与供给(严重缺乏)这两个主要矛盾。分析其根源:一是在于现有单个游离中小企业融资理论存在的缺陷和不足,就是它不能解释、也不适用于中小企业集群,而创新性的、内生的、系统化的中小企业集群融资理论又还没有形成,适用于中小企业集群的融资新模式才初显端倪、十分缺乏;二是在于目前还没有能让中小企业集群融资在理论上分析具有的融资优势转化为现实的融资能力的组织载体和运行机制。在发现了问题所在、找到了问题的根源之后,顺理成章的就是"对症下药","釜底抽薪","根治病因"。因此,要克解中小企业集群融资面临的"双重矛盾"的治本之策,应该是探索研究出与之对应的中小企业集群融资新理论和融资新模式,组建中小企业集群融资主体——中小企业集群财务公司,形成有利于中小企业集群顺利融资的融资机制。

根据这样的研究思路,构思并形成了中小企业集群融资新模式研究的逻辑框架(见图1-1)。

通过对本课题的探索研究界定和论述作为整体性概念的、能充分发挥优势的、内生的中小企业集群融资的概念、内涵、特征、优势及其组织机构、融资市场和融资工具等集群融资的基础问题,提出多种类型的集群融资具体新模式,探索中小企业集群形成和发展过程中融资优势的发挥机制、演化机制、影响机制和适应机制,弄清我国中小企业集群成长融资规律,为中小企业融资理论丰富新内容和积累第一手资料,为解决目前我国中小企业集群扩张与升级过程中的融资困境问题,提供新的思路和政策参考。

二、研究的内容

本研究的内容共分九章。第一章是绪论,第二章是中小企业集群融资的相关研究综述。在简要回顾国内外对中小企业融资问题研究的基础上,详细综述了中小企业集群融资的研究现状,并对中小企业集群融资的研究作了简评与展望。

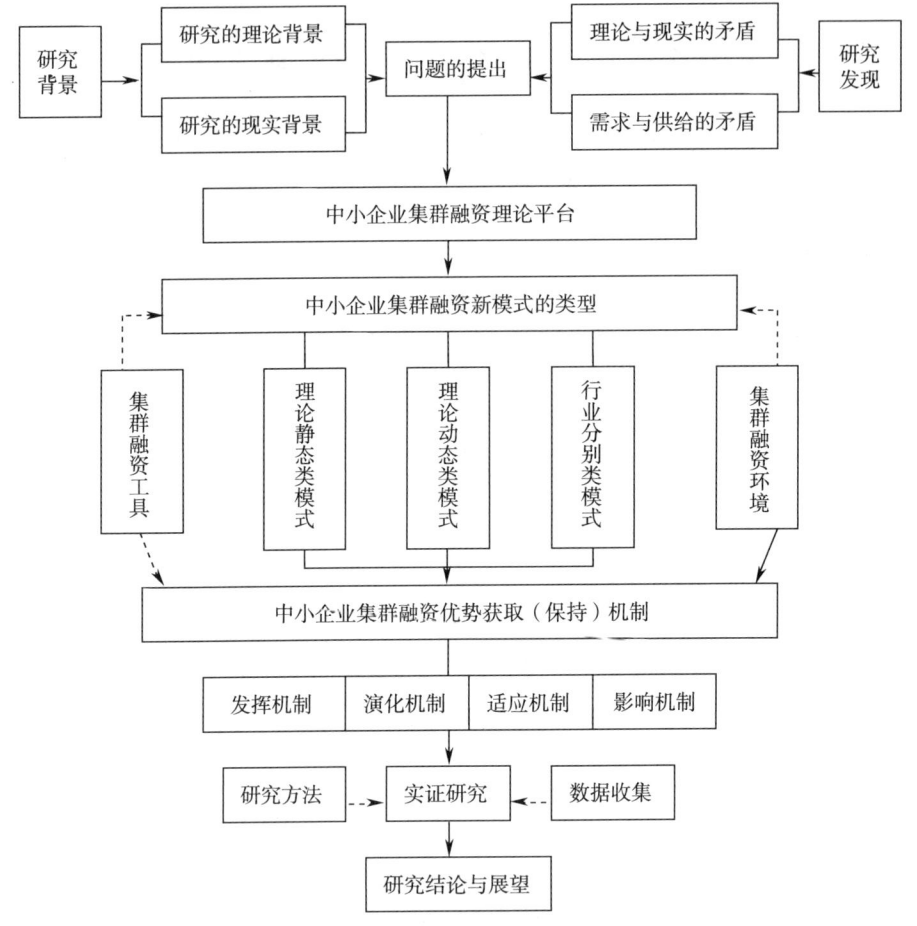

图 1-1 中小企业集群融资新模式研究的逻辑框架

第三章是中小企业集群融资的基础问题。在与单个中小企业融资相关问题比较的基础上，根据中小企业集群的经济特征和经济效应，研究中小企业集群融资的概念与内涵、性质与特征、优势与条件，以及中小企业集群融资特有的融资新机构、融资新市场和融资新工具等问题，为中小企业集群融资新模式的研究奠定基础和提供理论平台。

第四章是中小企业集群融资的实践新模式。主要对近几年来我国出现的一些中小企业集群融资新模式，如集群担保模式、集合债券模式、集合票据模式、集合信托模式、集群信用联合体模式、"鸟巢模式"、园区融资模式、社区银行融资模式和区域主办银行融资模式等，进行了列举和分析。

第五章是中小企业集群融资的新模式（一）：静态的理论视角。该章是本研究的重点和难点章节之一。根据已有的企业内源性融资与外源性融资、间接融资与直接融资两类融资方式，结合中小企业集群的融资环境，在理论上研究针对中小企业集群融资特征的、"内生于"中小企业集群的、具体有效的多种类型的集群融资新模式，以揭示中小企业集群融资优势的发挥机制。主要包括中小企业集群准内源性债权融资模式（如集群财务公司信用贷款、群内民间借贷融资、群内发行债券融资和群内融资租赁融资）、中小企业集群准内源性股权融资模式（如群内股权出让融资、群内增资扩股融资、群内产权交易融资等）、中小企业集群准外源性间接融资模式（如集群关系融资模式、集群"团体"融资模式）、中小企业集群准外源性股权直接融资模式（如集群风险投资融资模式、集群上市融资模式）和中小企业集群准外源性债权直接融资模式（如集合债券融资模式、集群担保债权融资模式）等内容。

第六章是中小企业集群融资的新模式（二）：动态的理论视角。该章也是本研究的重点章节之一。中小企业集群的融资模式通过自组织与他组织的方式动态演化。通过对中小企业集群在自组织与他组织两种力量相互共同作用下不同融资模式动态选择的研究，揭示中小企业集群融资新模式的演化机制。

第七章是中小企业集群融资的新模式（三）：行业的案例视角。该章是本研究的又一重点章节之一。选择我国具有代表性的加工制造业集群、流通商贸业集群和文化创意业集群为例，对其各自的特殊融资模式进行研究，从不同侧面揭示中小企业集群融资模式在具体行业的适应机制。

第八章是中小企业集群融资的影响环境。中小企业集群融资模式的选择要受到集群内外环境的影响。中小企业集群融资本身与其影响环境构成了一个典型的复杂适应系统。中小企业集群融资模式的选择既要考虑集群内部的环境，也要考虑集群外部的环境，尤其要考虑政府和金融机构的行为对集群融资模式选择的影响。

第九章是结语。对本研究作一个总结，得出研究结论，提出政策建议，并对需要继续探讨和进一步研究的问题进行说明。

三、研究的方法

1. 文献研究和理论推断法

在研究整个过程中，广泛查阅了国内外文献资料，对国内外的相关研究文献进行了整理和综合分析，掌握国内外关于中小企业融资、中小企业集群、中小企业融资集群等理论的最新前沿动态，以保证本项研究在立意、理论与方法上始终处于前沿。

在梳理与本课题相关的文献资料的基础上，综合运用企业集群理论、企业融资理论、社会资本理论、复杂系统理论以及新制度经济学等相关理论，构建了本研究课题的分析框架，提出了本研究需要解决的问题。

2. 访谈和问卷调查法

在研究的开始阶段，研究小组以浙江义乌、永康等地区的中小企业集群为重点调研对象进行实地考察，与各类人员座谈，切实掌握了中小企业集群融资及相关问题的一手资料。在取得经验的基础上，将调查范围扩大到了长三角、珠三角、北京科技园等地的中小企业集群。

研究小组设计了调研问卷，针对浙江等地中小企业集群地区的企业进行问卷调查，通过典型抽样法和随机抽样法相结合的方法，于2012年1—2月，对浙江省不同类型中小企业集群中的482家中小企业发放了融资情况调查问卷，收回有效问卷456份，回收率94.6%，并对其进行了整理和分析，写出了调研报告，为后续的研究提供了可靠、详实的资料和实证论据。

3. 案例与实证研究相结合

本课题组在研究中小企业集群理论融资模式的基础上，以北京中关村、浙江义乌国际小商品城、杭州动漫产业园等中小企业集群为典型案例，研究了加工制造业集群、流通商贸业集群和文化产业产业集群三类具体形态的中小企业集群融资的现状、问题、新模式及解决路径等。

第四节 研究的创新之处

本研究的特色是研究对象的整体性和研究内容的具体性、创新性。对于中小企业融资问题，一般的研究对象都是单个企业，而本课题的研究对象与众不同，是从整体性概念出发，研究的是中小企业集群整体的融资模式，而不是单个企业的融资模式；本项目不仅仅研究中小企业集群融资模式选择的一般原则和标准，以及影响中小企业集群融资的一些变量，同时也研究中小企业集群整体融资的具体适用的新模式。

本研究的主要创新之处在于：

1. 对中小企业融资研究视角的创新

中小企业集群融资是一个新的研究领域。本课题研究的是中小企业集群整体的融资新模式等问题，而不是单个游离状态下的中小企业的融资模式，这就将研究视角从原有的中小企业单体融资问题转变为中小企业集群整体融资问题。

2. 对中小企业集群融资基础问题的创新

中小企业集群融资又是一个新生事物,人们对其不甚了解、缺乏认识。本研究主要界定和分析了中小企业集群融资的概念、性质、特征、优势及条件,提出了要组建一个中小企业集群融资的新机构——中小企业集群财务公司的主张,解释了中小企业集群融资的新市场——集群内部金融市场,并区分了中小企业集群融资的内部金融市场和外部金融市场,在定义中小企业集群融资新工具(或融资产品)的概念基础上,划分了中小企业集群融资新工具的类型。

3. 对中小企业集群融资模式的创新

中小企业集群融资模式需要全面的创新。本研究根据现有的内源性与外源性两种融资方式,创新性地设计和论证了兼有二者特性或兼有二者特性而偏重其中某一融资方式的、"内生于"中小企业集群的、多类多样化中小企业集群融资的新模式体系。这是本研究的重点和难点,课题组力图提出更多的中小企业集群融资新模式的概念,并对其进行了合理的设计,也试图进行深入的论证和分析。所以说,该部分提出的多种中小企业集群融资的新模式,是本研究的最大、最重要的创新之处。

第二章
中小企业集群融资的相关研究综述

国内外学者对"中小企业融资"和"中小企业集群"这两个问题已经进行了长期持续集中的研究,涌现出来了大量的研究成果。但是对"中小企业集群融资"问题的研究才刚刚开始,相关文献很少,尤其是"中小企业集群融资新模式"的系统性理论与实践研究成果还处于真空地带。可以预见,在不远的未来,中小企业集群融资新模式与新体系的研究者和研究成果将会层出不穷,越来越多。

第一节 中小企业融资问题研究的简要回顾

一、国外关于中小企业融资理论的研究

在国外，有关企业融资的理论研究比较成熟。概况地看，国外的企业融资理论研究主要分两部分：一部分是融资结构理论（其中部分融资理论也适合于中小企业），另一部分是中小企业融资需求理论。

（一）融资结构理论

国外的融资结构理论大体分为两个体系。

1. 早期企业融资结构理论

早期的企业融资结构理论以杜兰特的思想为主。美国经济学家杜兰特（Durand，1952）在《企业债务和权益成本计量方法的发展和问题》的论文中将当时企业融资结构归纳为三种，提出了净收益理论、净经营收益理论和传统理论。

2. 现代企业融资结构理论

现代企业融资结构理论学派前期承接了杜兰特等人的观点。美国经济学家莫迪利安尼和米勒（Modigliani 和 Miller，1958）在《资本成本、公司财务与投资管理》一文中，运用严密的数学推导对净经营收益作了进一步研究，提出和证明了 MM 定理。MM 理论的提出标志着现代企业融资结构理论的创立，成为现代企业融资结构理论的基石，是现代企业融资结构理论的中心。

现代企业融资结构理论学派后期主要形成两个分支：一支是以法拉（Farrar，1967）、赛尔文（Shavell，1966）、贝南（Brennan，1978）等为代表的税差学派，主要研究企业所得税、个人所得税和资本利得税之间的税差与企业融资结构的关系；另一支是以巴特克（Betker，1978）、阿曼特（Atlman，1968）等人为主的破产成本学派，主要研究企业破产成本对企业融资结构的影响问题。这两个分支最后再归结形成以罗比切克（Robichek，1967）、梅耶斯（Mayers，1984）、斯科特（Scott，1976）等人为代表的平衡理论，认为企业最优融资结构取决于各种税收收益与破产成本之间的平衡。

20 世纪 70 年代以来，随着非对称信息理论的发展，诸多学者开始从信息不对称的角度研究企业融资问题，把早期外部因素（如破产、税收等）所引起的企业融资财务平衡问题转化为企业内部的制度设计问题，其中包括新优

序理论（Myers，1984；Garmaise，1997；Rajan 和 Winton，1995；Lopez – Gracia 和 Aybar – Arias，2000）、代理成本理论（Jensen 和 Meckling，1976）、控制权理论（Harris 和 Raviv，1990；Aghion 和 Bolton，1992；Berglof，1995）、信号理论（Ross，1977）、企业金融成长周期理论（Weston 和 Brigham，1970；Berger，1998）等。

现代企业融资结构各理论都有自己既定的假设前提和内在逻辑，都是在一定时期、一定制度背景下形成的，都有自己的适用性。资本结构理论是建立在对大企业研究的基础之上，并不完全适用于中小企业融资的研究框架。如 MM 定理主要适用于在完善的资本市场进行融资的大型企业，而对中小企业并无直接的指导意义。但新资本结构理论中的融资次序理论比较适合对中小企业融资问题的静态分析，而企业金融成长周期理论可以弥补融资次序理论的静态性缺陷，并能从长期和动态的角度较好地解释中小企业融资结构的变化规律，在考察中小企业成长过程中的融资方式和渠道选择等方面无疑具有很强的解释性。

（二）中小企业融资需求理论

国外关于中小企业融资需求的理论解释非常丰富，主要包括以下几个方面。

1. 信贷缺口、信贷配给以及关系型贷款的观点

（1）中小企业信贷缺口。麦克米伦（Macmillan，1930）调查发现中小企业融资面临着金融缺口，雷（Ray，1983）等定义了金融缺口存在的两种情况。

（2）信贷配给。斯蒂格利茨和韦斯（Stiglitz 和 Weiss，1981）等以信贷市场信息不对称为基础，建立的信贷配给理论，解释了由于信息不对称导致的逆向选择和道德风险，使中小企业更加难以获得信贷支持。惠特（Whette，1983）拓展了斯蒂格利茨等的理论，指出在借款人风险中性的条件下，银行的抵押品要求也可能成为信贷配给的内生机制。贝斯特（Bester，1985）进一步认为，抵押品可以和利率同时作为银行分离贷款项目风险类型的甄别机制，即银行可以通过企业对抵押品数量变动的反应敏感程度来分离高风险和低风险的贷款项目。威廉姆森（Williamson）讨论了信贷配给过程中出现的监督成本问题。思克米特—默尔（Schmidt – Mohr，1997）在信贷配给模型中放松了借贷双方的风险类型假设，内生化了利率、抵押品和贷款额，分别建立了垄断及竞争两种信贷市场结构下的均衡解。

（3）关系型贷款。在关系型贷款模式下，银行贷款的决策主要基于通过长期和多种渠道的接触所累积的关于借款企业及企业主的相关信息而作出。

尤其是关系型贷款依据难以量化和传递的"软信息",部分地弥补了中小企业因无力提供合格财务信息和抵押品所产生的信贷缺口,有助于改善其不利的信贷条件。皮克和雷森格瑞(Peek 和 Rosengren,1996)以及帕查克比尔和安卓格特尔(Patriek Behr 和 Andre Guttler,2007)等利用各国数据从信息不对称的角度验证了中小企业贷款难问题的存在性。戴和佳、蒙哥马和默迪尔(Dehejia,Montgome 和 Mordueh,2005),卡伦和津曼(Karlan 和 Zinman,2007)利用跨国数据研究发现如果利率上升,中小企业贷款将大幅下降。

2. 货币政策、金融自由化、银行业合并等宏观经济政策的影响

(1) 货币政策对小企业融资的影响。货币政策主要通过货币渠道和信贷渠道影响企业获取贷款的能力。格特勒和吉尔克里斯特(Gertler 和 Gilchrist,1989)发现小型制造业企业不仅直接对利率反应敏感,而且还深受经济周期的间接影响,货币紧缩对小企业的影响要远大于对大企业的影响。

(2) 金融自由化对小企业融资的影响。金融抑制和金融自由化的著名理论认为,金融自由化会通过利率提高、储蓄增加,进而导致投资增加和经济增长。泰勒(Taylor)指出金融自由化不会导致资金供给总量的增加。斯蒂尔(Steel)补充认为,由于较高的交易成本和风险、抵押品的缺乏以及历史渊源等,使小企业在获取正规部门的贷款时仍将面临着诸多的限制。总之,小企业的融资困境在金融自由化背景下不仅不会得到改善,反而可能会有所恶化。

(3) 银行业合并及结构调整对小企业融资的影响。规模匹配理论认为,银行对中小企业的贷款与银行规模之间存在着很强的负相关性。司卡汗和韦斯特(Strahan 和 Weston)发现银行的并购规模与中小企业贷款比率之间呈倒 U 形的非单调函数关系,向中小企业的贷款比率随银行并购后的资产规模出现先增加后减少的现象。皮克和雷斯格瑞(Peek 和 Rosongren)发现大银行对小银行的合并或大银行之间的合并倾向于减少对中小企业的贷款。贝格尔(Berger)进一步指出银行业并购对中小企业贷款存在四种潜在效应,即静态效应、重组效应、直接效应和外部效应。

(三) 其他视角的研究

1. 中小金融机构与中小企业融资需求适应性的研究

班纳吉(Banerjee,1994)等论述了中小金融机构在为中小企业提供金融服务方面拥有信息上的优势,提出了"长期互动假说"和"共同监督假说"两个假说。长期互动假说认为,中小金融机构一般是地方性的,专门为地方性的中小企业服务,通过长期的合作,对地方性的中小企业的了解程度逐渐增加。共同监督假说尤其适合于合作性的中小金融机构,即使中小金融机构不能真正了解中小企业的经营情况,但为了共同利益,合作组织中的中小企

业之间会实施自我监督,这种自我监督甚至比金融机构的监督更有效。

2. 中小企业供应链金融研究

瓦尔特(Walter,2004)认为,供应链金融通过对各种金融产品和服务进行创新,有效集中供应链中的资源,为顾客提供有价值的供应链管理。霍夫曼(Hofman,2005)认为,供应链金融是帮助供应链中的中小企业实现金融供应链管理的一种手段,是一种基于物流、供应链管理、企业合作等方式,通过计划和控制企业间的资金流动,联合起来共同为供应链创造价值的一种方法。范伯格(Feinberg,2007)说供应链金融是一系列的融资模式,这些融资模式可以为供应链管理过程的内部任一阶段提供资本融通。阿特金森(Atkinson,2008)认为,供应链金融把买卖双方以及资金的提供者结合到一起,改善了供应链的可视化程度,降低了供应链中的企业融资成本并加速了现金的流动。

二、国内关于中小企业融资的研究

近些年来,国内的理论研究主要集中在中小企业融资难的症结分析、中小企业融资渠道的选择与纾解中小企业融资难的对策建议等方面。

(一)中小企业融资难的症结研究

目前,国内学者对中小企业融资难问题的大量研究,总的分为两大类:一是由于中小企业自身的特殊性造成的问题,这类研究多是基于中小企业的信息不透明,通过建立各种博弈模型来分析;二是由于国内转型时期特殊的法律制度、社会文化等体制和环境所造成的问题,包括法律法规政策、金融体系结构和制度、银行信贷管理体制、信用担保体系、中介机构等方面,这类研究一般从中小企业融资难的原因角度分析。

1. 中小企业融资难症结的微观层面研究

(1)中小企业自身缺陷。李扬等(2001)认为,中小企业融资困难的自身原因在于较高的倒闭率和歇业比率,资信等级低,资产状况差,贷款缺乏有效的担保或抵押物,自有资产信用不足。杨楹源等(2000)、李长友(2004)认为我国中小企业自身的素质不高是融资困难的根本原因。杨俊龙(2003)、杨军(2003)认为中小企业产权结构不清、企业信用障碍、风险变数是融资难的主要原因。王常柏(2003)认为,中小企业"宁为鸡头不为凤尾"的意识妨碍联合扩大,融资保守、积极性不高也影响融资渠道的拓展。王铮(2004)、王鸽霏等(2004)认为中小企业治理结构不健全是其融资难的主要原因。胡乃武等(2006)指出中小企业与大企业相比,声誉较低,其管理风格及行为特征等方面具有很大的不确定性,中小企业贷款面临的道德风险也相对更为严重。胡旭微、林小专（2011）认为，认知偏差、行为偏差以及中小企业自身的财务状况及外部约束共同导致中小企业融资困境，解决的办法不仅仅是依赖于外部环境，更重要的是中小企业应当在自身上下功夫，理性的认知、正确的行为、外部政策资源的充分利用，才能从内在、根本上解决中小企业的融资困境。

（2）信息不对称。张杰（2000）认为民营经济的金融困境是渐进式改革过程中的内生现象，民营经济与银行之间脆弱的横向信用联系不足以维系对它的金融支持，因而民营企业的金融困境从根本上来说是一种信用困境。林毅夫等（2001）认为由于信息不对称，中小企业存在着使用其信息优势在事先的谈判、合同签订的过程和事后资金使用过程中损害资金提供者利益的激励因素，导致逆向选择和道德风险。徐洪水（2001）认为金融缺口从根本上说是我国存在的金融压抑导致资金的过度需求和供给不足并存造成的，银企信息不对称使资金有效供给减少加剧了金融缺口。范飞龙（2002）认为信息不对称引发的融资过程逆向选择和道德风险问题归根到底是企业信用能力不足。王霄、张捷（2003）基于信号甄别机制和银行审查成本构建的内生化抵押品和企业规模的均衡信贷配给模型，主要剔除资产规模小于银行所要求的临界抵押品价值的中小企业和部分高风险企业，它能很好地解释中小企业融资问题。高正平（2004）认为中小企业融资难深层次的原因可以归结为与信息不对称强相关的诸多因素。王凤荣（2004）认为信息不对称是中小企业"脱媒"的市场型原因。于学花等（2005）认为在我国"双重信贷配给"条件下，中小企业融资难主要在于信息不对称、政府过度介入和中小企业内生性融资约束三个方面。杨丰来等（2006）认为，由于中小企业所有权和控制权结合较为紧密，缺乏职业经理人对股东的制约，信息不对称引发的逆向选择和道德风险问题较大企业更为严重，理性的银行选择在信贷资金的配给上倾向于大企业而排斥小企业。梁迪（2013）认为，申请贷款望而却步作为一种信贷配给的自我选择机制，提高了信贷配给机制的有效性。

（3）规模效应。胡乃武（2006）等指出，面对中小企业私人化、多样化且信息严重封闭的融资需求，在借贷方面具有规模优势的金融中介出现失效。陈坚（2006）认为我国商业银行目前面临的最大问题是基础数据缺乏，使商业银行对风险情况掌握止于管中窥豹，无法全面了解企业的综合面貌，中小企业风险管理基础的薄弱造成风险难以控制。

2. 中小企业融资难症结的宏观层面研究

周业安（1999）实证分析了我国金融抑制政策对企业融资能力的影响，资本市场的行政管制则增加了企业的直接融资成本。白钦先等（2001）指出我国长期实行赶超战略,强调规模的主导地位,而忽视了中小企业在经济发展中的比较优势,认识上的差距导致长期以来中小企业融资难的问题没有得到较好解决。张捷(2002)指出中国的金融业改革导致银行贷款决策层次上移,不利于基于"软信息"的关系型借贷开展,信用担保体系的不完善,使中小企业融资难的问题显得更加突出。欧阳凌等(2004)认为,由于我国绝大部分的中小企业属于非国有企业,非国有产权加剧了非国有企业的信息不对称风险,非国有经济成分的中小企业信用可得性十分低下,其融资难便成为了一种必然。陈佳贵等(1999)、金发奇等(2006)、刘秀丽等(2006)都认为信用担保体系不健全、不规范是中小企业融资难的原因之一。张杰(1998,2000)、王爱俭等(2004)、柳俊涛(2004)、陈汉文(2006)、邢乐成等(2013)等认为,中小企业融资难的根本原因在于制度安排,金融制度缺陷、融资体系缺失、所有制歧视、融资产品创新不足等都加大了中小企业融资难的程度。

(二)中小企业融资渠道选择的研究

贺力平(1999)认为,妨碍我国银行机构扩大对中小企业信贷支持的主要因素是银行机构缺乏企业客户风险方面的足够信息,可以通过发展非国有金融机构和转变国有金融机构的经营方式来解决贷款者与中小企业借款者之间的信息不对称问题。张杰(2000)认为,解除民营经济金融困境的根本出路在于营造内生性金融制度成长的外部环境。林毅夫等(2001)认为,我国中小企业进行直接融资的成本较高,以劳动密集型为主的中小企业解决融资困难唯一的方法是大力发展中小金融机构。张静等(2002)从系统论的角度认为中小企业融资难问题是涉及多方面的系统性问题,解决中小企业融资问题必须建立中小企业融资系统,通过系统内各要素的不断自我完善和相互协调促进中小企业融资的改善。罗正英(2003)认为,调整财务信息结构、建立"大企业监督式财务制度",并最终形成大企业与中小企业的信誉链结构,是中小企业摆脱融资不利地位的重要途径之一。张捷(2004)也提出我国中小企业融资难问题是一种转型经济和市场经济的矛盾混合体,牵涉到金融体制的方方面面,是一个庞大的系统工程,需要整体性的解决方案。胡跃飞(2007)指出,供应链金融是在对供应链内部交易结构进行分析的基础上,引入核心企业、物流监管公司以及资金流导等新的风险控制变量,对供应链的上下游企业提供授信支持等综合金融服务。闫棍(2007)认为,供应链金融已经成为一种银行普遍使用的金融产品,银行凭借着该核心企业的信誉向其上下游的中小企业提供融资,也即是"M+1+N"的模式。陈新平(2008)指出,供应链金融是指从整个供应链链条出发,将上下游的中小企业与核心企业捆绑到一起，利用核心企业的辐射效应来为中小企业获取融资的一种模式。李毅中（2009）认为我国多层次资本市场建设滞后，民间融资、上市融资、发债融资等渠道不畅，创业投资机制尚未形成，产权交易市场功能尚未发挥，中小企业难以通过直接融资渠道获得有效的资金供给。王海文（2010）证明了私募股权基金可以更好地解决中小企业的融资问题。刘江（2010）等人认为，物流金融在我国迅速的发展起来，为中小企业融资提供了一个新的渠道。陆岷峰、张惠（2011）认为，当前进一步深化民间资金管理体制改革是解决"一边是中小企业对资金的大量需求所形成严重的'资金饥饿症'，一边则是巨额民间资金在寻找投资渠道"这一问题的有效路径。谢清河（2011）认为金融租赁具有比较优势，能有效地解决中小企业资金难问题。雷茜茜等人（2011）认为给中小企业上"保险"可能使中小企业融资难问题得以有效解决。黄立新、叶冬艳（2012）从基金资产配置的视角展开了中小企业融资解困方式的创新研究。

另外，近几年来，一些研究者提出要开辟中小企业融资的新渠道，如中小企业专营金融机构、大型商业银行的中小企业融资服务中心、村镇银行、社区银行、中小企业信用联合体、中小企业集群融资新型组织等。

（三）纾解中小企业融资难的实证研究

很多学者通过对发达国家中小企业的融资模式和融资体系的比较研究，借鉴其成功经验，提出了解决我国中小企业融资"瓶颈"的对策和建议，主要集中在以下几个方面。

（1）提高中小企业自我积累能力，加强中小企业自身的信用制度建设，加快建立健全有效的企业财务制度；

（2）继续保持和进一步发挥国有商业银行对中小企业贷款的主导作用，建立专门为中小企业服务的中小银行；

（3）规范和发展民间金融，培育多元化的中小企业融资服务主体；

（4）发展风险投资基金、创业投资基金；

（5）组建产业集群融资机构，建立小企业孵化器；

（6）培育完善多层次的资本市场体系；

（7）加强和完善社会信用体系建设；

（8）建立以政府为主导的中小企业融资信用担保体系和风险防范化解体系；

（9）实施支持中小企业发展的政策，建立健全中小企业法律体系。

第二节 中小企业集群融资的研究现状

中小企业集群融资作为一种解决群内中小企业由于机会缺失而造成融资难问题的新思路，日渐受到越来越多的专家学者和实际工作者的重视。

一、中小企业集群融资概念与性质的研究

1. 中小企业集群融资概念

陈晓红（2008）认为，中小企业集群融资是指金融机构面向整个产业集群中的中小企业，通过某种组织机制发生金融关系的创新融资模式，是建立在中小企业集群条件下的中小企业融资过程及其各种运行机制的总和，包括价格机制、风险机制、法律机制、信息传递机制等方面。高连和（2007）认为，中小企业集群融资是一种特殊的以其整体力量进行资金融通的活动，是以"区域核心竞争力"的整体力量作为担保或抵押来向金融机构和金融市场筹措或运作资金的行为过程。王峰娟、安国俊（2009）认为，所谓集群融资是指若干中小企业通过股权或协议建立"集团"或"联盟"，通过合力减少信息不对称，降低融资成本，相互帮助获取资金的一种融资方式。孔莉、冯景雯（2009）认为，所谓集群融资是指以产业集群发展为基础，以集群整体核心竞争力为保证，从金融机构或金融市场筹措或运作资金的行为过程中所形成的融资机制。张文君（2010）认为，所谓集群融资，通俗地可以理解为运用集群优势进行企业融资，即以专业化分工协作和地理位置上的集中或靠近为前提的同一产业或相关产业的中小企业集群，充分利用集群优势融资的共生融资模式。

2. 中小企业集群融资性质

中小企业集群是介于纯市场组织和科层组织之间的中间性组织、一种具有生物群落特征的产业种群或企业发展生态系统、一种区域创新网络，实质上它是一种"区域创新网络组织"（郑胜利、周丽群，2004），而"中小企业集群融资"实质上是一种金融创新。它不仅是融资方式的创新，是一种由单个中小企业游离融资方式向中小企业集体融资方式的转变，它可能是中小企业自救的重要方式（王峰娟、安国俊，2009）；而且它是融资模式的创新，基于中小企业集群的融资模式主要包括集群准内源性融资模式（高连和，2007）、集群准外源性融资模式（高连和，2008）和集群共生融资模式（张文君，2010）等几种。同时，它还是融资机制的创新，中小企业集群融资作为

一种创新的融资机制,具有针对性强、灵活性高、激励性好的特点,不仅可以使地方政府的产业发展目标更加明确,拓展金融机构信贷产品和服务多样化的思路,还为解决中小企业融资难题开拓新的思路,为其持续发展打下更加坚实的基础,为其走向证券市场创造条件,有利于形成多层次的中小企业融资体系(孔莉、冯景雯,2009)。

二、中小企业集群融资优势与条件的研究

1. 中小企业集群融资优势

研究表明,中小企业集群融资具有多重优势。首先,中小企业集群相对于企业或市场具有信用优势。任志安、李梅(2004)从群内企业与银行信贷、消费者、群外企业、群内企业、经营者和内部员工六个方面的关系,论证了中小企业集群相对于企业或市场具有整体信用优势,认为中小企业集群的信用优势是中小企业集群的重要优势,也是中小企业集群超越单一企业与市场的显著表现之一。赵强等(2005)从层面角度分析认为,诚信经营的企业家、高质量生产的经营信用、合同签订与执行上的合约信用等综合作用,构建起产业集群的信用优势。

其次,中小企业集群相对于企业或市场具有融资信贷优势。魏守华等(2002)从中小企业地理接近性和产业专业化的特性角度,分析认为,中小企业集群的在间接融资方面具有增加信息对称性、减少交易成本、高收益与低风险等不同于一般单个游离中小企业的特点,并论证了在银企之间重复的动态博弈中,企业间可建立起稳定的信用合作关系,有助于银行扩展信用贷款,解决集群内中小企业信贷中担保不足的重大难题。赵秀芳、周利军(2003)从信息不对称角度系统地解释了中小企业集群在缓解银企双方信息不对称、减少逆向选择和道德风险从而降低交易成本方面的作用。罗正英(2010)也都从间接融资的角度分析了中小企业集群在减少信息不对称、降低银行交易成本与信贷风险、增加银行收益等方面的融资信贷优势。

杜传文(2004)等从直接融资角度分析了集群便利中小企业融资的效应。他们认为,中小企业集群融资,有利于通过促进民间融资的发展来拓宽中小企业的融资渠道,有助于企业进入资本市场进行直接融资;集群内较早进入资本市场融资的企业能够带来强大的示范效应,促进中小企业完善治理结构,增强信用能力;中小企业集群化发展,还便利中小企业获得研发补贴、产业发展基金、科技创新基金等政府提供的直接金融支持。程崇祯、赵平(2004)从投资机会、成本及区位选择方面分析中小企业集群地区容易吸引外资。李玥、楼瑜(2006)区分了集群的内部直接融资和外部直接融资,指出二者在

集群融资中的重要作用，集群内不同企业以及上游供应商、下游分销商和最终用户之间形成一条联系紧密的产业"价值链"，某一环节的融资效应会在整个"价值链"得以放大，产生积极的规模效应和乘数效应。

最后，中小企业集群相对于企业或市场具有融资集体理性优势。从博弈论角度，在中小企业集群的环境下，群内企业良好的竞合关系、高透明度的信息、企业的高折现率和较高的再次遭遇率使集群内企业实现了"集体理性"（赵强，2005；高连和，2007），其更偏重于采取高信用高回报的行为，从而体现出中小企业集群融资的整体优势。

2. 中小企业集群融资条件

刘轶、张飞（2009）从集群中小企业生存环境的特征性质角度，关注集群中小企业生存发展所依赖的集群效应，将社会资本因素引入集群企业的融资过程中，分析了社会资本对集群企业融资的影响。罗正英（2010）认为，集群信贷融资优势的发挥必须有相应的条件。其一要有基于集群融资的信贷技术，如供应链融资技术、保理融资技术、团体贷款技术、互助担保技术、中小企业开发性融资技术、关系型信贷融资技术等。其二要有集群信贷融资优势发挥的政策环境，包括集群的信用、社会、法律、政策性支持环境。其三要有集群信贷融资优势发挥的金融市场结构，通过需要深化金融改革，建立和完善与中小企业集群相对应的多层次的金融市场结构体系。

三、中小企业集群融资渠道与模式的研究

1. 集体发债模式

集体发债模式是指集群内中小企业基于产业链的联系，整合各自资源，通过牵头人组织，以多个中小企业所构成的集合为主体，对外发行债券进行融资的一种融资模式。方健等（2003）着重研究和探索中小企业债券融资模式，提出建立中小企业联盟，以统一主体共同对外发债的建议。钟增文（2007）通过分析2007年以前我国两只集合债券的发行情况，并结合发行人市场增长率，认为组合发展前景好，符合我国产业化转型的中小企业发行集合债券是促进我国中小企业健康发展、国内产业升级的创新之路。王晓红等（2008）的研究表明，集合债券具有审批时间短、融资成本低、信用等级高等独特优势，符合中小企业的需要。吴群（2010）认为中小企业集合债券打破了只有大企业才能发债的惯例，优化了中小企业融资结构，创新了中小企业融资模式。它的创新之处在于通过中小企业之间融资合作，提高发债企业对外整体信用等级，产生信用聚集效应，形成合作企业之间的信用资产联盟。集合债券对改善中小企业普遍面临的资金短缺、融资困难的局面，促进我国

多层次资本市场发展具有重要意义。

2. 企业轮流信用（或信用互助）融资模式

企业轮流信用（或信用互助）融资模式是指中小企业集群内企业在相互联系、相互信任的基础上，在一定期限内，各自拿出一部分资金，轮流使用的一种融资模式。内部融资机构采取会员制，各会员企业交纳会费形成中小企业集群基金，主要为会员企业提供小额生产流动资金的互助性借贷。这种信用具有互助性，互助企业间相互了解和信任，省去了信用调查的环节，节省了信息调查成本，融资成本较低，提高了融资效率。但因企业间的互助借贷规模有限，无法满足企业大额的资金需求，只适用于那些发展不久、资金需求较小的小型企业（陈晓红、杨怀东，2008）。

3. 区域银行模式

区域银行模式是指银行和企业相互持有对方的股份，以资本为纽带，将银行和企业紧密地联系在一起，建立起银行和企业间稳定的包括提供信贷、信托担保、派遣管理人员直接参与对企业的监督和治理等在内的多方面联系的一种融资模式。通过银行、企业间的业务联系，了解整个集群的发展及其内部企业的信用水平，以此作出贷款决策。斯特恩和韦斯顿（Strahan 和 Weston，1996）提出了规模匹配理论，认为银行对中小企业贷款与银行的规模之间存在很强的负相关性。魏守华等（2002）提出区域性试行契约型主办银行模式。选择几个优秀企业优先贷款，成为企业主要债权人，通过外部契约式的债权交易，对整个集群的发展和信用水平进行动态管理，从而做出正确的投资决策为企业提供稳定的金融支持。蒋志芬（2008）则提出政府建立支持中小企业发展的区域股份制中小银行，吸收民间闲置资金和社会投资，为产业集群内的中小企业发放贴息和低息贷款，并提供咨询和理财服务。

4. 互助担保融资模式

互助担保融资模式是指集群内中小企业共同出资成立担保机构，为群内中小企业融资提供担保的一种融资模式。这种融资模式克服了中小企业缺乏抵押品的缺陷，可以改善中小企业在与银行谈判中的弱势地位，降低银行贷款风险，实现中小企业和中小金融机构的双赢，值得在实际应用中推广。李庚寅等（2001）认为可借鉴意大利互助担保制度，提出实施建立"互助担保基金"，与银行共担风险。魏守华等（2002）认为，对于由纯中小企业结合而成的集群，可以让信誉好的下游企业为上游企业担保，或者以购货方银行向销货方银行出具"销货方中小企业的产品确有销路"的 L/C 打包方式为担保；而对于以大企业为主导，配套形成的中小企业集群，可以将它们的信用纳入到核心大企业的信用体系中，利用核心企业的信誉为其上下游中小企业担保。洪金镖（2005）构建了依托企业集群公会发展中小企业互助担保机构的融资模式。这种模式通过引入担保机构，塑造中小企业、银行、担保机构"三赢"的信用发展格局，利用行业公会内部成员之间产生的互知互信解决中小企业与担保机构之间信息不对称的难题，解决房地产和机器设备抵押物变现难的难题，克服其他担保模式在资金补偿、运作机制、风险规避、经营规则和服务意识等方面存在的弊端，更好地满足中小企业信用担保的需要，扩大中小企业担保市场的需求容量。彭佳、吴小瑾（2007）对湖南省汨罗市再生资源产业集群形成的"一所一会三公司"融资信用联合体进行了深入的探讨，认为这种模式能帮助集群内中小企业通过联保、互助等方式满足企业的融资需求，具有较强的操作性。刘拓（2009）比较分析政策性、商业性和互助性担保机构三种信用担保模式后，认为应当建立基于中小企业集群的互助担保机构，并由政府给予一定的政策扶助，同时要进行制度安排。

5. 整体融资（或团体贷款或群体贷款）模式

整体融资（或团体贷款或群体贷款）模式是指银行对由一组借款人通过内部选择而组成的一个团体进行贷款，同时要求每一个借款人对团体内的其他成员贷款的归还负连带责任，只有整个团体的债务都得到偿还，团体成员才能继续获得追加贷款。团体贷款模式所规定的连带责任实际上起到了无形抵押物的效果，从而激发团体成员之间的横向监督，来保证这种无担保贷款保持较高的还款率。吉安卢卡·巴多尼（Gianluca Baldoni，1998）对意大利产业集群的考察中指出中小企业公会促进了集群内金融服务体系效率的提高。章元（2005）研究指出这种贷款模式应用于贫困地区曾达到过96%的还款率。高连和（2007，2008）提出了集群准内源性融资模式和集群准外源性融资模式，并认为集群准内源性融资模式是类似但不同于内源性融资模式的"第三种融资模式"；集群准外源性融资模式是类似但不同于外源性融资模式的"第四种融资模式"；集群财务公司是中小企业集群理论融资优势转化为现实融资能力的有效组织载体，是一个非银行性产业金融机构，可具备并履行储蓄、融资、投资、投资银行、风险投资、咨询顾问和担保代理等多重职能。常云峰、董辉（2007）从模式创新的角度，探讨了产业集群采取框架上市进行整体融资的设想，分析了集群框架上市融资这一新模式的特点和构架。黎文华（2009）认为园区融资模式也是以产业园区作为一个整体向金融机构贷款的融资模式。这种融资模式有政府的支持，可以从支持园区发展的角度获得较优惠的利率。

6. 其他集群融资模式

迪达·辛格（Didar Singh，2006）认为印度地方政府、中小企业及金融机构三方入股组建的 SPV（Special Purpose Vehicles）成功地解决了中小企业园区基础设施建设的融资难题。张淑焕、陈志莲（2006）分析了集群内的经济主体之间如何实现信誉链和融资链，探讨了融资链的本质，提出了中小企业融资链的模式。谢冰、蔡洋萍（2008）在分析目前我国开发性金融支持中小企业融资模式的基础上，基于集群效应对现有的开发性融资模式进行了创新。高长元、刘蕾（2010）在分析高技术虚拟产业集群（HTVIC）融资优势的基础上，参考信用互助的融资模式，提出了一种基于网络平台、以信任为合作基础、体现互助互利、通过集群互助融资基金整合成员企业资金能力、以满足成员企业融资需求的融资模式，并为该模式设计了详细的运作流程和相应的规章制度。温再兴（2010）在商务部调查的基础上指出，集群融资已成为缓解商贸企业融资难题的成功经验之一，各地在实践中形成了比较成型的融资模式，目前比较成型的商贸企业集群融资模式有商圈担保融资、供应链融资和商铺经营权质押融资。张杰（2012）认为建立专门扶持中小企业集群发展的政府引导基金，能够实现财政与金融的有效联动，为破解中小企业集群融资难题提供一种新模式。

四、中小企业集群融资机制与功能的研究

1. 中小企业集群融资机制

任志安、李梅（2004）认为集群信用优势形成的内在机理在于企业集群的信息共享机制与企业集群的社会惩罚机制的相互作用。张荣刚、梁琦（2006）认为社会资本网络通过非正规融资推动了中小企业集群资金短缺问题的解决，社会资本网络支持下的集群供应链系统有利于集群企业融资渠道的贯通，两者共同促使了集群内企业融资动力机制的生成。楼瑜、程璐（2006）的实证研究表明，在集群条件下银企关系有了新的表现，正是基于集群特征而产生的集群信息机制、成本降低机制以及长期动态重复博弈机制带来了集群独特的融资效率。杨雯（2007）认为中小企业集群融资优势的形成机理就是外部经济。产业集群所产生的外部经济性使得中小企业提高了自身实力和产业组织效率，增强了融资的能力；改善了中小企业融资的外部环境，降低了获得资金的成本，获得可持续发展。胡红桂、陈晓红（2008）认为建立在中小企业集群的网络协作关系之上集群融资机制，具有融资信用风险防范功能以及信息透明强化机制。这种融资机制在缓解或降低信用道德风险、信息不对称方面具有先天优势，在这种机制下，可以大大提高中小企业包括筹资效率、资金使用效率等在内的融资效率。张卫国、冉晖（2010）构建了集群内中小企业团体贷款的实现机制，具体由自发机制、协调机制以及联动机制

构成。赵祥（2005）指出随着企业集群规模的扩大和市场交易的扩展，企业集群的融资机制突破了非正式融资安排的局限，向基于正式制度的融资方式转变。

2. 中小企业集群融资功能

中小企业集群融资具有金融深化功能。当产业集群在不断成长的过程中，对金融资本的需求程度也不断加深。金融深化将伴随着产业集群逐步成长，并内化为产业集群自身的融资优势，反过来又促进金融深化与金融发展。

中小企业集群融资也具有规模效应和乘数效应。对集群内企业贷款，银行通过对同一产业的众多中小企业贷款获得规模经济，由于企业集群区域的经济增长率较高，产业区的资本积累更快，通过银行货币的乘数进一步放大，本地更多的贷款、投资增加，促进经济进一步增长，不断如此循环：高经济增长→储蓄增加→银行的货币乘数→投资增加→区域经济增长→银行的收益增加。另外，产业集群区内银行的收益较高，可以吸引更多的区外资金，资金的乘数效应进一步放大，更有利于区域银行的快速发展（张炳申、马建会，2003；唐晶、王娜，2007）。

中小企业集群融资还具有自组织强化功能。林洲钰、林汉川（2009）运用自组织理论分析了中小企业融资集群出现的原因及演进规律，强调了集合信用资产作为序参量在中小企业融资集群演进过程中的导向性作用，提出了融资集群组织的内外部正反馈机理。该学者认为，中小企业融资集群是中小企业从事融资活动形成的新型组织形式，应当借助其组织平台优势，通过不断优化集合信用资产的来源及结构，建立正反馈回路，来增强整体组织的融资能力，为解决中小企业融资难问题开辟一条新道路。

五、中小企业集群融资促进路径与对策的研究

魏守华等（2002）提出通过加强商业银行的产业研究功能、区域性试行契约型主办银行制度、增加信用贷款的力度三条存量优化策略，进一步解决产业集群内中小企业间接融资难的问题。张炳申、马建会（2003）认为改进我国企业集群融资的对策，重在拓宽民营金融的经营范围，加快企业集群区域民营金融的发展。刘铁、张飞（2009）认为，社会资本在集群企业融资过程中能起到提供"软担保"的作用，充分利用企业集群优势，发挥社会资本的作用，构建集群内信任合作的网络关系，是解决中小企业集群融资难的有效途径。彭芳春（2008）提出结合中国实际情况，在集群发展、融资渠道和政策支持等方面进一步创新和发展中小企业集群融资。胡红桂、陈晓红（2008）认为，中小企业集群融资建设是一项系统的工程，需要中小企业、政

府、银行及其他社会化服务机构等多方互动互建。必须立足于集群,从多方面采取措施,综合治理,通过构建集群整体融资模式,提升中小企业信用水平,从而提高中小企业融资效率,形成一种良性秩序。罗正英(2010)认为,促进我国中小企业集群信贷融资的对策,一是广泛使用基于中小企业集群的信贷融资技术,发挥中小企业集群信贷融资的内生优势;二是大力发展金融基础设施,创造有利于中小企业集群信贷融资优势发挥的政策环境;深化金融改革,建立和完善与中小企业集群相对应的多层次金融市场结构体系。

第三节 中小企业集群融资研究的简评与展望

一、研究文献简评

从以上综述可以看到,中小企业集群融资问题,作为一个理论交叉的"真空"地带和解决中小企业融资世界"难题"的新思路,近几年才刚刚引起研究者们的注意。尽管不同学者从不同角度对其进行了有益的探讨,但是研究角度仍比较分散,集群融资理论的研究处于初始探索状态,研究广度和深度还很不够。主要表现在:

第一,对中小企业集群融资概念的理解和界定还不一致,科学研究的"基质"还未形成,这影响了学者们进一步的交流和讨论。

第二,对中小企业集群融资优势的分析主要集中和停留在理论层面,而对理论分析具有的融资优势向现实融资能力转化形式的研究还很不够。

第三,对中小企业集群融资的模式研究还比较松散,以集群内企业之间的互相担保或者成立专门的担保机构为主要模式,以集群作为整体面对银行和资本市场融资的研究还不多见,更未形成健全的即包括融资主体明确、融资渠道顺畅、融资工具丰富、融资方式多样和融资调控适度等的中小企业集群融资模式与机制。

第四,现有研究往往只是将融资作为要素置于区域产业竞争力的研究框架之下讨论,缺乏中小企业集群理论与中小企业融资理论的有机结合,还未形成基于集群条件下的中小企业自身的融资理论。

第五,研究方法不够完善,以定性分析为主,缺少中小企业集群融资问题系统性研究的成果。

二、研究文献展望

在目前我国金融深化不够和金融压抑仍然严重的现实下，现有的融资制度安排不能彻底解决中小企业融资机会缺失的问题，无法满足集群中小企业发展的资金需求，更无法充分地发挥集群的融资优势。我们所要寻求的是一种能够适应这种需求的中小企业集群融资正式制度安排，在金融机构与集群中小企业之间建立一种新机制，发挥中小企业集群融资优势，提高资金配置效率。

可以肯定的是，随着我国金融改革的深化、中小企业集群的转型升级和人们对其研究与实践的深入，中小企业集群融资的有效新模式将会不断推广，中小企业集群的融资机制将会逐渐完善，中小企业集群融资理论体系的研究将会逐步成熟。

第三章
中小企业集群融资的基础问题

中小企业集群融资与单个中小企业融资相比有所不同。在与单个中小企业融资相关问题比较的基础上，根据中小企业集群的经济特征和经济效应，研究中小企业集群融资的概念与内涵、性质与特征、优势与条件，以及中小企业集群融资特有的融资新机构、融资新市场和融资新工具等问题，为中小企业集群融资新模式的研究奠定基础和提供理论平台。

第一节 中小企业集群融资的概念、性质与特征

一、中小企业集群融资的概念

1. 中小企业集群融资概念的称谓

与中小企业集群融资相似的称呼还有产业集群融资、集群融资等。

集群融资大概是对中小企业集群融资或产业集群融资的简称。严格地说，中小企业集群与产业集群的概念是有区别的，由此，中小企业集群融资与产业集群融资的概念也是不相同的。但是，由于现阶段我国的集群经济主要是中小企业集群，也鉴于目前人们对中小企业集群与产业集群的概念未加区分，所以，本次研究的中小企业集群融资的概念视为等同于"产业集群融资"的概念。

2. 中小企业集群融资概念的内涵

到目前为止，学者们对中小企业集群融资概念的认识还很不统一，对其界定也是多种多样（详见第二章第二节相关内容）。

笔者认为，中小企业集群融资是一种特殊的以中小企业集群整体力量进行有组织的资金融通的活动。中小企业集群融资以中小企业集群为依托。这里的所谓中小企业集群，是指基于专业化分工和协作的众多彼此独立的中小企业集聚于一定地域范围内而形成的稳定的、具有持续竞争优势的集合体（Porter，1998）。中小企业间所形成的这种集群关系，无须用契约来维持，而是以信任和承诺等人文因素形成的社会资本网络来维持其运行。这些集群中的中小企业由于地理接近、产业关联化，在共同的产业文化和制度背景下，形成区域的核心竞争力。中小企业集群融资就是以这种区域核心竞争力的整体力量作为担保或抵押来向金融机构和金融市场筹措或运作资金的行为过程。它的特殊之处就在于发挥集体合成的力量、以一个区域品牌的形式、作为整体利益代表者与贷款者进行讨价还价，建立交易契约关系，而不是群内各个企业借助区域品牌的优势、以单个利益代表者单打独斗式的向贷款者融资。也正是这一点才形成了中小企业集群融资与单个中小企业融资截然不同的特征。

3. 中小企业集群融资概念的外延

中小企业集群融资面向中小企业集群（集群内部市场融资）而又超出中小企业集群（集群外部市场融资）。所以，中小企业集群融资概念的外延包括

群内融资、群外融资以及群内外结合融资。

中小企业集群融资概念的外延与中小企业集群融资的边界有关。考察中小企业集群融资的边界必须统筹结合地理、生产和交易的特征。从交易的角度看,资产专用性、不确定性程度以及交易频率三个方面构成其交易成本边界;从生产的角度看,群内财务公司的生产边界由其产品供给能力所刻画;从生产和交易的空间看,中小企业集群的规模构成群内财务公司融资的地理边界。这三个维度共同决定了中小企业集群内财务公司融资的边界。

(1) 地理生态边界。中小企业集群与组织生态学中的种群(指一定空间内同一物种个体的集合)有一定的相似性,中小企业集群同样存在最适密度和承载能力即地理生态边界问题。一方面,集群经济效应只有在足够多的个体参与时才能产生,如果企业太少,尤其是核心企业的数量和规模达不到产业链生成要求的链核门槛,则不能有效地吸引更多的同类企业、配套企业和相关支持机构进驻,积聚效应无法形成。但另一方面,如果集群内企业过多,则会使土地、人才、基础设施等资源供不应求、价格上涨,企业之间竞争加剧,利润减少,削弱集群的竞争力。

如果以集群内企业数量代表产业集群的规模,我们借用 Logistic 方程分析中小企业集群的地理生态边界:

$$dN/dt = rN[K - N/K]$$

其中:N 是集群企业数量,r 是集群企业数的瞬时增长率(理想情况下的最大增长率),dN/dt 为瞬时增长量,K 是环境承载量,$[K - N/K]$ 表示环境阻力。当 $N < K$ 时,集群企业数量尚未达到集群环境的最大承载力,即还存在剩余能力没被利用,此时集群的企业数量将继续增长,集群规模和边界得到扩张;当 $N > K$ 时,集群企业数量已经超出其环境承载力,集群出现拥挤效应,成本上升,效益下降,集群内将有部分企业迁出或因竞争激烈而消亡,集群规模和边界收缩;当 $N = K$ 时,集群企业数量正好达到环境承载量,集群内企业数量将不再变化,集群规模和边界趋于稳定。所以,群内融资的地理边界以环境承载量所决定的企业个数为限。

(2) 交易成本边界。中小企业集群融资的成本边界范围可以用威廉姆森关于市场——中间组织——等级制企业的适用边界的分析框架来确定。随着资产专用性、交易的频率及不确定性的提高,三种组织所对应的融资成本上升的速度是不同的,其中市场组织的融资成本的上升迅速最快,中间性体制组织融资成本的上升速度次之,而科层企业组织融资成本的上升速度则最慢。若以 $M(k)$ 表示市场机制的融资成本,$I(k)$ 表示企业集群的融资成本,$H(k)$ 表示等级制企业的融资成本,k 为三个维度的水平。如图 3-1 所示,$M(k)$、

$I(k)$ 和 $H(k)$ 都随着的 k 增大而增加，当 $0 < k^* \leqslant k_1$ 时，$0 < M(k^*) \leqslant I(k^*) \leqslant H(k^*)$，市场组织是最有效的经济组织；当 $k_1 \leqslant k^* \leqslant k_2$ 时，$I(k^*) \leqslant M(k^*)$ 且 $I(k^*) \leqslant H(k^*)$，中间组织是最佳的组织；而当 $k^* > k_1$ 时，$M(k^*) > I(k^*) > H(k^*)$，科层组织（即企业组织）则变成了最有效率的经济组织。由此可以判断，图中弧线 AB 部分代表了中间组织形式的载体——集群融资选择边界。

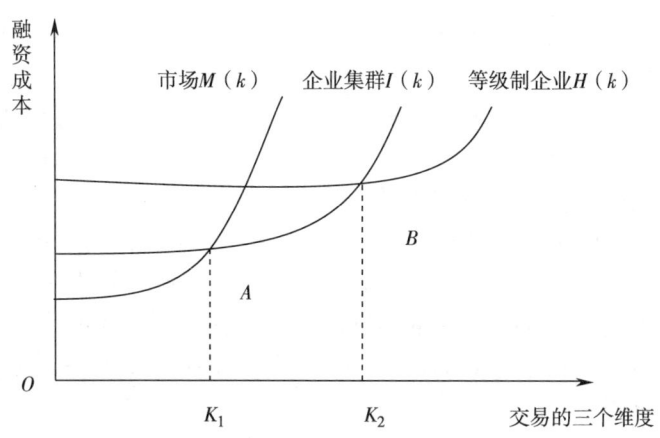

图 3-1 中小企业集群融资成本边界的确定

（3）生产能力边界。地理生态边界和交易成本边界规定了中小企业集群融资的需求限度，却无法回答集群融资机构是否有能力提供满足这种需求的金融产品，即无法限定群内财务公司融资的供给边界。集群融资的生产能力边界取决于三个因素：首先是集群融资机构与其他金融机构的金融产品相似互补但具异质性。集群融资机构的生产经营有其特有的要素整合要求、经营流程路径以及资源管理禀赋，由此形成了特有的知识能力积聚通道和不能替代的核心能力，在成长进程中积累了各自的能力、经验和技能，即使是与生产同一类型产品的其他金融机构之间也有不相似的知识生产和配置路径。其次是集群融资机构的金融创新能力（包括财务公司体制创新、业务创新、技术创新等多方面的创新能力）的提高。这是扩展和延伸其生产能力的重要因素。再次是集群融资机构的生产能力还受法律法规、禁止性规则、企业契约等因素的制约。简单地说，集群融资机构融资的生产能力边界主要受其核心能力、金融创新和内外部规制三个因素决定，但以中小企业集群融资需求和交易成本边界为限。

二、中小企业集群融资的性质

中小企业集群融资实质上是一种内生性的、专业化的、正规的金融创新，是区域金融的一种新的表现形式。

1. 中小企业集群融资是内生于集群经济发展的融资新形式

如前所述，改革开放以来，我国一些地区的中小企业集群经济得到了快速的发展，中小企业集群不再是少数地区的特殊现象，越来越多的地区产业发展显现了中小企业集群化特征，中小企业集群现已成为中国区域发展和产业布局的重要模式和发展趋势。

集群经济发展也需要大量融资。理论上讲，中小企业集群融资比单个游离中小企业融资具有截然不同的独特优势，中小企业集群在现实融资中不应该有融资困难问题，但在我国的实践中小企业集群仍然存在融资难的问题。就拿浙江来说，中小企业集群比较集中，但中小企业仍然还有41.15%的融资需求不能通过正规金融机构满足。笔者近期完成的浙江省中小企业集群融资的专题调查也显示，有35.1%的集群内中小企业存在融资难的问题（其中融资难的占29.8%，融资很难的占5.3%）。其根本原因就是缺乏内生性的为之服务的集群融资形式。

众所周知，金融（融资）内生于实体经济，反过来，金融（融资）又要为实体经济服务。有什么样的实体经济形式，就应该有什么样的金融（融资）服务方式相对应，金融（融资）形式与实体经济形式相适应是客观经济规律的要求。据此，当中小企业集群经济发展壮大起来，并向现代产业集群转型升级的关键时期，客观上要求有与之对应的集群融资服务形式。

2. 中小企业集群融资是一种内生性、专业化的正规金融创新

中小企业集群融资不是民间融资等非正规金融，而是介于纯市场组织和科层组织之间的中间性组织，是具有显著内生性、专业化的正规金融，是一种创新性融资安排。中小企业集群融资不是民间非正规融资，但它可用吸纳民间资本，疏导民间资本更好地为实体经济服务。

中小企业集群融资不仅是融资方式的创新，是一种由单个中小企业游离融资方式向中小企业集体融资方式的转变，也可能是中小企业自救的重要融资方式；而且它是融资模式的创新，基于中小企业集群的融资模式主要包括集群准内源性融资模式、集群准外源性融资模式和集群共生融资模式等。

同时，中小企业集群融资还是融资机制的创新，中小企业集群融资作为一种创新的融资机制，具有针对性强、灵活性高、激励性好的特点，不仅可以使地方政府的产业发展目标更加明确，拓展金融机构信贷产品和服务多样

化的思路，还为解决中小企业融资难题开拓新的思路，为其持续发展打下更加坚实的基础，为其走向证券市场创造条件，有利于形成多层次的中小企业融资体系。

三、中小企业集群融资的特征

1. 中小企业集群融资的产业关联性

单个企业只专注于产品价值链上的一个或几个环节，而在集群内部企业之间以产业整体分工的形式，把传统价值链从企业内部外移到整个集群中。所以，集群整体融资的集群内中小企业必须是一个有机的整体。首先，群内中小企业可以通过价值链将它们横向联系在一起。群内上、中、下游中小企业之间的价值运动和货币运动，在一定的价值连接下成为了一个有机整体，其间存在着互相制约的关系。这一价值链上的中小企业有融资需求，便可以形成一个通过价值连接的中小企业群，成为一个存在内在互动机制的整体，再通过集群财务公司使整个企业群获得一定的融资机会。其次，群内中小企业可以通过生产相同或相似产品形成纵向的有机联系。这种纵深的有机联系是以特殊的社会关系（亲情、友情等）为背景形成的一种生产同盟，这既可增强整个行会生产同类商品的企业之间的竞争力，也可以增强集群内个体抵御风险的能力，同时还可以增强商业信用，为集群融资打下坚实的基础。

2. 中小企业集群融资的规模经济性

关于产业集群规模经济效应的分析，在西方经济学界，早就注意到并多有论及。以马歇尔、克鲁格曼为代表的经济学家指出，多个企业在局部空间上集聚在一起，会产生一种新的规模经济，克服孤立的单个中小企业规模小的经营特征，进而提高竞争力。斯科特、波特等人则从新产业空间组织理论演进的角度，阐述了企业集群下规模效应产生的源泉。同样，中小企业集群融资也具有规模经济效应及降低融资成本、防范融资风险、提高融资效率等作用。

由于企业集群融资的整体规模较大，对当地经济的影响比较明显，因此，很容易受到当地政府的政策支持，特别是在遇到外部困难和宏观经济不利时，政府的金融、税收、财政等支持显得更为必要。

3. 中小企业集群融资的信用增级性

中小企业集群的诸多优势，使中小企业集群融资具有信用增级效应。所谓中小企业信用增级，是指中小企业通过自身条件的改善，或者依托外部正式（如第三方专业性保险、担保公司）、非正式（如自发组成的信用合作组织）的中介组织或渠道，将隐藏的信用信息显性化，提升自身的信用级别，从而对接金融机构的贷款要求。信用增级对中小企业的发展壮大具有关键性作用，主要表现在：信用增级提高了交易的成功率；降低中小企业信用风险，实现帕累托改进；能够提高中小企业资产运用的深度与广度，显著增强中小企业的融资能力；降低交易成本，实现资源的有效配置。中小企业集群融资不仅能够通过内部信用增级模式（如增加资产、减少信息不对称、分散风险等）和外部信用增级模式（如各种外部担保、资产证券化等）实现信用增级，而且能够通过内外部相结合信用增级模式（如团体贷款、集合债券、集合票据、集合信托等）实现信用增级。

4. 中小企业集群融资的过程合作性、协同性和共生性

首先，中小企业集群融资过程中具有合作性。集群内中小企业可以通过合作融资的意愿把它们的融资行动统一起来。集群企业合作意识的高低、合作程度的深浅，直接影响集群融资效应的发挥。当合作成为企业生存和发展的必要条件时，集群的合作文化就能够深入人心，集群企业在交易中也更加倾向于诚实守信，集群信用优势才得以持续。在合作氛围和信用优势的助力下，集群合作融资的可行性增强，集群中的中小企业可以选择多样化的集群融资模式化解融资瓶颈。

其次，中小企业集群融资过程中会产生管理及成本上的协同效应。基于交易成本的协同理论、基于价值链的成本协同理论和基于企业网络的成本协同理论，从不同角度归纳出产生成本协同管理效应的三大要素：对成本协同管理的认同、上下游企业的配合和核心企业的作用。集群企业对集群组织的融资成本协同管理的认同程度越高，集群融资协同效应值就越大；集群中的上游企业融资协作程度愈高，集群融资协同效应值就愈大；集群协同管理中，核心企业的融资协同作用越大，集群融资协同效应越大；在企业集群中，融资成本协同管理的认同度、上下游企业的融资配合程度越高和核心企业的融资作用越大，集群融资协同效应就越大。

最后，中小企业集群融资过程中具有"金融共生"性。中小企业集群融资体现了典型的集群共生①特征。这里的金融共生是指规模和性质各异的金融组织之间、金融组织与各种企业之间、金融组织与区域经济之间在同一共生环境中通过交互式作用实现和谐发展，达到包括金融组织在内的整个经济区

---

① 所谓"共生"，原本是生物学概念，1879 年由德国生物学家德贝里提出，指共生单元之间在一定的共生环境中按某种共生模式形成的关系，其要素包括共生单元、共生模式和共生环境。随着共生概念的不断发展，共生的理念被应用到各个领域。自 20 世纪五六十年代以来，共生的思想和概念已被应用到人类学、社会学、经济学、管理学、建筑学甚至政治学的领域。从经济意义上讲，共生是指经济主体之间存续性的物质联系。

域的可持续发展，或者说达到了区域金融生态平衡。在中小企业集群融资的共生系统中，通过共生三要素即集群融资共生环境、集群融资共生单元和集群融资共生模式，分别对中小企业融资行为产生影响，从而使集群在融资机制、融资渠道、融资模式和融资工具等角度全方位显现中小企业共生融资现象。

5. 中小企业集群融资的系统复杂性和涌现性

由于中小企业集群是一个复杂适应系统（Complex Adaptive System，CAS），所以，中小企业集群融资也是一个典型的复杂适应系统。复杂性适应性和涌现性[1]是复杂适应系统的两大主要特征。对中小企业集群融资的复杂适应性分析，可以借鉴圣塔菲学派的盖尔曼、卡斯蒂、霍兰等人对其的论述：适应性造就复杂性；适应是复杂动态模式的根源。中小企业集群融资复杂适应性可以从其的根源、构成元素、适应性特征、适应性主体等方面进行分析。中小企业集群融资在其复杂性造就适应性的过程中"涌现"出来的融资新理论和融资新模式与单个游离中小企业融资理论和融资模式在含义、性质、功能等方面都完全不同，具有复杂性、开放性、适应性和不可还原性等特征，而这些中小企业集群融资新模式的出现一定不是偶然的，一定有着重要的动力源泉，一定存在着普遍的规律。

第二节　中小企业集群融资的优势与条件

一、中小企业集群融资的优势

与单个中小企业融资相比，中小企业集群融资具有截然不同的显著优势。

1. 信用优势

中小企业集群信用优势是指企业集群相对于单一企业与市场具有较高的信用，或者说，企业集群相对于企业或市场具有整体信用优势。是诚信经营的企业家信用、高质量生产的经营信用、合同签订与执行上的合约信用三个层面信用的综合作用，构建起的中小企业集群的信用优势。这只是从其产生的一般条件出发分析的，集群企业外也存在的。中小企业集群的信用优势应来自集群特有的特殊性，在交易的博弈中，每个交易主体始终面临着守信或

---

[1] 所谓涌现（Emergence）是指系统突变和渐变的非加和性，即系统整体具有部分或部分之和所没有的性质、特征、行为、功能等新的属性和行为模式。

欺诈的策略选择。在交易的不同环境,同一交易者博弈策略选择会不同。如果是一次性交易,交易主体一般都会选择欺诈行为,此时,交易主体间不可能建立信用关系;可是当交易重复进行时,则交易主体博弈策略选择就会改变,愿意选择守信行为,交易主体间将建立信用关系。所以,中小企业集群之所以具有信用优势,其根本就在于企业集群特有的交易环境,改变了交易的博弈规则,迫使交易主体在交易中倾向于选择守信行为。而且随着企业集群的发展,会有越来越多的企业在同群内、群外企业交易时倾向于选择守信行为,企业集群的信用优势就逐渐显现。

2. 信贷优势

中小企业集群可以:第一,减少信息的不对称性。集群很强的"地域依附性"使银行可以通过多种途径非常容易地收集和掌握中小企业的各种信息,增加信息的对称性,有效减少信贷的"逆向选择";集群很强的"地域根植性"提高迁移的机会成本,有效减少企业逃废债务的机会主义行为;集群很强的"信息透明度"产生的"声誉机制"有效减少企业违约的"道德风险"。第二,减少银行的信贷成本。群内"信息高流动和共享"降低了信息的收集成本,众多小企业贷款形成的"规模经济"降低了银行贷款的平均交易成本和贷后的平均监管成本,使用同样技术具有的"同质性"降低了银行的办理成本。第三,降低银行的信贷风险。除了集群能降低企业逃债的机会主义行为外,集群可以把企业个体的风险部分地转化为整个企业集群的风险,而整个中小企业集群的风险在很大程度上作为行业的系统风险,本身有很强的发展规律,具有较强的可预测性、可把握性和可规避性。第四,增加银行的收益。正如上述分析的企业集群使银行信贷风险和交易成本降低、规模经济产生,贷款利润自然增大;企业获得贷款后,资金周转产生"乘数效应",地区经济高速增长,储蓄和投资不断增加,银行获得更多利润。第五,为信用互助担保创造组织条件。集群内中小企业彼此了解,相互熟悉,在行为和思维方式上的同质性,构成了一个"互识社会",而互识社会很容易产生"乡村社会信誉机制",为中小企业实现信用互助提供了社会土壤,进而为企业间相互提供贷款担保创造了优越的地理和信任条件。

3. 集体理性优势

从博弈论角度,在企业集群内,企业的决策行为是直接相互影响的,一个企业在决策时就必须考虑对方的反应,而且还要兼顾暂时利润和长远利润。企业的效用函数不仅取决于它自己的选择,而且依赖于其他企业的选择;企业的最优选择同时取决于其他企业的选择,是其他企业选择的函数。当企业处于不同的信用层面时,其可能得到的经济收益也是不同的。在中小企业集群的环境下，群内企业良好的竞合关系、高透明度的信息、企业的高折现率和较高的再次遭遇率使集群内企业实现了"集体理性"，更偏重于采取高信用高回报的行为，从而体现出企业集群融资的整体优势。

4. 自组织优势

中小企业集群是一个复杂适应系统（CAS），中小企业集群可以通过自创生、自适应、自会聚、自繁衍和自增强五种自组织行为实现可持续发展。中小企业集群融资通过中小企业融资集群组织（如集群财务公司）实施。根据林洲钰、林汉川（2009）的观点，中小企业融资集群是以融资为核心目标形成的企业集群组织，具有耗散结构性，呈现出以下三个自组织特征，即开放性、交叉网络性和协同演进性，其中开放性是存在条件，交叉网络性是组织特征，协同演进性是其发展方式。

当中小企业以集群组织进行融资活动时，个体信用资产就通过集合信用资产的形式表现出来。集合信用资产是中小企业融资集群自组织的一个序参量，而集合信用资产是中小企业融资集群形成、发展、演化的主导因素，通过中小企业信用资产的有序聚集和系统整合，对于提升中小企业融资能力具有重要意义。同时，中小企业融资集群的组织形式能够改变单一企业信用资产不足的局面，形成内外部正反馈机理，改善中小企业融资条件。

二、中小企业集群融资的条件

中小企业集群融资是一种高级的金融活动，它的成功实施，需要较高的条件。

1. 明确的中小企业集群融资主体地位

一般情况下，单个游离状态中小企业的融资主体是一个独立的组织单位。而这里所论及的中小企业集群融资是一个整体性融资，它首先也要确定一个融资主体。但是由于中小企业集群的特殊性，中小企业分别为分散的、独立的个体。因此需要用一种方式使其能够成为一个主体。如果群内各个中小企业可以通过集群融资机构（如集群财务公司）的形式联系到一起进行融资，这时的中小企业集群融资机构（如集群财务公司）的融资主体地位就已经确立，即集群融资机构（如集群财务公司）成了一个总融资主体。在集群组织融资关系中，中小企业集群融资机构（如集群财务公司）是处于最顶端的融资主体，但它的融资行为只是一种中间代理的关系，真正的实体则为各中小企业。这是一种"单一融资主体，多元融资实体"架构的融资组织形式。

2. 群内各中小企业有机联系并有融资合作的意愿

群内中小企业如果要进行集群整体融资，集群融资机构（如集群财务公司）框架以内的中小企业必须是一个有机的整体。首先，群内中小企业可以通过价值链将它们横向联系在一起。群内上、中、下游中小企业之间的价值运动和货币运动，在一定的价值连接下成为了一个有机整体，其间存在着互相制约的关系。这一价值链上的中小企业有融资需求，便可以形成一个通过价值连接的中小企业群，成为一个存在内在互动机制的整体，再通过集群融资机构（如集群财务公司）使整个企业群获得一定的融资机会。其次，群内中小企业可以通过生产相同或相似产品形成纵向的有机联系。这种纵深的有机联系是以特殊的社会关系（亲情、友情等）为背景形成的一种生产同盟，这既可增强整个行会生产同类商品的企业之间的竞争力，也可以增强集群内个体抵御风险的能力，同时还可以增强商业信用，为集群融资打下坚实的基础。最后，群内中小企业可以通过合作融资的意愿把它们的融资行动统一起来。集群企业合作意识的高低、合作程度的深浅，直接影响集群融资效应的发挥。当合作成为企业生存和发展的必要条件时，集群的合作文化就能够深入人心，集群企业在交易中也更加倾向于诚实守信，集群信用优势才得以持续。在合作氛围和信用优势的助力下，集群合作融资的可行性增强，集群中的中小企业可以选择多样化的集群融资模式化解融资瓶颈。

3. 健全的中小企业集群融资的金融市场

中小企业集群融资优势的发挥，需要建立和完善与中小企业集群相对应的多层次的金融市场结构体系。一般地，金融市场结构包括一国金融市场上大型金融机构与小型金融机构占比、外资金融机构与内资金融机构占比、国有金融机构与民营金融机构占比及各类金融机构间的竞争状况等问题。其中，中小金融机构由于其地域性特征，可以通过与中小企业保持长期密切关系而获得各种难以量化和传输的"软信息"，从而可以更好地向中小企业提供信贷融资；新进入的外资金融机构与民营金融机构与大型国有金融机构在大型企业的信贷市场上竞争处于劣势，而在中小企业信贷融资市场上则相对更有竞争力。就中小企业集群融资来说，要使中小企业集群的信贷融资优势得以发挥，就必须建立与中小企业集群相对应的多层次的金融市场结构体系，如国有大型商业银行、区域中小商业银行、集群内的合作金融机构如集群财务公司，以及相应的集群互助担保协会（公司）、产业基金、风险投资等配套机构。这些建立在中小企业集群中心或专业市场周围的金融机构，由于资金规模小、产权明晰、决策程序简单、约束力强，可以及时掌握市场与客户等有关信息，降低监督管理成本，为本区域内的中小企业提供包括融资在内的各种金融服务。

4. 成熟的中小企业集群信贷融资技术

充分运用集群融资信贷技术是发挥中小企业集群融资优势的重要条件之一。按照贝格和尤戴尔（Berger 和 Udell，2006）的解释，信贷技术是包含信息来源、甄别与承做政策或程度、贷款合约结构以及监控策略或机制的组合，具体包括财务报表贷款、小企业信用评分、资产基础融资、固定资产融资、保理、租赁和关系型融资等。这些信贷技术可以划分为依据企业"硬信息"进行信贷决策的交易型融资技术和依据企业"软信息"进行信贷决策的关系型融资技术两大类。无论是中小金融机构的关系型贷款还是大金融机构的交易型融资，都可以结合中小企业集群内在特质，开发更好的集群信贷融资技术来有效缓解中小企业融资难的问题。作为总融资主体的中小企业集群融资机构（如集群财务公司）可以采用的融资技术很多，如中小企业集群的供应链融资技术、保理融资技术、集合债券融资技术、团体贷款技术、产业基金融资技术、风险投资融资技术、互助担保技术、中小企业开发性融资技术、关系型信贷融资技术等。

5. 适宜的中小企业集群融资环境

中小企业信贷融资技术的运用、中小企业融资难问题的缓解等都离不开适宜的集群环境支撑。第一是中小企业集群的信用环境。相对于单个企业，企业集群在信贷融资方面具有内在的整体信用优势，但中小企业集群的信用优势也具有生命周期，存在孕育、形成和衰退的过程，需要建立有利于中小企业集群信用优势持续发挥的信用环境，具体包括社会信用中介机构如会计、审计、资产评估等中介机构及其制度体系在内的、完善的中小企业集群信用服务体系和信用担保体系等。第二是中小企业集群的社会环境。处于某一特定地理区域和文化环境下的企业集群关系网络，也即企业集群的社会资本，不仅会影响民间融资和集群内企业之间的合作融资，也是影响集群信贷融资的重要因素。第三是中小企业集群的法律环境。法律环境影响到中小企业信贷融资的可获得性和信贷成本。法律环境完善，债权人利益就得到充分的保护，法律的执行力度大，可大大降低中小企业的信贷风险，提高中小企业融资的可得性和降低融资成本。就中小企业集群融资来说，要发挥其内生的融资优势，无论是基于中小企业集群信贷融资技术的运用，还是发挥中小企业集群融资优势的金融业市场结构调整，都必须有相应的法律环境的支撑。第四是中小企业集群的政策性支持环境。健全完善的中小企业集群政策性支持环境，包括企业集群的产业规划、产业结构升级、集群内企业与科研机构、咨询机构的合作关系平台的搭建、集群内重点企业的扶持、产业价值链的整合等，都有利于中小企业集群形成独有的专业优势和核心竞争力，增强产业聚集力、提高产业关联度、整合产业价值链，从而保持和扩大集群的竞争优势，为中小企业集群信贷融资优势的发挥创造有利条件。

第三节 中小企业集群融资的市场：内部市场与外部市场

一、中小企业集群融资的内部金融市场

中小企业集群融资的内部金融市场包括集群内部货币市场和集群内部资本市场。目前，人们提起内部市场，往往想到的是企业（或企业集团，或跨国公司）内部市场和内部资本市场，很少有人提及中小企业集群内部金融市场。中小企业集群内部金融市场是具有企业内部市场和内部资本市场特征、又不同于二者的一种新型金融市场。它主要包括集群内部资本市场、集群内部货币市场、集群内部外汇市场、集群内部保险市场、集群内部衍生性金融工具市场等等。我们此次主要探讨中小企业集群内部资本市场。

1. 中小企业集群内部资本市场的含义

（1）内部市场。内部市场是指组织体的内部机构、成员之间通过经济活动而形成的市场。是在内部人之间按照一定的内部规则从事交易活动而构成的市场。内部市场的存在，使市场经济所要求的统一市场被分成了内部市场和外部市场，使市场主体所遵循的规则被分为内部规则和外部规则。这种内外有别的二元分立，对经济发展和制度建设已产生了重要影响。

（2）企业内部市场。瑞格曼（Rugman，1981）认为，企业内部市场是指"将市场建立在公司内部过程，使它能够像固定的外部市场一样有效地发挥作用"。

钱德勒（Chandler，1987）认为，现代企业的显著特征之一就是它们包含许多不同的业务部门。由于不同业务部门拥有不同的投资机会，企业总部为了追求整体利益的最大化，需要用一只"看得见的手"在不同部门之间调配资本、劳务和技术等内部资源，以提高投资效率。这种资本、劳务和技术的再分配使得企业内部实际上形成了一个内部市场，包括内部资本市场（Internal Capital Market，ICM）、内部劳动力市场以及内部技术市场等。

（3）内部资本市场。内部资本市场是在美国伴随着企业组织结构的创新和多元化经营浪潮而出现的一个学术名词。所谓内部资本市场，就是由拥有多个经营单位的企业集团总部和各成员企业参加的集团企业内部的资本融通

市场。理查德森（Richardson，1960）认为，当一家企业的经理试图与外部投资者签订一项长期合同时，即使他有充分的信息使自己相信其项目是低风险的，但若其不能使他人相信，合同将难以签署。正是企业与外部资本市场（External Capital Market，ECM）信息的不对称性使得 ICM 取代 ECM 成为可能。阿尔奇安（Alchian，1969）认为，ICM 的关键是它规避了投资项目信息的披露以及困扰 ECM 的激励问题，也就是说公司总部在监督和信息方面可以做更好的工作。威廉姆森（Williamnson，1975）将企业内部围绕资金展开竞争的市场称为内部资本市场。伍尔夫（Wulf，1999）认为内部资本市场的含义可以从狭义和广义两个层面来理解。狭义的概念仅从资金融通的角度，把企业联合体中各成员单位之间的债权融资、股权融资、资金划拨等形式的资金相互融通称之为内部资本市场；广义的概念主要是从多个成员单位进行资源配置的角度考虑。企业联合体在协作中经常需要在成员企业之间进行资源的相互转移，这种资源可能是技术、人力或资本，在资本转移中的表现方式也多种多样，不仅限于资金融通，还可以通过其他交易形式来实现资源转移的目的。因此，只要在实质上造成了资源在成员单位之间的转移，我们就把它看作一种内部资本交易行为，并把这种交易行为的总和称为内部资本市场。派尔和塞瓦戴赛妮（Peyer 和 Shivdasani，2001）将内部资本市场定义为在企业内部各部门分配资金的一种机制。

（4）中小企业集群内部资本市场。中小企业集群内部资本市场就是中小企业集群内部各中小企业围绕资金而展开的合作基础上的竞争的资本市场。是中小企业集群中各成员企业之间在融资合作基础上的债权融资、股权融资、资金划拨等形式的资金相互融通的市场。它与企业内部资本市场相似但又不同，不管是其内涵，还是外延均超过企业内部资本市场。

2. 中小企业集群内部资本市场的类型

如果以集群企业内部市场主体之间的合作、竞争程度为维度，将每个维度分为高（重要）、低（不重要）两种状态，从而把集群内部资本市场划分为简单型、合作主导型、竞争主导型、复合型四种结构类型。

（1）简单型集群内部资本市场。在简单型集群内部资本市场上，内部市场主体之间的合作与竞争对企业融资和发展都无关紧要。这种类型资本市场可以看成是企业集群内部的自由市场。集群内部企业之间的融资行为是临时的、偶然的，缺乏持续的合作性和组织性，集群融资的优势未能利用。它可能具有相应的外部市场，也可能没有外部市场。

（2）合作主导型集群内部资本市场。在合作主导型集群内部资本市场上，内部市场主体之间的合作对企业融资和发展至关重要，而竞争则对企业融资和发展无关紧要甚或有害。集群内部企业之间的融资合作是必须的、长期的,并且通过有组织的融资合作行动来实现集群的融资优势。在此类结构内部资本市场上交易的中间产品或服务（如融资）或者不存在外部市场,或者虽然存在外部市场,但企业的差异化竞争战略或资产专用性特征（如地点、区域、品牌专用性）要求内部市场必须与外部市场相隔离。

(3) 竞争主导型集群内部资本市场。在竞争主导型集群内部资本市场上,内部市场主体之间的竞争对于企业融资、企业发展、改善绩效、提高最终产品的竞争力等非常重要,而合作的重要性则相对较低。此类结构的内部资本市场可能会由于多种原因而出现。首先,执行成本领先竞争战略的企业,如果中间产品或服务（如融资）的内部价格（成本）高于外部市场价格（成本）, 这些企业就有权弃内求外,不得不与外部竞争对手展开竞争,由此形成竞争主导型的内部资本市场。其次,在企业集群内部,各企业之间虽然不发生直接联系,但在内部资源或顾客分配上却存在竞争,由此形成了竞争主导型内部资本市场。

(4) 复合型集群内部资本市场。在复合型集群内部资本市场上,内部市场主体之间的合作与竞争对企业发展都相当重要,内部市场主体行为的竞合导向是此类结构内部市场的显著特点。

3. 中小企业集群内部资本市场的优势

与外部资本市场相比,中小企业集群内部资本市场在信息、激励、合作、协同以及更有效地配置内部资源方面具有明显的优势,能有效降低融资成本,放松外部融资约束,提高资本配置效率。

(1) 降低融资成本。内部资本市场上的资金提供者和资金需求者之间的信息不对称程度要远远低于外部资本市场,从而可以有效避免由于信息不对称所带来的融资成本过高和融资不足等问题。在内部资本市场上,还可以避免外部资本市场融资时所花费的手续费等其他交易所耗费成本,也可以避免因过多的股东和债权人介入而导致代理成本的增加。迈尔斯和梅吉拉夫（Myers 和 Majluf, 1984）认为,由于企业与外部资本市场之间的信息不对称,外部资本市场上出现信用约束。在存在约束情形下,并不是所有具有正净现值的项目都能得到融资。为了克服企业与外部资本市场的摩擦,当企业与外部资本市场的信息不对称严重到一定程度时,企业通过并购、重组、组建战略联盟、走集群发展道路等方式构建内部资本市场,满足正的净现值投资项目的资金需求。

(2) 放松外部融资约束。内部资本市场的建立除了能替代融资成本较高的外部资本市场融资外,还具有放松外部融资约束的积极效应。这主要是由于拥有内部资本市场的企业集团或中小企业集群不仅规模较大,而且旗下多家或众多公司不完全相关的现金流整合可以减少公司内部现金流的波动,从而降低公司陷入财务危机的可能性,提高公司的融资承受能力。由于有较稳定的现金流保障、较强的经济实力和较好的信用,大规模的多元化企业或企业集群往往拥有较多的外部市场融资机会。另外,在内部资本市场上,内部信息的不确定性也比较小,进行投融资的风险较小,从而能够减少内部市场主体在外部证券市场上进行逆向选择的机会。

(3) 提高资本配置效率。内部资本市场在提高资本配置效率方面的优势主要体现在两个方面。一方面作为资金提供方的公司总部或集群企业代表拥有公司的剩余控制权。具有比外部投资者具有更大的动力和权力去调控和监督公司资源配置,获取更多的利益。另一方面公司总部或集群企业代表对于投资的项目拥有完全的信息,有能力实施最有效的资源配置。对于公司总部或集群企业代表来说,可以有效地对公司内部或集群内部的投资项目进行优化选择,按照项目的投入产出比大小来分配稀缺资源,灵活、高效地实现内部资源的跨项目流动。对于资金需求方项目经理和部门员工来说,可以采用统一的绩效衡量标准来对其进行相应的物质奖励和工作调动,将激励各部门有效地使用资金。威廉姆森(1975)认为,"内部资本市场对 M 型公司产生的作用不是资源的回报,而是能产出较高的现金流配置效益"。在我国外部资本市场不发达的背景下,对于外部融资时所受约束程度最严重的中小企业来说,通过兼并收购、集群化等方式联合起来引入企业内部资本市场机制,无疑是一条有效、可行的解决融资问题的新出路。

(4) 产生合作协同效应。中小企业集群是一种松散的中小企业联合体,是一种介于企业与市场之间的新型产业组织形式。集群企业彼此在空间上接近,经济活动高度密集,企业间从事相同、相似、相关的生产经营活动,相互间既竞争又合作,共享资源和信息。中小企业集群在构建内部资本市场方面具有更强的优势,其典型的网络结构可以把复杂的管理程序合理分解,能很好地适应内部资本市场运营的需要。中小企业管理制度和治理结构普遍落后,企业的最高管理者往往既是所有者又是经营者,经营者通常自己汇总分散的信息并集中决策。这种单一、落后的组织结构在集群环境下发生了根本性改变,集群社会资本、集群合作文化使中小企业主有效应对和适应构建内部资本市场后规模变大、关系复杂的新的经济环境。另外,单个中小企业存在财务不规范、信息不透明、信用意识淡薄、抗风险能力较差等问题,在联合之后的中小企业群体内部的信息传递和监管难度变小,彼此之间的信任程度提高,从而提高了内部资本市场的运营效率。中小企业集群所产生的合作协调效应能够使单个企业充分共享经营和资金资源,节约交易成本和生产投入,获得规模经济效应等优势,从而提高单个企业的竞争力及融资能力。

4. 集群内部资本市场与集团内部资本市场的区分

(1) 剩余控制权的视角。①集团企业总部 CEO 拥有多个项目的剩余控制权,能够更便利地配置稀缺资金,将资金从劣质项目转移到好的项目;而集群融资组织如集群财务公司虽然对企业的项目(包括融资项目)不拥有剩余控制权,只是企业融资项目的总代表,但它也能够更便利地配置稀缺资金,将资金从劣质项目转移到好的项目。②集团企业多个分部纳入同一母公司的控制,能融得更多的外部资本,这种"多钱效应"可以缓解由于融资约束而导致的投资不足;而集群融资组织如集群财务公司通过合作共生机制体制,形成合力,以集群整体的力量去融资,同样能融得更多的外部资本。③多元化集体企业内部资本市场中相关度较小的现金流量可以产生共同保险效应,增强企业的举债能力。而集群内众多的中小企业相关度更小的现金流量可以产生更强的共同保险效应,大大增强群内中小企业的举债能力。

(2) 组织结构的视角。集团企业如何通过恰当的组织架构设计来引导、塑造企业各层次管理者的行为,降低寻租行为、权力争斗等因素对资本配置的负面影响是提高内部资本配置效率的关键点。斯特(Stein, 2002)认为,组织结构设计对企业内部生产不同类型信息的激励产生了实质性影响。英斯特等人(Inderst, 2005)考察了企业组织结构设计对企业内部寻租和权力争斗行为的影响。他们将组织结构设计当作一种特别形式的契约,在契约不完备情形下,激励契约、权力分配等机制无法完全解决企业内部的代理和信息不对称问题,此时企业的相关经济主体可以选择合适组织结构,如单一层次组织或者多分部企业组织,将内部的寻租成本降到最低。而中小企业集群组织正是企业主体选择的最合适的"新组织结构",集群财务公司不拥有剩余控制权但又能凝聚分散的融资力量,有效地降低寻租行为、权力争斗等因素对资本配置的负面影响,提高内部资本配置效率。

二、中小企业集群融资的外部金融市场

1. 中小企业集群融资的外部金融市场

中小企业集群融资的外部金融市场就是普通意义上的金融市场,它的概念定义、内涵外延、基本要素、形成发展、自身特点、表现形态、构成体系、功能作用、运行方式等相关理论与实践的研究已经汗牛充栋,这里不再赘述。

2. 集群内部资本市场与外部资本市场的关系

内部资本市场与外部资本市场都是中小企业集群资金筹集和投放的市场。

中小企业集群的资本配置过程需要经过内、外部两个资本市场：首先，社会资本通过外部资本市场（包括信贷市场和证券市场）把资本配置给中小企业集群；其次，中小企业集群通过内部资本市场把资本配置到各个公司，并通过它们把资本配置给不同的投资项目。通过外部资本市场获得融资增加了中小企业集群可用资源的绝对规模，而通过内部资本市场把有现金流节余的中小企业的资源分配给有资金需求的其他中小企业，或将低收益中小企业的资源分配给高收益中小企业，不仅可以提高资本配置效率，还能降低外部融资约束。

内外部资本市场之间有着密切的联系。动态地看，外部资本可以进入内部资本市场而形成企业的内部资本；内部资本也可以进入外部资本市场。二者的性质也会因此经常发生转换。图3-2显示了内外部资本市场之间的转换关系。

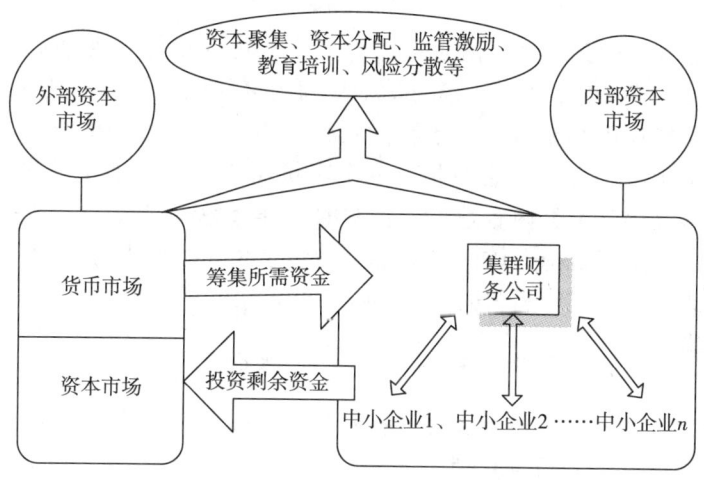

图3-2　集群内部资本市场与外部资本市场关系图

内外部资本市场是互补共生成长的。一般认为，内部资本市场的存在是对外部资本的替代，因而，具有内部资本市场的企业或中小企业集群会降低对外部资本市场的融资。但是佩尔（Peyer，2000）利用1980—1998年美国的公司数据验证说明，多元化企业通过外部融资而形成了大规模的内部资本市场。如果企业内部资本市场规模越大、效率越高，其不仅不会降低对外部资本市场的融资，而且相比单一企业而言，其更容易从外部资本市场获得资金。这也与斯坦因（Stein，1997）所认为的具有多元化大企业能以更低的成本从外部资本市场融资的结论是一致的。可以认为，企业内部资本市场的发展并不与外部资本市场相抵触。按照这一逻辑，只要内部资本市场是有效率的，并且外部资本市场能认识到其有效性，则具有内部资本市场的集群企业能更多的从外部资本市场融资，这在一定程度上反而促进了外部资本市场的发展；反之外部资本市场的发展也会使有效率的内部资本市场得以扩大。

总之，外部资本市场与内部资本市场各有所长，比如外部资本市场资金供应量大，但是信息披露等方面要求严格，而内部资本市场资金来源小，但是信息披露方面没有严格限制等。中小企业集群在筹资过程中要充分利用内部资本市场与外部资本市场的优势，促进两者的良性互动，以较低成本融入良好资金，优化资源配置，促进企业发展。

第四节 中小企业集群融资的专业新机构：集群财务公司

中小企业依赖集群进行融资在理论上分析具有显著的独特优势，但群内中小企业在现实中仍面临着融资困境。这不仅有理论研究的不足和滞后，而且缺乏一种能让中小企业集群潜在融资优势转化成现实融资能力的新机制，其中更是缺少一个在中小企业集群融资新机制中处主体地位、起主角作用、内生于集群又服务于群内企业的、新型的集群金融组织机构。这里将这种新型的集群金融组织机构具体的名称定义为中小企业集群财务公司，并对加快其成立的理由与路径等问题进行一些初步的探讨。

一、成立中小企业集群财务公司的理由

1. 成立中小企业集群财务公司将能解决集群企业融资存在的理论（融资优势）与现实（融资困境）的矛盾

研究者一致认为，中小企业集群融资具有诸多独特优势，照此推理，中小企业集群在现实融资中不应该有融资困难问题，但在我国中小企业集群集中的地区仍然存在着"融资难"的问题。据调查，浙江、广东、温州、泉州等地集群企业融资难占比分别为57.72%、45.61%、92.61%和86.60%。笔者近期完成的浙江省中小企业集群融资的专题调查也显示，有35.1%的集群内中小企业存在融资难的问题（其中融资难的占29.8%，融资很难的占5.3%）。我国中小企业集群融资为什么会存在这种理论（融资优势）与现实（融资困境）的相悖呢？从表象上看，是因为目前我国中小企业集群融资的优势只是一种潜在优势，这种潜在优势还没有发挥出来，但其背后更深一层的原因是缺乏一个有效的发挥优势的组织载体。中小企业集群的融资优势不在

于其单体优势而在于整体优势,这种优势需要通过一个中间性体制组织才能发挥出来,这种组织结构是介于纯市场组织和科层组织之间的中间性组织,它比市场稳定,比科层组织灵活。

这个中间性体制组织应该是一个内生于中小企业集群融资需求的,既能解决市场失灵,又能解决内部失灵;既能充分发挥内部功能,又能及时摄取外部资源;既不是古典或新古典意义的市场组织,也不是古典或新古典意义上的企业组织,而是新制度经济学意义上的中网络组织。其具体的路径是创新性的成立一个准内源性的中小企业集群财务公司。之所以称其为准内源性的,是因为这个财务公司的融资资金主要来源于中小企业集群内部,而中小企业集群内部的各个企业又是相互独立的法人,所以其融资资金的运用就不能像一个企业的内源性融资一样无偿使用,但与外源性融资相比它又具有内部性和便利性的特征。集群财务公司作为一种中小企业集群融资优势发挥的组织载体,通过这个集群财务公司可以使中小企业集群潜在融资优势外显化为现实融资优势,从而能够有力地解决集群企业融资存在的理论与现实的矛盾。

2. 成立中小企业集群财务公司将能缓解集群融资需求(十分旺盛)与供给(严重不足)的矛盾

在实践中,我国已经存在集群企业互助担保、集合债券等中小企业集群融资模式。2010年商务部也已下文调查商贸业集群融资情况,并出台相关政策鼓励创新商贸业集群融资模式。就商业部门,截至2010年5月12日,全国交易额(或年吞吐货值)在100亿元以上的商贸业集群共有91个。仅江苏省的87个大市场的融资需求就高达2 286亿元,全国各类商贸业集群的总体融资需求至少估计在万亿元以上。由此推论,我国所有行业的中小企业集群融资的总需求规模之大,恐怕是个天文数字。如此庞大的集群融资需求,加之各行各业中小企业集群类型的复杂多样化,客观上要求有多样化的、内生的中小企业集群融资模式与之相对应,但目前我国除了前述的互助担保、集合债券等还没有完全意义上的中小企业集群融资的实践模式,我国中小企业集群融资存在需求(十分旺盛)与供给(严重不足)的尖锐矛盾。因此,要解决尖锐的集群融资模式供求矛盾,急需成立内生的集群财务公司以探索更多的中小企业集群融资新模式。

3. 成立中小企业集群财务公司将为集群中小企业融资开辟一个新的融资渠道

众所周知,中小企业融资难的主要原因之一就是中小企业融资的渠道狭窄。在我国,情况更是特殊。各种税内及税外规费负担过重,削弱了中小企业现金流，中小企业内部资金积累能力受挫，制约了集群企业内部融资能力；针对于中小企业的股票市场和风险资本市场融资渠道基本被堵塞，广大集群企业基本被拒之门外，严重制约了集群企业从外部市场融通权益性资金的能力；信贷政策不合理，现行的信贷融资机制基本上是适应国有企业融资需要而建立起来的，而本应有各种专门用于扶持中小集群企业创立、发展的支助性贷款，如软贷款、优惠贷款、财政补助等等支助性信贷又恰恰缺失，制约了集群企业从外部市场融通债务资金的能力；民间融资、地下融资成本过高又缺乏法律保护，集群企业除非迫不得已，也不愿意通过这种渠道融资。由此可见，在现有融资渠道非常狭窄的情况下，集群企业十分希望拓宽现有融资渠道，也急切期盼开辟新的融资渠道。将要成立的中小企业集群财务公司作为一种内生的、服务于集群企业的正规非银行性金融机构无疑为它们顺利融资开辟了一个新的融资渠道。

4. 与其他金融机构相比，中小企业集群财务公司将具有明显的竞争优势

与其他金融机构相比，中小企业集群财务公司将具有诸多竞争优势。一是金融、产业、企业结合优势。中小企业集群财务公司是群内中小企业以股本资本为纽带、以产权结合为基础建立的符合产融结合本质特征的产业金融组织形式，这种内部分化的模式，形成了一种"一荣俱荣，一损俱损"的利益共享的经济伙伴关系、共担风险的相互依存关系、协作发展的诚实信用关系，实现了两者发展的良性互动，真正体现了产融结合的效率要求。二是系统自组织优势。在中小企业集群这个复杂的系统中，集群财务公司是一个关键组织，没有这个组织载体就不能发挥整体大于要素之和功能。集群财务公司在这里就发挥了"一身兼二职"的作用，一方面使中小企业集群的潜在融资优势转化为现实融资优势，另一方面实现依靠集群内各个中小企业自身不能实现的融资需求。同时，作为中小企业集群融资整体的集群财务公司具有自组织特征，通过这个自组织机制，在系统结构保证下，集群具有融资协调一致性，实现融资信息共享，建立相互信任的信用关系，提高融资效率，降低融资风险，并经历多次渐变与突变的演化过程，集群财务公司在出现——壮大——升级的反复迭代中不断趋于成长和优化。三是内部金融市场优势。集群财务公司构造了一个内部金融市场，内部金融市场在监督、激励、资本的低成本配置和放松融资约束等方面具有外部金融市场不可比拟的优势，从而降低了企业对外部金融市场融资的依赖程度。四是集群融资协作能力优势。集群企业共处同一地区、同一产业链上，企业间良好的协作关系，可以使用延期付款或提前收款、共享设备或技术等方式缓解资金短缺而带来的资源不足问题。

二、促使成立中小企业集群财务公司的路径

1. 促进中小企业集群自身的不断升级，为进一步发挥集群融资优势打下坚实的基础

目前，全国各地政府都已认识到发展中小企业集群已经成为工业政策的一种新模式，并通过兴建专业镇、产业园、开发区等方式实施中小企业集群战略。但其大多数是集聚而非集群化，未形成真正意义上的集群体，与发达国家相比差距较大，存在诸如规模小、专业分工协同性低、抵御市场风险能力与创新能力较弱、集群内存在恶性竞争等问题，以致真正发展稳定且具有持续竞争力的中小企业集群还比较少见，妨碍了中小企业集群对中小企业融资效应的发挥。因此，应培育和创造生产要素，寻求集群内各企业互动的"胶合剂"，促进集群内企业从磨合到有机融合，实现从集聚到集群升级和跨跃，促进中小企业集群的可持续发展。同时，地方政府在中小企业集群发展过程中，应扮演社会服务角色而不是经济角色，除了为其提供一个公平、公正的竞争环境，还应合理规划和布局，尽快出台关于中小企业集群发展的规划指导性意见，整合中小企业集群的产业链，优化升级集群组织结构，支持那些符合市场发展需求和产业升级的中小企业集群优先发展壮大；提高群内中小企业专业化协作程度，避免过度竞争，获得更高的生产效率；建立和完善与中小企业集群融资相配套的服务体系，为中小企业集群融资优势的发挥奠定基础。

2. 加大对中小企业集群融资理论的研究与宣传力度，培育群内中小企业融资合作文化

国际学术界对集群融资理论研究比较零散，还未形成统一的理论体系。国内学术界更是如此，对集群融资理论的研究才是这几年的事情，尽管有越来越多的人们开始关注和研究中小企业集群融资问题。要确保中小企业集群融资的有效进行，必须理论研究和舆论宣传先行。首先，注重理论的研究，支持科研机构结合中小企业集群发展的历史经验，对集群融资理论进行深入细化地剖析，促进研究机构与中小企业集群互动合作，不断探讨、创新融资方式，使理论研究在具体实践中不断完善。其次，加大集群理论知识的普及宣传力度，从思想和知识上为中小企业集群融资扫清障碍。通过集群区域的行业协会向企业充分介绍集群资源的共享性，帮助企业正确对待集群内部竞争与合作、分工与协作的互动关系，培养企业的整体意识和全局观念，以此提高企业集群融资合作的意识，加深集群融资合作的程度，促使集群融资效应的发挥。

3. 建立和完善多层次的集群金融市场，全方位构建中小企业集群融资体系

要充分发挥中小企业集群的融资优势，就必须建立健全与中小企业集群相对应的多层次的金融市场结构，全方位构建中小企业集群融资体系。第一，充分发挥大型金融机构对中小企业集群融资的支持能力。要积极引导大型金融机构发展和运用基于中小企业集群的交易型融资技术，增强对集群内中小企业的服务力度。第二，大力发展区域性的中小金融机构。我国大力发展区域性中小金融机构是一个合理的选择。要加快推进地方金融机构的改革和发展，增强其服务中小企业集群的综合实力；要及时总结和推广村镇银行、小额贷款公司等新型金融机构的发展经验，提高其对集群内中小企业的金融服务功能；要加快集群区域的民营银行、融资租赁公司、信托投资公司等金融机构的建立和发展，丰富集群区域的资金供给主体。第三，大力发展企业集群内部的合作金融机构。要充分发挥中小企业集群的内生优势，有效缓解中小企业融资难的问题，除了从外生的角度改革金融市场结构外，还可以考虑建立植根于中小企业集群的内生性合作金融机构，如集群财务公司、集群融资租赁机构、中小企业集群（行业协会）互助担保公司等。这类集群内部的合作金融机构是一种内部金融机构，其融资资金主要来源于中小企业集群内部，与外源性融资相比具有内部性和便利性的特征，可以使中小企业集群的潜在融资优势外化为现实的融资优势。第四，建立和运用中小企业集群基金（包括产业发展基金、信用担保基金和风险投资基金等），发展集群风险投资业，通过直接投资支持和培育那些有前途的中小企业。第五，要不断完善中小企业集群融资的服务体系。主要包括建立中小企业集群征信系统，进一步完善中小企业信用担保体系及其风险控制与防范体系，逐步建立并完善集群企业投资决策咨询、项目评估等方面的咨询机构，完善指导中小企业集群进行资产结构调整、产业升级改造的信托、投资、保理的中介组织等。

4. 广泛运用中小企业集群的信贷融资技术，充分发挥中小企业集群融资的内生优势

尽管我国一些中小企业集群已经开始尝试运用互助担保、集合债券、关系型贷款等融资技术，也积累了不少宝贵的经验，但是由于种种原因，中小企业集群融资信贷技术在实践中的运用还很有限，阻碍了集群融资优势的发挥。为此，要发挥中小企业集群融资的内生优势，就必须使基于中小企业信贷融资的技术得到广泛运用。大型金融机构可以大力发展和广泛运用基于中小企业集群的交易型融资技术，如前文所述的集群供应链融资技术、保理融资技术、团体贷款技术、互助担保技术、中小企业开发性融资技术等。而中小型金融机构尤其是集群内生的金融机构则可以广泛创新和采用基于中小企业集群的关系型融资技术,如集群团体贷款技术、集群互助担保融资技术、集群关系型贷款技术、集群开发性融资等,都有一些非常好的载体。中小企业集群的存在和发展为这些融资技术的运用提供了很好的平台,在一定程度上克服单个中小企业融资的缺陷,中小企业集群内部密切的生产协作关系和融资借贷关系在资金运营方面自发形成了丰富的合作资源,为集群信贷融资技术的运用奠定了基础。

5. 招揽和培养集群融资的各类专门人才,为中小企业集群财务公司的成立储备人力资源

中小企业集群财务公司是一个正规性质的、以产业为基础的、为内部成员服务的综合业务型非银行性金融机构,它既立足于企业集群,又面向市场,在资本、货币市场和企业集群内外部资金供求者之间发挥纽带作用,其职能应该是综合性的或全能型的,其业务范围包括银行、证券、基金、风险投资等业务,甚至还涉及保险、信托、担保、代理、咨询顾问等业务。可见,中小企业集群财务公司的正常运营需要上述各方面的专门人才,而这些专门人才尤其是高级专业技术人才和高级管理人才比较缺乏,所以,地方政府和中小企业集群协会(或联合组织)应具备战略性眼光,提前联手招揽和培养集群融资的各类专门人才,及早储备中小企业集群财务公司所需的人力资源。

第五节 中小企业集群融资的新工具

一、中小企业集群融资新工具的界定

中小企业集群融资工具是指集群企业或中小企业集群融资组织如集群财务公司在融资过程中产生的证明债权债务关系的凭证。它记载着集群融资活动的金额、期限、价格(或利息)等,对债权债务双方具有法律约束效力。这种书面凭证反映了一定的信用关系,融通了贷借双方的货币余缺,因此,中小企业集群融资工具也可称为中小企业集群信用工具或中小企业集群金融工具或中小企业集群融资产品。中小企业集群融资工具除具有一般融资工具所具有的流动性、偿还期、安全性、收益性等特点之外,还具有特定性、集体性、整体性、准内源性和准外源性等特点。

二、中小企业集群融资工具创新的动因

1. 中小企业集群融资工具创新的理论支持

金融创新是金融发展的主要特征之一，其中，金融工具创新是金融创新的一部分。

金融创新理论的发展直接影响着金融工具的创新理念，与金融工具创新密切相关的金融创新理论主要有：（1）约束诱导理论。该理论认为引发金融创新的根本原因在于内部和外部存在对金融业的约束因素，金融机构作为经济主体追求利润最大化的过程中，为摆脱或逃避其面临的种种约束而进行创新，特别是外部条件已经发生变化而金融管制依然存在时，金融机构将针对管制寻求最大限度的金融创新。（2）技术推进理论。技术革命与进步，特别是电脑、电讯工业技术和设备成果在金融业的广泛应用，一方面大大方便了金融交易，另一方面促成了金融工具的创新。该理论不能完全解释金融创新，只能证明一些技术的运用对金融创新有促进作用。（3）交易成本创新理论。在金融市场发展的过程中，金融机构的规模与数量也迅速增大，金融机构之间的竞争日趋激烈，各金融机构为了增强自身的竞争实力，必须实施降低交易成本策略，因此产生了一些新型金融工具。（4）需求推动理论。随着经济自由化、经济一体化程度的加深，汇率的浮动、利率的变动、资产价格的不确定性等各种风险日益增多，防范各种各样的风险已成为当今金融管理的主要任务之一，强烈的避险需求使得产生了大量的金融衍生工具。

2. 中小企业集群融资工具创新的基本原理

中小企业集群融资工具的创新不是偶然的，是集群内经济主体为了有效地投资或融资，对基本金融工具采用剥离技术和组合技术产生新型金融工具，借以满足群内投融资者的不同需求。总体来讲，集群融资工具创新遵循动态平衡式协调发展规律。在金融市场上，融资工具的产生决定于金融市场的供给和需求，当供给与需求相同时（即达到均衡），融资工具品种最稳定，不会产生新的融资工具。当金融市场上存在融资工具需求和供给不匹配时，金融市场就会发生变化，使得金融市场趋向均衡。均衡后的金融市场仍处于变化的经济环境之中，经济环境的变化对金融市场不断提出新的要求，打破原来的均衡体系，"未均衡——相对均衡——打破相对均衡"的反复过程贯穿于经济的始终。融资工具创新是解决金融市场不均衡的有效途径，其可以促使金融市场达到动态均衡，而金融市场的变化反过来又促成新的融资工具，二者相互促进，相辅相成。

3. 供求严重失衡是目前我国中小企业集群融资工具创新的直接动因

一方面，从总体来看，由于我国的金融创新在深度和广度上都远远不够，导致我国金融工具基础不足，发展不成熟，金融工具创新不足，主要表现在：金融产品比较单一，还停留在基础产品的创新上，在金融衍生产品创新和组合产品创新方面刚刚起步；产品开发中模仿式创新多、自主式创新少。企业、居民和机构（包括集群组织）对金融工具的需求还远远没有得到满足。

另一方面，中小企业集群融资工具需求（十分旺盛）与融资工具供给（严重不足）之间存在十分突出的矛盾。目前，中小企业集群在我国已发展为一种普遍现象，这客观上需要多种多样的、内生的集群融资模式和融资工具为之服务，然而，中小企业集群融资毕竟是新生事物，实践中已出现的集群融资模式和集群融资工具少之又少，人们才开始关注和探索更多的集群融资模式和集群融资工具。与强大的需求相比，中小企业集群融资工具的供给严重不足，中小企业集群融资工具的供求存在的巨大缺口，直接促使中小企业集群融资工具的创新。同时，新的中小企业集群融资工具，如中小企业集群的供应链融资、集合债券融资、团体贷款、集群企业互助担保融资、关系型信贷融资等，作为解决中小企业融资难问题的有效模式和途径，已得到了国内许多地方政府、广大中小企业和金融机构的推崇和实施，取得了良好的成效。中小企业集群融资工具创新的示范效应，也将促使人们加快中小企业集群融资工具创新的步伐。

三、中小企业集群融资新工具的构成

中小企业集群融资新工具可以按不同标准进行分类。

（1）按融资工具的流动性可划分为具有完全流动性的中小企业集群融资工具和具有有限流动性的中小企业集群融资工具。前者指的是集群"钞票"、集群活期存款、群内互助担保融资、关系型信贷融资、集群供应链融资、团体贷款等，它们在公众之中已取得普遍接受的资格。后者是指在一定的条件下，可以流通转让被人接受的融资工具，如集群商业票据，集群存款凭证、集群股票、集合债券、集合票据、集合信托、集群产业基金融资、集群风险投资融资、集群保理融资等。

（2）按发行者的性质可划分为中小企业集群直接证券与中小企业集群间接证券。前者是指由群内中小企业或集群财务公司所发行的集群股票、集合证券（集合债券、集合票据和集合信托）、集群抵押契约、集群产业基金融资、集群风险投资融资、集群保理融资、集群借款合同等凭证以及集群购买的国库券、公债等。后者是指由金融中介机构所发行的集群"钞票"，集群存

款、集群大额可转让存单、群内互助担保融资、关系型信贷融资、集群供应链融资、团体贷款、集群人寿保险单等。

（3）按偿还期限的长短可划分为中小企业集群短期融资工具与中小企业集群长期融资工具。前者指期限在一年以下的信用凭证。如集群商业票据、集群银行票据、集群短期国库券、集群支票、集群信用卡、集群保理融资等，后者指期限在一年以上的信用凭证，如集群公债、集群股票、集群产业基金融资、集群风险投资融资、集群抵押契据等。群内互助担保融资、关系型信贷融资、集群供应链融资、团体贷款、集群人寿保险单等既可以是中小企业集群短期融资工具，也可以是中小企业集群长期融资工具，具体是看它们的期限是否超过1年。

（4）按照职能划分可以分为原生中小企业集群融资工具和衍生中小企业集群融资工具。原生融资工具也叫基础融资工具，主要是媒介储蓄向投资转化或者用于债权债务清偿的凭证。如集群股票和集合债券。衍生融资工具是在原生融资工具基础上派生出来的金融产品，包括集群远期合约、集群期货、集群期权互换合约等，它们的价值取决于相关原生产品的价格，主要功能是管理与原生工具相关的风险。

第四章
中小企业集群融资的实践新模式

中小企业集群融资是一个新生事物，虽然中小企业集群融资模式在实践中只是初显端倪，但就已经显示出来其强大的生命力。近几年来，一些中小企业集群融资的新模式，如集群担保模式、集合债券模式、集合票据模式、集合信托模式、集群信用联合体模式、"鸟巢模式"、园区融资模式、社区银行融资模式和区域主办银行融资模式等，在我国的集群经济实践中不断地涌现出来，并产生了比较好的效应。

第一节　产业集群融资担保模式

目前，我国采用的中小企业集群（产业集群）融资担保模式主要有市场管理公司担保模式、大企业担保模式、网络融资平台模式、小企业联保模式、企业间轮流信用模式及互助担保融资模式等。

一、产业集群融资担保各模式的特点及功效

1. 市场管理公司担保模式

市场管理公司担保模式是指由市场管理公司为集群内小企业提供融资担保的模式。其实施的前提是，市场管理方需具有较高的管理水平、较强的偿付与担保能力，并能通过一定的管理平台或管理方式（如设置销售资金回笼账户、实行销售登记通报机制、提供物流监管服务等），来熟悉并掌握集群中小企业的经营情况和控制小企业的现金流。

该模式在产业集群内企业数量较小、企业尚处于发展初期的情况下，能较好地满足小企业的融资需求，也能培育市场的形成与发展。但是，当产业集群内小企业数量众多，个体企业融资需求旺盛，合计融资需求总量较大时，市场管理方所能提供的担保就较难满足其整体贷款的担保需求了。

2. 大企业担保模式

大企业担保融资模式是指在集群中实力相对一般中小企业较强的大企业为中小企业向金融机构贷款作信誉担保的一种集群融资模式安排。由于产业集群内企业间存在紧密的业务联系，在长期频繁的往来中，中小企业与大企业建立了可靠的信任关系，大企业对与其有业务往来的中小企业都比较熟悉。在这种情况下，大企业愿意对其进行信誉担保，通过担保能稳定这种业务往来，加深彼此的信任，吸引客户。对银行而言，既能利用集群的信任机制控制道德风险、利用信息机制减少调研成本，又能简化贷款审批流程，提高融资的时效性。在我国中小企业发展较活跃的浙江省最近已经出现了这种实例。

该模式在实际操作中存在的主要问题是，它在我国并不具有广泛的推广性。其一，由于我国中小企业集群的规模和内部特征还远远没能达到企业间形成依靠各自独有的专业优势和核心竞争力相连接的专业化分工协作体系，影响集群融资效益的发挥。其二，如果大企业对中小企业缺乏足够的信任，或者有贸易关联的中小企业对大企业的影响力不足，大企业担保的模式也难以实现。其三，由大企业"一对多"地进行担保，风险过于集中，银行也会

因此而对该模式加以限制。

3. 网络融资平台模式

中小企业融资网络平台模式是指一些非盈利性的社团组织（众多关心、扶持中小企业发展，致力于拓宽融资渠道的专业媒体、信用担保机构、银行、企业、社团、投资机构、科研机构及相关专业人士等，在自愿的基础上和省市政府的大力支持下，组成非赢利性社团组织）通过整合各大银行、担保业界以及政府等资源，为中小企业搭建的帮助企业快速融资的服务平台。

这种网络的融资平台，由于得到政府有关部门的大力支持，并与多家银行、商会、工业园区、协会组织等专业的和社会力量多方联合建立了战略伙伴关系，能为集群内中小企业提供较大的融资服务与便利；第一，提供信息发布和产品宣传的渠道，协助企业解读国家的各类金融政策；第二，以产业园区为基础，在企业申请贷款及项目执行阶段，引入中小企业投资管理公司、会计师事务所、律师事务所等第三方机构，与企业群共同组建项目执行小组，引导并监督项目执行的实施；第三，提供免费的融资顾问服务和流动资金贷款的担保。通过网络融资平台，能整合各方有效的资源与作用，为企业提供各种信息与协助，不需提供不动产做抵押，就能提高企业间接融资的议价能力。

中小企业不仅可以利用网络平台共享资源，而且引入了第三方的专业机构引导、担保与监督。因此，该模式是当前融资担保模式的新趋势。

4. 小企业联保模式

小企业联保模式是指由集群内的无关联关系、相互了解情况、经营商品相似、规模相近的数户小企业在自愿基础上组成联保小组，由联保小组担保，共同向银行申请贷款的模式。小企业联保贷款是为克服弱势信贷需求主体（小企业）贷款难与银行信贷风险高"双重"困难而开发的创新性信贷产品。

一般情况下，银行采用小企业联保模式贷款，有一定的规定与要求。

（1）开立保证金专户。小组成员按一定比例向该专户存入保证金，保证金专门用于为企业和组内其他成员的贷款提供保障；（2）单一联保小组中全部成员保证金专户的保证金合计余额要基本覆盖联保小组任一成员的授信额度或实际贷款额度，不足时需及时补充；（3）当组内任一成员违约时，联保小组其他企业需要代为偿还所有的贷款本息，或直接利用保证金专户中的资金偿还；（4）联保成员的数量一般在3户以上、10户以下（含10户），当组内成员低于3户时，银行将停止该联保小组的新贷款发放；（5）每个企业的贷款额度从20万到500万元不等；（6）联保模式是授信业务中的辅助担保模式，一般与其他保证担保方式组合使用，比如追加企业法人的个人无限连带保证责任等。

实践证明，小企业联保模式在克服信息发现不足、避免逆向选择、降低道德风险、提高还款概率上具有内在优势。通过将筛选和监控的成本部分转移到小团体身上，小企业联保模式为金融机构实现了交易成本的降低和服务客户数量的提高；企业联保小组成员之间的相互合作与交流，在一定程度上也能减少因项目选择不当所带来的经营风险。然而，该模式存在的诸如可联保金额偏小、成功组队的难度大、成本高易于形成风险累积等不能忽视的内在缺陷，使得其适应范围较窄。

5. 企业间轮流信用模式

企业间轮流信用模式是指中小企业集群内企业在基于本地联系及相互信任的基础上，在一定期限内，各自拿出一部分资金构成一个"资金池"，群内企业轮流使用"资金池"资金的一种融资模式。这种信用模式具有互助性。中小企业集群的这种内部融资机构采取会员制，各会员企业交纳会费形成中小企业集群基金，主要为会员企业提供小额生产流动资金的互助性借贷。

由于互助企业间相互了解和信任，省去了信用调查的环节，节省了信息调查，融资成本较低，从而提高了融资效率，同时它还能满足会员企业对资金及时性的要求。但它也有明显的缺点，由于企业之间的互助借贷资金规模有限，当某个企业需要大量资金时，就不能从中得到满足，必须要寻求其他的融资新途径。所以，这种融资模式只能适用于那些规模小、资金需求量少的企业，同时还要求存在知根知底并能建立信用互助的企业群体。

6. 互助担保融资模式

中小企业集群互助担保融资模式是指集群中小企业以自愿和互利为原则，通过共同出资组建互助担保基金和互助性担保机构，为成员企业向银行贷款提供担保，获得银行融资的一种融资模式。这种融资模式鼓励中小企业、民营企业建立互助担保基金和互助性担保机构，支持个体工商户、农民实行联户联保。

自从1992年重庆私营中小企业互助担保基金会和上海工商联企业互助担保基金会的成立以来，全国各地相继纷纷发起成立了中小企业互助担保基金会。到目前为止，我国中小企业互助担保体系建设的发展历程已经过四个阶段。其中较成功的案例要数2007年中国建设银行浙江分行和阿里巴巴公司合作推出的网络方面互助联保。互助担保模式是我国现有的产业集群融资担保模式中运用最广泛、运作最成熟的一种。

我国中小企业互助担保机构的基本模式主要有三种：第一种是互助担保公司模式。由地方政府牵头并部分出资，吸收中小企业投资入股，组建担保有限公司，只对股东企业提供担保服务。第二种是互助担保协会模式。地方政府、协作银行和成员企业共同出资,为成员企业提供流动资金贷款担保,在一定条件下相关企业有权自愿进入或退出担保协会。第三种与前两类不同的是担保对象,既包括股东企业,又包括非股东企业。

互助担保公司的融资模式为中小企业集群融资提供了一个新的担保途径,不但能较大程度地配合政府政策的导向,还能减少一般担保企业因盈利性驱动而形成高的利率,从而降低企业的融资成本。只是该模式得到政府的扶持,一旦遇到担保风险的时候,容易诱发中小企业的"搭便车"心态,最终导致风险转嫁到政府身上,增加财政负担,形成财务风险。

互助担保协会,是一个具有平等性与独立性的非盈利组织,它能打破企业身份、行业局限,为企业提供数倍于出资金额的借款担保,从而改善中小企业在间接融资中缺乏抵(质)押资产的状况。但这种协会的担保模式,无法稳定担保资金的来源与总量,因为缺乏强效的约束机制,企业能随意加入协会与随时退出协会,而不受到任何的惩罚。

二、产业集群融资担保各模式的优劣势分析

尽管不同的产业集群融资担保模式有各自的特点和功效,都能在一定程度上舒缓群内中小企业融资难的问题,但每一种模式不可能是完美无缺的,都有一定的缺陷和不足(见表4-1)。

表4-1 我国产业集群融资担保各模式优劣势分析表

各种担保模式与类型		优 势	劣 势
集群内第三方担保模式	市场管理公司担保模式	充分集聚与扩散信息,减少信息不对称;较好地扶持尚处于成长初期的小企业;培育市场的形成与发展	只能通过联保为群内企业授信总额的一定比例提供担保。当群内小企业数量众多时,担保能力无法满足整体的融资需求
	大企业担保模式	担保企业实力强,信用水平高;有利于稳固企业间的供应链;利用集群的信任机制控制道德风险;减少调研成本	集群的规模和内部特征尚未成熟;在企业缺乏互信或贸易关联影响不足时难以实现;"一对多"担保,风险过于集中
	网络融资平台模式	整合利用资源,为企业提供融资协助;促进信息公开与共享;资金来源较稳定;改善抵押不足,提高议价能力	组织管理松散,缺乏一定的法律与规章约束;政策选择性较强,削弱了市场的自动调节效果

续表

各种担保模式与类型	优势	劣势
小企业联保模式	克服信息发现不足，避免逆向选择；降低道德风险，提高还款概率	可联保金额偏小；成功组队的难度大、成本高；易于形成风险累积，适应范围较窄
企业间轮流信用模式	有效利用集群内部互信的激励机制	融资规模有限，只适于尚处成长初期或资金需求较小的企业
互助担保融资模式	模式一：政府扶持能减少一般担保企业的盈利驱动性，降低企业融资成本； 模式二：打破企业、行业局限，为企业提供数倍于出资金额的借款担保	一旦遇担保风险，易诱发搭便车心态，拒绝提供信息，导致风险转嫁到政府身上；进出协会缺乏强效约束机制，无法稳定担保资金的来源与总量

通过对国内产业集群融资担保模式的比较分析发现，六类模式都能在一定程度上舒缓群内中小企业融资难的问题，但每一种模式也都有其各自的优劣势。其中的大企业担保模式、企业间轮流信用模式、互助担保等模式各自的优缺点都较为明显。要么是较难解决企业、银行之间的信息不对称问题，无法形成信息平台，实现信息共享；要么是资本实力有限，造成企业对外的担保额度难以满足业务需求；或者是缺乏强效的约束及监督机制，容易诱发小企业的"搭便车"心态，难以形成真正的规模化效应，解决企业单个成本高的问题。

其中的联保模式、互助担保融资模式，由于快速发展的中小企业集群为其提供了优越的组织和社会条件，所以，它的实施不仅可以很好的利用集群融资的优势，提高中小企业融资效率的同时，还可以有效利用各种现实条件，因此，是一种值得在中小企业集群地区广泛推广的融资模式。

第二节 集合债券模式、集合票据模式和集合信托模式

1998年，中关村和苏州等地曾组织本地区的高新技术企业尝试发行集合债，但直到2003年推出高新债并在2006年成功兑付以后，中小企业集合债券才获得监管部门的认可并得到推广。2007年，深圳20家企业捆绑发行10

亿元"2007年深圳中小企业集合债券",中关村4家企业联合发行3.05亿元"2007年中关村高新技术中小企业集合债券"。自2009年中小企业集合债券重启,至2011年底又累计发行了6只中小企业集合债券,合计金额达25亿元。

一、中小企业集合债券、中小企业集合票据和中小企业集合信托的发行要点

1. 中小企业集合债

(1) 概念:中小企业集合债券是指通过牵头人组织,由多个中小企业所构成的集合为发债主体,向国家发改委统一提出发行申请,按照"统一冠名、分别负债、统一担保、集合发行"原则,向投资人发行的约定到期还本付息的一种中长期企业债券形式。这是以银行或证券机构作为承销商,由担保机构担保、评级机构、会计师事务所、律师事务所等中介机构参与,并对发债企业进行筛选和辅导以满足发债条件的新型企业债券形式。这是一种"捆绑方式"的发债,打破了只有大企业才能发债的惯例,开创了中小企业新的融资模式。

(2) 发行期限:3~6年。

(3) 参与发行企业条件:①治理结构完善,股权结构清晰;②股份有限公司的净资产不低于人民币3 000万元,有限责任公司和其他类型企业的净资产不低于人民币6 000万元;③最近三年可分配利润足以支付企业债券一年的利息;④信用记录良好,近三年没有重大违法违规行为;⑤企业公开信用评级达到BBB-级以上;⑥筹集资金的投向符合国家产业政策和行业发展方向。

(4) 担保机构条件:具有AA级及以上债券增信担保资质的机构。

(5) 组织与发起者:由主承销商或政府机构组织,主承销商一般是券商。

(6) 审批机关:由国家发改委审批。

(7) 流程程序:①确定一个主承销商;②政府机构牵头组织、遴选参与发行企业;③主承销商组织评级机构、会计师事务所、律师事务所等中介机构,予以信用评级、审计及相关尽职调查;④落实担保及反担保措施;⑤由主承销商编制申报材料,经省发改委审批通过后向国家发改委报批;⑥国家发改委审批后,在债券市场发行(少数可以在银行间交易市场发行)。

(8) 资金募集渠道:主要是在债券市场发行,由主承销商组织承销团认购集合债,认购不完的,由主承销商包销。

(9) 融资成本:与集合票据基本相同。

(10) 典型案例:2010年,临沂中小企业局启动"2011年临沂市中小企业集合债券"发行工作,由齐鲁证券作为主承销商,组织6家企业参与发行,

拟发行规模2.69亿元,预计债券评级AA,债券期限为6年,票面利率待定。

2. 中小企业集合票据

(1) 概念:中小企业集合票据是指2~10家具有法人资格的中小非金融企业,由一家机构(主承销商或政府机构)作为牵头人,在银行间债券市场以"统一产品设计、统一券种冠名、统一信用增进、统一发行注册"方式共同发行的,并约定在一定期限还本付息的债务融资工具。这是中国人民银行、中国银行间市场交易商协会为了方便中小企业融资,于2009年11月推出的创新金融产品——中小企业集合票据。

(2) 发行期限:2~3年。

(3) 参与发行企业条件:①治理结构完善,股权结构清晰;②近三年连续盈利,净利润一般为1 000万元以上;③企业的净资产一般不低于人民币3 000万元;④信用记录良好,近三年没有重大违法违规行为;⑤企业公开信用评级达到BBB-级以上;⑥符合国家产业政策导向。

(4) 担保机构的条件:具有AA级及以上债券增信担保资质的机构。

(5) 组织与发起者:集合票据的发行需由主承销商或当地政府机构牵头组织,主承销商一般是银行或券商,多数为银行。

(6) 审批机关:集合票据实行报备制,需在银行间市场交易商协会注册。

(7) 流程程序:①确定主承销商;②政府机构组织、遴选参与发行企业;③主承销商组织评级机构、会计师事务所、律师事务所等中介机构,进行信用评级、审计及相关尽职调查;④落实担保及反担保措施;⑤由各中介机构编制注册文件并由主承销商提交交易商协会审核;⑥交易商协会审核通过后,下发注册通知书;⑦在银行间交易市场发行。

(8) 资金募集渠道:在银行间交易市场发行,由主承销商组织承销团认购集合票据,认购不完的,由主承销商包销。

(9) 融资成本:综合费率为9%~10%,其中:①发行利率执行银行间交易市场确定的票面利率,目前大致为年6%~8%;②承销费一般按发行规模的1.5%左右一次性收取;③评级费每家企业5万元左右;④审计及法律意见书每家企业20万元左右;⑤担保收费按发行规模的年1.5%左右,反担保收费酌情而定。

(10) 典型案例:2010年10月28日,威海市中小企业局组织发行了"山东省威海市2010年度第一期中小企业集合票据",4家企业发行规模5.5亿元,债券评级AA,债券期限为三年,票面利率为4.95%(固定利率);主承销商为中国民生银行,担保机构为山东再担保集团有限公司,评级机构为上海新世纪资信评级服务有限公司。

3. 中小企业集合信托

（1）概念：中小企业集合信托是指多家中小企业联合起来，作为一个整体，通过信托公司统一发行信托计划募集资金，并把募集到的资金分配到各家企业。在集合信托中，企业各自确定资金需求额度，各自承担债务，互相之间没有债务担保关系，而是共同委托一家担保公司为所有信托企业承担担保责任。自2008年8月，中投信托在国内推出首只"中小企业集合信托债权基金"后，中小企业信托产品如雨后春笋，得到了普及和推广。

（2）发行期限：一般为1年。

（3）参与发行企业的条件：①符合国家产业政策；②成立两年以上且近两年连续盈利；③组织机构完整，管理规范，经营团队稳定，财务管理规范；④上年度末净资产不低于1 000万元，营业收入不低于2 000万元，企业资产负债率不超过70%；⑤企业及主要经营管理人员无不良信用记录。

（4）担保机构条件：没有明确规定，但信托公司为了提高信托计划信用级别，一般要求具有AA级及以上债券增信担保资质的机构提供担保。

（5）组织与发起者：一般由银行或政府机构牵头组织企业，由信托公司发行信托计划。

（6）审批机关：集合信托不需要审批，只需在发行成功后在银监局备案。

（7）流程程序：①由政府机构组织并遴选企业；②由信托公司对企业资信、经营状况进行内部审核；③审核通过予以发行；④发行资金由银行托管；⑤发行后由信托公司报银监局备案。集合信托无须中介机构审计及评级，手续简单、发行环节少、操作时间短。

（8）募集资金渠道：信托机构与银行合作发行集合资金信托计划时，向投资人（资金委托人）募集资金。资金委托人可以是机构也可以自然人。

（9）融资成本：综合费率约为11%。其中：①票面利率一般为7%左右；②信托公司收费标准为2%左右；③担保收费一般为1.5%～2%；④银行资金托管费一般为0.2%。

（10）典型案例。2011年，邹平县中小企业局与北京银行济南分行和山东省再担保集团合作，推出"远途1号"邹平中小企业集合信托。经过3个月的工作，由山东省国际信托有限公司发行了山东省首只中小企业集合信托产品，为邹平三利纺织有限公司、邹平福海科技发展有限公司和山东新安凯动力科技有限公司三家企业，共募集资金6 000万元，每家企业2 000万元。[①]

[①] 中小企业集合债券、中小企业集合票据和中小企业集合信托等债券发行要点的资料来源于山东省中小企业办公室2011年7月27日参阅件。

二、中小企业集合债券、中小企业集合票据和中小企业集合信托的综合比较

可以通过表4-2来对中小企业集合债券、中小企业集合票据和中小企业集合信托这三种模式进行综合比较分析。

表4-2　　　中小企业集合债券、中小企业集合票据和中小企业集合信托的综合比较

	模式 内容	中小企业 集合债券	中小企业 集合票据	中小企业 集合信托
工作流程比较	主管机构	国家发改委	交易商协会	银监局
	参与方	相关政府机构、主承销商、评级机构、审计机构、律师事务所、担保机构等	相关政府机构、主承销商、评级机构、审计机构、律师事务所、增信机构等	银行或政府机构、相关企业、信托公司
	主管机制	审批制	注册制	备案制
产品结构比较	企业资质	有最低净资产、偿债能力、盈利能力等要求	境内注册企业法人，无资产规模、净资产规模、盈利和偿债指标要求	符合产业政策，有净资产、偿债能力、盈利能力、管理能力要求，无不良记录
	单笔涉及企业家数	多家	2~10家	多家
	融资金额	单个企业不超过净资产40%	单个企业不超过2亿元且不超过其净资产40%，单只金额不超过10亿元	根据实际，金额一般不大
	融资期限	一般为中长期	短期或中长期	短期为主
	信用增进措施	一般为担保	多种形式，由主承销商协助发行企业自行选择	无明确要求，但信托公司一般要求担保
	投资者保护机制	未明确	由主承销商协助发行企业制定，较为符合市场需求	风险控制策略
	募集资金用途	一般与特定项目挂钩。用于调整债务结构的，要提供银行同意以债还贷的证明；用于补充营运资金的，不超过发债总额的20%	用于生产经营，不限特殊用途	资金使用受限也较少，能帮助企业部分解决固定资产贷款困难的问题
	信息披露要求	较高	高	一般

续表

内容 \ 模式		中小企业集合债券	中小企业集合票据	中小企业集合信托
发行方式比较	是否公开发行	是，一般发行前提前一天公告	是，发行前提前五个工作日公告	是，一般发行前提前若干天公告
	提供融资方	银行间或交易所市场投资者	银行间市场机构投资者	信托机构与银行合作向投资人募集资金
	融资利率确定方式	利率区间由人民银行审批	市场化方式决定	市场化方式决定
	融资利率高低	较低	较低	较高
模式特性和功效比较	特点	分别负债、集合发行；统一组织；统一冠名；统一担保	分别负债、集合发行；发行主体和发行规模适中；发行期限灵活；引入了信用增进机制	资金来源多元化；融资资金使用具有很大灵活性；前期费用少，筹资周期短
	作用	降低债券的发行条件、融资成本和违约风险；拓宽融资渠道；优化企业的财务结构；多方合作，共同参与，开阔视野	为解决中小企业融资难的问题提供良好的途径；解决了单一企业发债规模小和达不到发债要求的问题；对于完善债券市场的结构具有积极的作用	克服中小企业单位融资面临的成本高、风险大等弱点。提高中小企业融资能力；信托融资资金使用具有很大灵活性；有利于获得金融机构的支持。是最适合中小企业的融资方式之一
	优势	很大程度上缓解中小企业融资难和融资效率低下问题；提高融资机制的规范度、融资主体自由度、融资资金利用率和资金清偿力	降低融资门槛；有利于提升单一企业的信用等级，降低融资成本；极大提升企业知名度，树立良好的信用形象；项目可进入"绿色通道"注册，有效提高发行效率	多个中小企业打包，取长补短，弥补了单个企业融资能力差的缺陷；不需要经过复杂的审批手续，简便易行
	劣势	是一项十分烦琐的工作，组织、协调和沟通难度大；对集合发债的中小企业的准入门槛较高；在实际运行中存在担保难和交易较为清淡等问题	发行规模总体较小，相对于资金实力雄厚的大银行来说，受需要授信等内部管理的流程所限，总体上对中小企业集合票据的兴趣并不大	存在法律风险

三、"区域集优"债务融资模式——中小企业直接债务融资模式的再创新和再升级

1. "区域集优"债务融资模式的性质

"区域集优"债务融资模式是在人民银行的指导下,中国银行间市场交易商协会组织中债信用增进投资股份有限公司(简称中债公司),依托地方政府及主管部门、人民银行分支机构、联合承销机构、信用增进机构和其他中介机构,依托银行间债券市场,通过建立贯穿企业遴选、信用增进、风险缓释、后续管理等环节的风险分散分担机制,共同推动实施的、为中小企业量身定做、全面的直接债务融资服务方案。

它不同于以往的中小企业集合票据,是地方政府、交易商协会和市场成员共同研究后提出的一个解决中小企业融资难的又一新方式,或者说是一个新的试验,或者说是集合票据的再创新和再升级。其中最大的区别在于有政府偿债基金的支持,引入地方政府财政资金建立风险共担机制是"区域集优"直接债务融资模式的核心。

2. "区域集优"债务融资模式的产品

(1) 对符合发债基本条件的企业和主体提供的产品:①单体企业债务融资工具的信用增进服务。主要包括短期融资券、中期票据、企业债券(含城投债、市政债)、公司债的增信服务等。②中小企业集合债务融资工具的信用增进服务。主要包括中小企业集合票据、中小企业集合债券、中小企业集合信托的增信服务。③其他信用增进服务。通过在私募发行、理财、信托、资产证券化等产品和领域的信用增进服务为企业和其他机构提供灵活多样的融资支持。

(2) 对暂时不符合发债基本条件的企业和主体提供IBO辅导:①以达到发债条件为目的的企业财务诊断、财务梳理、管理改善、债券市场辅导培训等咨询服务;②辅导期内为企业提供融资解决方案、过桥融资支持和相应的信用增进服务;③设计直接债务融资工具和产品,研究落实风险缓释措施和工具,并提供信用增进服务。

(3) 对经过增信可以成功发债的企业提供后续服务:①投资人协调和管理;②直接债券持有;③动态跟踪评级服务;④企业持续投资价值分析,帮助企业进行债务融资转向股权融资的资本运作方案设计,联合主承辅导;⑤发现投资价值后的股权投资。

(4) 与地方金融机构合作的信用增进服务产品:中债公司可以与地方商业银行、证券公司、信托公司、租赁公司、资产管理公司、基金公司等金融机构共同探讨研究金融资产风险缓释、金融产品信用增进等业务,为优化地

方金融资信,提升地方金融资产安全性、流动性和效益性服务。

3. "区域集优"债务融资模式的特点

该模式显著的特点就是采用了"市场+行政"的方式,这一特点体现在该模式运作的多个环节。

(1) 企业遴选。该模式由地方政府指定相关部门,联合人民银行分支机构启动对重点地区和项目的遴选推荐工作,并协调各商业银行的优势资源,确定首批项目名单和方案。也就是第一步先由地方政府参考当地发展规划,根据中小企业的资质选择一批值得支持、可以面对资本市场的企业。

(2) 风险缓释。区域集优模式采取的风险缓释措施包括信用增进、担保、反担保等,其中添加了地方政府的作用。地方政府的参与一方面提高了风险缓释中的"本土化"特色,发挥了地方金融机构对当地中小企业风险识别、控制和管理更容易的优势;另一方面行政力量的介入便于协调各方利益,使得相关的机制推动更加容易。

(3) 设立基金。设立中小企业直接融资发展基金,基金由政府出资对参与企业通过区域集优实现直接债务融资保障和风险代偿保护的专项基金。这是该模式的一大亮点,可发挥多方面作用,其中"杠杆效应"(一定规模的基金可实现多倍的融资规模)与"协作效应"(地方政府与债权人的利益相链接,地方政府协助债权人对债务人进行风险管理,降低债权人对中小企业信用风险的担忧)是两个重要的作用。

(4) 债务后续管理。地方政府不仅在企业发债前和发债中发挥重要作用,发债后的债务后续管理也承担了部分责任。地方政府指定相关部门加强对参与区域集优债务融资项目企业的管理,同时在发行人还本付息、信息披露、守法经营等多方面也要主动了解、督导。债务后续管理中金融机构具有非常高的专业性,但是面对经营管理不够规范、不熟知资本市场规则的中小企业,话语权、管控能力却有限,而后者正是地方政府的优势,二者优势互补,很好地结合了行政和市场的力量,将大大提高债务后续管理的有效性。

总之,从发行人的选择,到债券发行、后续管理和偿还的整个流程中,区域集优债务融资模式都充分地考虑到中小企业的特性以及地方政府和金融机构各自的优势,创新性地将其相互结合,有效地发挥了各方优势,将成为解决中小企业融资问题的重要创新和探索。

4. "区域集优"债务融资模式的作用

(1) 促进小企业转型升级。在该模式下,当地政府和主管部门根据地方产业规划和政策,遴选区域内产业政策重点支持的小企业以及政府融资项目,然后出具发债推荐意见。这就保证了将来能够进行债务融资的小企业是符合新经济发展模式需要的,又能够在一定程度上促使资金短缺的小企业能够按照当前经济发展的需要,主动进行经营发展模式转型升级,以获得当地政府产业政策的支持。

(2) 促进小企业进行融资和及时有效地防范债务风险。在传统债务融资模式下,单个小企业由于自身经营模式限制,抵抗市场风险的能力较差,容易因市场波动而引发债务风险。但"区域集优"的债务融资模式是集合多个小企业共同进行债务融资,多个小企业捆绑发债,不仅能够提高债券市场对发行债券的认可度,更重要的是能够使债务的风险得到分担和缓释。

(3) 很强的适应性。"区域集优"债务融资模式是针对于发行债务的小企业而量身定做的一种融资模式,具有很强的针对性和适应性。这是以往融资模式所不具有的优点。小企业资金需求呈现出急、少、频的特点,即对资金需求的时效性极强,需求量不是很大,且在维持再生产中因生产与资金回笼在时空上的不一致,加上季节性和时事经济因素的影响,资金需求更为频繁。这都导致以往的更具普遍性的债务融资模式不能够很好的满足小企业,而"区域集优"的债务融资模式正是充分考虑了发债小企业的这些特点,由交易商协会、当地政府和人民银行分支机构联合其他金融服务机构为企业量身定做的债务融资方案,能够较好地满足其资金需求。

(4) 有助于改善企业信用条件,缓解信息不对称。资本市场与小企业信息不对称是阻碍小企业顺利进入资本市场的重大障碍。在传统融资模式下,这一障碍仅仅依靠小企业的努力是无法克服的,而区域集优则充分发挥、利用了多类金融机构(包括商业银行、担保公司、信用增进公司等)的辅导作用,以其作为链条,连接小企业和资本市场。在这种模式下,中介服务机构对于那些暂时不能满足发债基本条件的小企业将组成专门的联合工作组为其提供 IBO(首次债券发行)辅导方案,包括财务制度梳理、管理制度改善、发债辅导等服务,这能够起到帮助小企业慢慢走上正轨化道路,满足资本市场对其他要求,吸引民间资本流入。

第三节 中小企业集群融资的信用联合体模式

中小企业集群融资的信用联合体模式[①](简称信用联合体模式),是一种

---

① 陈晓红、吴小瑾、彭佳:《中小企业集群融资创新》,http://www.Cai.jing.com.cn/home/report-pub/2007-10-23/34737.shtml,2007-10-23。

以湖南省汨罗市再生资源产业集群为例的,基于信用合作组织的中小企业集群间接融资模式。

一、信用联合体模式的形成

地处湖南省东北部的汨罗,自晚清以来,就是再生资源集散地,而当今再生资源回收加工也是汨罗市的主导产业。长期以来,资金的匮乏已经成为制约汨罗再生资源产业发展的关键问题。即使是具有一定生产规模的企业,由于各商业银行的借贷门槛过高、程序复杂且担保条件苛刻,也很难从银行获得贷款。当地的民间金融也极度不发达,企业要发展只能依靠自有资金的投入以及亲友的借贷。

2004年,汨罗市再生资源行业信用协会成立的当年,就为规范会员的经营行为做了大量工作,为当地社会信用提供了一个较好的合作平台,但对于解决中小企业的融资问题仍然作用有限。2005年,在国家开发银行湖南省分行的引导、当地政府的推动和行业信用协会的协作下,成立了专为中小企业提供融资服务的信用联合体。

信用联合体采用会员制作为信用基础。只有信用好、具有一定生产规模、管理较为完善、愿意共担风险,并且具有行业信用协会会员资格的企业才可以加入联合体。信用联合体以会员共担风险为基础,以"一所一会三公司"为组织形式,包括汨罗市再生资源行业财务服务所、汨罗市再生资源行业信用协会、汨罗市中小企业信用担保有限公司、汨罗市恒源资产管理有限公司、汨罗市财智会计咨询公司。其中,担保公司是联合体的核心,各个单位各司其职、互相配合,共同构成了既能创造融资机会,又能有效防范信用风险的融资平台。信用联合体的组织构架如图4-1所示。

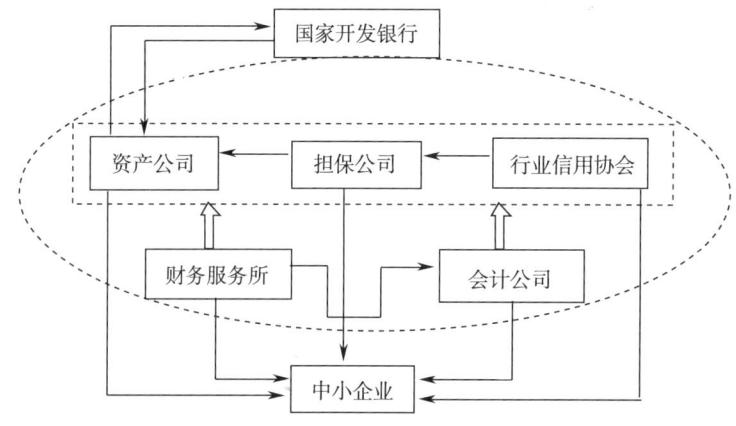

图4-1 汨罗市"一所一会三公司"融资信用联合体构架图

二、信用联合体模式中各参与方的分工

财务服务所作为财政局的下属单位,以税收征管为主,履行全面管理和服务职能,主导行业发展和"一会三公司"运作。

行业信用协会是汨罗市再生资源行业自发组织的社会团体组织,属于行业自律机构,对会员信用记录和信用等级进行定期检查,向担保公司和开发银行推荐贷款企业,为协会会员提供服务,同时协助对会员企业的监督和监管。

担保公司由当地政府通过城投公司注入资本金,城投公司作为担保公司的最大股东,对担保公司发展进行规范、引导,代表政府意志,体现政府信用。同时,由行业内几家规模较大企业共同出资,出资采用自愿原则,也鼓励小额出资人成为担保公司股东。每年担保公司都会对信用联合体会员进行信用评级,确定担保限额。会员按照是否参股担保公司分为担保公司股东会员和非股东会员。对于股东会员,评级参考标准包括股东出资额、信用记录、企业规模、对联合体贡献度等;为控制风险,原则上每个股东会员担保限额不高于出资额的 4 倍,且评级标准和历次评级报告须经审定。

股东会员缴纳股本金既为本企业提供担保,也为其他会员和非会员企业提供担保,使企业既要约束自身信用行为,又要关心和监督其他企业信用行为。在实际操作中,担保公司要求企业为自身和其他企业提供反担保,一方面企业对其反担保资产作出不再出租、出售、转让、再抵押承诺,并将反担保权证交由担保公司统一管理。

资产公司由当地几家大型企业出资入股,作为承贷主体,是企业的统贷平台,负责发放贷款以及回收贷款本息。

会计公司隶属于当地财政局,为行业所有一般纳税人企业代理会计记账;为服务所、行业信用协会、资产公司、担保公司适时提供企业真实可靠的会计信息,监督银行信贷资金的使用。

汨罗市还同时设立了信贷资金监管领导小组以及银行贷款安全监督领导小组,分别负责对"一会一所三公司"和贷款企业进行稽核和检查,对不能按期归还贷款的企业或个人采取措施确保贷款安全。

三、信用联合体模式的效果

从 2004 年开始,汨罗市采用该模式为再生资源集群内中小企业进行融资支持。截止到 2006 年底,国家开发银行已累计向汨罗中小企业发放贷款 1.86 亿元,贷款余额 1.46 亿元。信用联合体在创造平等融资机会、支持地方产业

等方面的作用得到大力体现。汨罗市税收总额由 2004 年的 4 211 万元迅速上升到 2006 年的 2.67 亿元，增长了 5 倍；安排就业人数由 2004 年的 2.8 万人上升到 3.4 万人。中小企业的融资需求得到了较好的满足，集群内企业的数量由 2004 年不到 200 家发展到目前的 1 000 家左右。通过资金的投入，集群内中小企业的规模迅速发展壮大，2005 年该集群还被列为国家循环经济试点重点领域[①]。

四、信用联合体模式的启示

第一，该模式之所以能够切实解决集群内中小企业融资问题，关键在于其构筑了以"信用建设先行、风险多方分散、制度建设保证"为框架的融资保障。

一是信用建设先行。汨罗再生产业集群内的企业，要向信用联合体提出贷款申请，必须先成为行业信用协会的成员，而企业要加入行业信用协会成为其成员则有一套严格的审批和检查，只有通过的企业才有资格成为会员。而且信用协会定期公布企业等级评估结果和违约名单，对中小企业进行了有效的约束。

二是风险多方分散。信用联合体通过财务服务所以税收征管和会计委派为纽带和会计公司的财务服务市场化运作，有效地提高了中小企业财务信息的公开度和透明度。在此基础上，通过互助性担保公司的担保、资产管理公司防范自身承担的贷款风险、企业间联合互保等机制，有效地分散了贷款银行的风险，通过风险的分散，较好的利用了各方主体的内部监督作用。

三是制度建设保证。汨罗市再生资源集群在信用联合体的建设中，充分认识到了制度建设的重要性，将"一所一会三公司"内部制度建设提上日程，实现了各方面无缝隙化制度管理，保证了信用联合体的正常运作和规模的进一步拓展。

第二，行业信用协会只有不断开展各种服务，才是增强联合体企业"凝合性"和社会资本的力量的经济基础。

在汨罗市再生资源行业信用协会成立的初期，协会的经费主要来自于向企业收取的会费。2006 年，信用协会又相继成立了回收公司和物流公司，为其会员企业提供统一回收、统一运输的服务，受到企业的欢迎，企业入会的积极性逐渐加强。甚至有部分申请加入信用协会的中小企业并没有融资需

---

① 谈新放、傅芳荣、杨凯军：《开发性金融实证：汨罗模式》，载《地方财政研究》，2006（7）：44–46 页。

求,但其入会后就有找到了"娘家"感觉。行业信用协会成立以来,会员数已从 2004 年的 32 家发展到 2007 年 7 月的 220 家,且增长的速度在不断提高。

企业对信用协会的依赖性越强,加入协会的积极性越大,信用协会组织的社会资本的作用就更为明显。加入信用协会以后,企业的各项生产活动甚至企业主的个人行为,都被纳入到协会的监督管理中来,极大的约束了企业主恶意逃废债务的动机。

第三,为了克服参与各方合作的障碍,须进行灵活的组织设置和人员安排。

汨罗市信用联合体涉及面广,牵扯单位多,往往在沟通协调方面会存在困难。为避免各主体间沟通不畅导致的合作障碍,在机构的设置和人员的安排上,将"一所一会三公司"的机构的负责人员有部分的交叉,如行业信用协会的会长同时兼任担保公司的董事长。这样,有利于机构和部门之间的沟通交流和统一步调,有效避免了各机构在运作中"各自为政"或涉及各自利益而导致整个信用联合体的效率低下。

总之,汨罗市再生资源产业集群信用联合体的成功运作,为运用信用合作组织创新中小企业融资模式提供了实践操作的案例。这说明基于信用合作组织的中小企业集群融资模式既具有理论上的可行性,又同时具有现实中的操作性。这为该模式在更大范围的推广奠定了基础。

第四节 中小企业集群融资的"鸟巢模式"

一、"鸟巢模式"的提出

1. "鸟巢模式"的构架及运作

陈晓红等(2007)基于信用合作组织的中小企业集群融资模式创新的理论分析以及对湖南省汨罗市的案例分析,提出了中小企业集群融资的"鸟巢模式"。

之所以称之为"鸟巢模式",是因为在该模式中,单一的每个机构个体为解决中小企业融资困境的作用非常有限,这也是现实情况下单一的担保公司、行业协会、地区征信体系的运行效果的写照。但是,将这些机构通过集群内的社会资本有机地组织到一体时,就能较好的发挥支持中小企业融资的作用。这好比鸟巢,拆散来看,都是干枯的短小树枝,并无实际作用,但通过搭建一个组织严密、相互纠缠的树枝网络，就能成为具有巨大承托力的"鸟巢"。其基本构架可用图 4-2 表示。

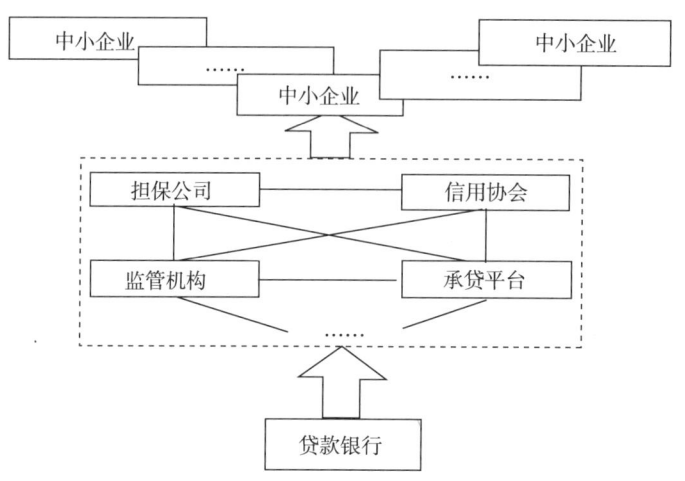

图 4-2 中小企业集群融资的"鸟巢模式"

"鸟巢模式"的主体主要包括贷款银行、中小企业、联结银行和中小企业的融资服务机构。各个主体之间相互联系、相互依存，是一种共生的关系，它们一起构成中小企业融资的生态系统。其中中小企业是融资生态环境中重要主体，它们按照自愿原则组建信用协会，信用协会实行严格入会制度和信用评估制度，在门槛上就排除了一些不良的中小企业，并定期对中小企业进行信用状况评估，由于集群地理位置上的优势，很容易了解会员的具体实时情况，能准确地对其进行信用评估。

担保公司根据信用协会以及中小企业的财务状况对中小企业进行综合信用评估，将中小企业的信息及时公布反馈给承贷平台，承贷平台对申贷中小企业进行贷款评审，并打捆向银行进行申报，银行根据实际情况发放贷款。在团体申请贷款的中小企业中，为增强抗风险能力，以自愿组合的形式实行互保机制，一旦某个企业违约，整体互保团体都会受到牵连而贷不到款。

融资服务机构中的监督机构负责对融资服务平台的机构进行监督管理，监管资金的流动和使用状况。融资服务机构共同对中小企业进行评估和监督，银行则根据融资服务机构综合的信息进行评审，同时也对融资服务机构进行综合评价。这样中小企业、融资服务机构、贷款银行相互促进相互制约形成复杂网络结构的"鸟巢模式"。

2. "鸟巢模式"有效运作的前提和要求

"鸟巢模式"有效性的根源来自于各方主体的参与放大和强化了集群内社会资本的作用,使得过去只能在较狭小范围实现的非正规金融运作机制扩展到正规金融的安排中来。在"鸟巢模式"下,最为关键的就是信用合作组织(即"鸟巢模式"中的融资管理服务机构)的组织和设立以及运行制度的设计。要保证该模式的有效运作,必须要具备两个前提条件,一是设立的信用合作组织要具有足够强的社会资本对其成员企业具有足够大的约束力;二是该信用合组组织必须具有较高的运行效率。这两个条件缺一不可。如果信用合作组织对最终贷款人缺乏足够的约束力,那么,这种安排无法实现最终借款人的信用增级,结果是中小企业贷款的风险被转嫁到信用合作组织身上;如果中间组织自身的运行效率低下,或者激励机制缺乏,那么,很大程度上由信用合作组织带来的信贷成本节约被组织本身所损耗,最终结果只能是降低了中小企业的融资可得性。

鉴于此,在信用合作组织设立时,应充分调动社会各界的积极性。

首先,应尽量将集群区域的政府纳入到框架中,但考虑到政府直接参与可能会带来内部人控制等问题,因此,建议政府的参与主要在对违约后的司法惩戒方面,而不宜对正常的贷款活动进行过多干预。

其次,要充分发挥集群内中小企业的内部监督作用,应有大量的集群内企业主或相关人员进驻信用合作组织内部各机构中,因为只有他们的参与才能真正减少监督成本,完全的外来商业性机构并不适应于本模式,而且机构之间过于独立的关系也不利于整体协同效应发挥。其中的行业协会或信用协会要真正发挥其为集群企业服务的功能,间接加强成员企业对该组织的依赖性和根植性,作为连接中小企业与组织内其他贷款操作机构之间的桥梁和纽带,在为企业切实提供帮助的同时加强了组织的密度。

最后,政府作为产业发展的引导者和规划制定者,要注意引导集群内产业链的形成。据实地调研发现,处于产业链同一环节的企业之间的约束力明显弱过处于上下游环节的企业,因此,有必要加强集群内分工协作网络的进一步深化。

另外,由于我国的产业集群具有不同的特征,在信用合作组织的设计上,也应因地制宜。主要包括:(1)对于在沿海地区尤其珠三角地区广泛存在的以外来企业为龙头、区域内众多的中小企业都为之进行配套生产的集群,就可充分利用大型核心企业的信息优势及其影响力,设计以大企业为平台的信用合作组织。如在宁波市的服装产业集群内,就有由若干家大型企业出资组建的担保公司,专为其提供配套生产服务的中小企业提供担保业务,而且该担保公司不以盈利为目的，仅仅在于解决配套中小企业的融资能力。（2）以浙江专业镇为代表的内生型集群，就可以充分利用中小企业相互之间的"同辈压力"开展互助担保、联合担保的形式。本书中汨罗也属于这种集群类型。（3）在我国中西部地区很多地区通过建设产业工业园区进行产业聚集，这种典型的园区类集群内的企业一般不具备传统集群企业的生产关联性，或者相互之间的关联性很小，在这类集群中，应当将园区管理机构的作用纳入进来，形成以政府为主导的融资信用合作组织。

二、"鸟巢模式"的拓展实施

据《上海金融报》2011年3月4日报道，为解决中小企业融资难问题，增进与非银行金融机构的交流与合作，推进对中小企业的融资支持工作，在上海市金融办的牵头下，深圳发展银行上海市分行邀请上海市担保行业协会、上海小额贷款公司协会、上海租赁行业协会以及上海股权投资协会等行业协会，举办了主题为"齐抓共管，形成合力，共同促进上海中小企业融资工作"座谈会。会议就如何解决中小企业融资难问题进行了探讨，初步达成了共建中小企业融资合作意向，协力打造"鸟巢模式"。

截至2010年底，上海市中小企业将近35万户，其中从银行成功融资的不足1万户，中小企业融资市场潜力巨大。深圳发展银行上海市分行希望与相关协会共同打造一条全新、高效、便捷的中小企业融资之路，将中小企业融资工作做大做好。

在"鸟巢模式"下，银行及相关行业协会将发挥各自的优势，共同拓展中小企业融资市场。（1）深圳发展银行可联合担保协会，在对担保公司进行充分评估的前提下，与选定的担保公司，进行合作。担保协会在第一时间把优质、稳健、得到政府支持的担保公司推荐给银行。（2）融资租赁公司的优势在于专业性，瓶颈在于资金，所以银行和融资租赁的合作可以优势互补，银行可为租赁公司提供充沛的资金，租赁公司可为银行提供可靠的客户来源和专业的贷后管理。（3）银行在和小贷公司的合作中，除了小贷公司本身外，还应重点考察公司股东，把银行和股东的利益进行捆绑，从而有效控制风险。除了融资合作外，银行利用自身专业人才丰富的优势，为小贷公司提供培训和辅导，从而更好地和银行开展合作。（4）传统的观点认为，股权投资和商业银行针对的是两个风险层面的客户。但是，近年来，上海同业已经开始探索银行与股权投资的合作，并取得了不错的效果。股权投资公司可以向银行推荐客户，由银行配置一定比例的流动资金，股权投资公司以自己拥有的股权为借款企业做担保。银行也可以推荐自己的客户，由股权投资公司评估后进行投资。此外，双方可以在资金托管、客户管理等方面进行全方位的合作。

总之，中小企业融资难的主要原因在于信息不对称和可抵押资源缺乏。而担保协会、小贷协会等合作伙伴可以起到信息平台、管理平台以及担保平台等作用，不仅可以和银行相互推荐客户、共享资源，更能参与对客户的管理，甚至为客户向银行融资进行担保、推介。在"鸟巢模式"下，银行与相关协会联动合作，将会让中小企业融资有着更为优质的平台，对于各方来说，也是多维度开发业务的一个机会。

第五节 其他与集群有关的融资模式

一、园区融资模式

1. 园区融资模式的特性

园区融资模式即把产业园区作为一个整体向金融机构贷款的融资模式。由于产业园区的成立和规划从一开始就有政府的参与，因此，这种融资模式的特点：一是有政府的支持，可以从支持园区发展的角度获得较优惠的利率；二是大多数采取传统的融资方式；三是目前中国所采用的银行贷款、政企合作开发、成立区域开发基金等这些传统融资方式基本上都与土地进行了紧密的捆绑。

从这种融资模式本身来说，它只适于在政府产业政策规划下的园区企业。从我国产业园发展来看，其内部产业链条并不明显，产业关联也不显著，政府在招商引资的过程中存在一定的盲目性，有很多园区就是一些不同企业的集合，相互间不存在联系，更不用说分工与合作，园区环境产业集群效应不明显，因此，产业集群的融资优势也不能体现出来。与其说这是一种集群融资模式，不如说是一种政策性信贷支持。

2. 中国园区起步阶段主要采取的融资方式

（1）政府政策支持融资。园区的发展与国家宏观战略和中长期产业规划相适应，通过引入地方政府大力提倡发展的产业项目，来争取政府的特殊政策资金支持，用于相关产业的配套基础设施建设等的投资。园区尽量多地了解并掌握中央和地方政府的资金投向和扶持重点，可以争取更多的政府专项拨款。

（2）银行贷款融资。银行贷款是园区较普遍的融资方式。园区在起步阶段各项土地手续大多数都在办理之中，银行贷款融资具有一定难度，但是如果由政府出面以市政基础设施建设为贷款渠道,担保申请贷款,不仅解决了园区融资难问题,而且手续相对简便,效率相对比较高。

(3) 资本市场直接融资。目前国内有部分工业园区通过发行股票的方式筹集开发资金,如张江高科、苏州高新外高桥、南京高科、长春经开等,主要是通过发行股票以及增发方式募集社会资金。由于股权融资的门槛条件较高,运作时间长,并且未来会分散企业控制权,因此并非工业园区直接融资的通行方式。利用其他社会资金,园区可以公司名义发行企业债券、申请发行融资券,也可将营利性项目委托给其他企业特许经营,或实行公私合营,作为吸收社会资金的有效手段。

(4) 施工承包商垫资,并交付履约保证金。目前,垫资承包已逐步获得国内建筑业的认可,成为一种有效的融资手段。由承包商预先垫付资金,并交付履约保证金,也是一种减轻园区资金压力的方法。

(5) 使用者预付费。对于园区一些服务型基础设施的建设,如供水、供电、供暖、通信等,在建设前或在建过程中,如有条件,可向用户预收一部分费用作为建设资金,也是园区融资的一种可行适用方式。

另外,园区还可采取租赁融资、抵押(或质押)贷款、商业信用贷款等其他方式进行融资。

总的来说,在园区起步期,基础设施及配套设施建设大多数属于非营利性项目,园区应考虑多种融资渠道,多种合作方式。国内各开发区结合实际情况,采取了有效、可行的融资策略,如中关村科技园区以争取政策性贷款为主,苏州高新技术开发区则以发行债券、股票上市等作为主要的融资手段、上海探索出"政府部门负责筛选企业、金融公司提供融资服务、担保公司做好担保""三方风险共担"的园区融资新模式。

尽管如此,目前国内园区运作仍然还是以政府的政策性补助运作模式为主,企业融资、项目融资的各种方式在开发区融资中应用还十分有限。

3. 中国未来园区的融资模式

随着园区运作逐步规范,中国未来园区的融资模式也将逐步实现以市场融资为主。园区应有效利用各种市场融资手段筹集建设资金,明确各类项目的性质,以企业融资为主,以项目融资为辅,并通过合理经营收益来偿还。

中国未来园区可采取的项目融资方式除了加大直接融资的力度(如扩大发行股票、企业债券和短期融资券)、开辟新的的间接融资产品(如票据融资)外,主要可采取特许经营(如BOT模式)、公私合营(如PPP模式)、信托产品、内部委托贷款和资产证券化(主要指ABS)等新兴的、现代化的市场融资工具进行大力融资。

二、社区银行融资模式

1. 社区银行的概念

社区银行的概念起源于美国等西方金融业发达的国家。美国独立社区银行家协会（IC–BA）将社区银行定义为"在一定地区内自主设立并独立运营，主要为该区域内的中小企业、家庭和个人客户提供个性化金融服务，并保持长期业务合作关系的小银行"。这里的"社区"并不是一个严格界定的地理概念，既可以指一个省、一个市或一个县，也可以指产业集群园区。因此，社区银行又可以理解为资产规模较小、主要为经营区域内中小企业服务的地方性中小型商业银行。

2. 美国社区银行的发展情况与特点和优势

（1）美国社区银行的发展情况。目前，美国的社区银行数量大、类型多、分布广。全美国共有 7 000 多家社区银行，主要包括商业银行、存款机构、股票互助储蓄机构等，拥有遍布全美的 50 000 多个网点，在所有银行中占比达到 98%。但在区域分布上不均衡，中北部地区占 24.4%，东南部占 20.2%，中西部占 19.4%，西南部占 16.0%，东北部占 10.6%，西部占 9.3%。

美国社区银行的金融服务内容随着其经济的发展而日趋广泛和多元化，从最初的储蓄贷款等传统业务发展到当今的投资、保险、理财、信托、信贷等业务，产品种类丰富，应有尽有。但最为重要、份额最大的市场还是住宅抵押、消费信贷和小企业贷款。

社区银行是美国银行业不可或缺的重要组成部分，其资产规模约占全美银行资产总额的 20%。虽然 20 世纪 90 年代以来，商业银行的并购导致美国社区银行的总数逐年减少，但新的社区银行仍然不断产生。2005 年至今就有近 700 家新注册银行，所占比例一直维持在 92% 以上。服务社区、服务中小企业以及大力发展中小企业融资的宗旨使得社区银行在美国金融系统和经济发中的作用日趋重要。

美国社区银行与中小企业融资业务更为密切，美国社区银行是中小企业和农户贷款的最主要来源。尽管社区银行资产仅为美国银行业的 23%，但资产小于 10 亿美元的社区银行对中小企业发放的贷款比例却占到了全部贷款的 58%。据美国联邦存款公司（FDIC）的统计，美国社区银行在服务小企业方面发挥了独特的作用。到 2010 年 6 月底，总资产低于 1 亿美元的 6 129 家社区银行共发放近 200 亿美元的小企业贷款，占到了美国全部小企业贷款额的 35%，而大企业贷款仅占到全部银行贷款的 4%，此外，单笔金额 10 万美元及以下的小额贷款中,社区银行所占的比重更高,占到了近40%。[1] 社区银行在更小额的农场贷款中所占的比重更高,在小于或等于10万美元的贷款中社区银行的贷款占到农场房地产贷款和经营贷款的80%以上。

美国大多数社区银行本身也属于小企业范畴,它们更能了解小企业发展过程中的困难和企业主的真正需求,设身处地为中小企业主和农场主考虑,切实解决他们的资金需求和金融服务需求,发挥经济发展助推器的作用。

(2)美国社区银行的特点和优势。第一,资产规模普遍较小。美国社区银行的资产额一般介于200万到数十亿美元之间,其中在10亿美元以下的这类银行比例高达98.6%。第二,经营机制灵活高效。美国社区银行资产规模较小,机构的组织层级结构也就相对简单,为相关软信息的传递创造了有利条件;社区银行大多设立在当地,和社区有着各种紧密的联系,银行业务人员对客户的信息掌握得非常清楚,在贷款时完全可以根据实际情况及时做出正确合理的经营决策。第三,个性化的金融服务。美国社区银行一贯强调为本区域内的中小企业、居民和农户提供个性化的金融服务,为他们量身定制和创新符合需求的金融产品。第四,求异型的发展战略。面对大银行挑战和兼并热潮的冲击,美国社区银行并没有因此而退缩让步,而是积极采取"求异型战略"来发展自身的业务,在目标客户的选择、主要业务区域的确定、主要业务品种的投放上努力与大银行形成互补,有效规避了竞争和市场准入的障碍,形成了自身的特色和优势。第五,关系型的信贷业务。关系型贷款[2]是美国社区银行的核心业务,也是其区别于大银行的主要特点之一。社区银行就是凭借着这样的地区优势、信息优势、人脉优势、经营方式优势等为区域内的中小企业、居民和农场主发放相应的贷款,并和客户建立长期的业务合作关系,既满足了客户的金融需求也为自身的可持续发展明确了方向,与大银行较好地实现了优势互补,共同促进国家和地区的经济发展。

3. 中国需要发展中国式的"社区银行"

社区银行是整个银行体系的不可或缺重要组成部分,具有地位优势、信息优势、地区优势、人脉优势、经营方式优势等诸多优势。毫无疑问,中国发展社区银行对促进中小企业和农村地区融资,完善和优化银行业的市场结构和市场功能,丰富金融服务品种,促进金融产品创新,填补细分市场的供

---

① 按照美国通常的划分标准,单笔金额在100万美元以上的工商业贷款称为大企业贷款,100万美元及其以下的贷款称为小企业贷款。

② 关系型贷款是指银行通过和借款企业长期多种渠道的接触,积累了大量和企业及企业业主相关的私有信息,并主要依据这些私有信息而发放的贷款。

给缺位,缓解微小企业融资难、服务社区居民、完善金融宏观调控、建设社会主义和谐社会等都具有重大的现实意义。

在目前的中国银行体系层次中,农村信用社和城市商业银行更接近(或更像)美国的社区银行,甚至有的农村信用社和城市商业银行已经改组定性为社区银行,但实际上与美国的社区银行相差甚远。原因是有的人仅仅在界定社区银行时偏重在"社区"一词上做文章,进而把业务活动范围局限于某一地区的农村信用社和城市商业银行划入社区银行范畴。这是不妥当的。而真正的社区银行包含三个基本要素:一是立足并服务本地;二是小型;三是商业银行。中国的城市商业银行虽是商业银行,但已绝对算不上小型。其平均资产总额即使按汇率计算也已经远远超过美国的"社区银行",其业务活动范围的城市(地区),通常有数百万人口(目前一个城市或地区仅一家城商行),而美国的社区银行则平均不到4万人口中便有一家,相差甚远。中国的农村信用社(包括县联社)的业务范围虽为县域甚至更小,但它们不是商业银行,而是具有强烈政策性的行政化金融机构。即使在改组为农村合作银行或农村商业银行后,上述性质仍未改变。

因此,许多有识之士提出,中国要借鉴世界各国社区银行的发展经验教训,针对本国的实际情况,尽快发展符合真正的社区银行标准的、中国式社区银行。

三、区域主办银行融资模式

1. 国外的主办银行制度

主办银行制度指企业以一家银行作为自己的主要贷款银行(习惯上将占某企业借款份额最大、能对企业发挥监管作用的银行称为这一企业的主银行或称为主办银行)并接受银行金融服务以及财务监督管理的一种银企结合制度。也即是指在特定的企业融资和治理结构下所形成的银企之间、银行之间及金融管理当局与银行之间的特殊关系的总称。其中银企关系是这一体制的核心内容,银企关系主要表现在信贷关系和主银行在公司监管方面发挥很大作用。在主办银行制度中,银企双方在一定机制的作用下建立起比较固定的权利和义务关系,建立起银企之间稳定的、包括提供信贷、信托担保、有关投资银行业务、代理债券发行、咨询业务、提供管理技术、派遣管理人员直接参与对企业的监管和治理等在内的多方面的关系,银行和企业可以相互持有对方的股份,从而以资本为纽带将银行和企业紧密地联系在一起。

主办银行制度是一种特殊的体制,出现于日本、德国、韩国,尤其以日本最为典型。主办银行制度兴起于"二战"后初期的日本,20世纪60—70

年代趋于完善，对当时日本经济增长起到了重要作用。日本的主办银行与企业的关系通常表现为以下几个方面：主办银行是企业的最大出借方，即银企的债权债务关系；银行与企业交叉持股，即银企的产权关系；银行参与发行债券相关的业务；主办银行建立支付结算账户，即企业一般把自己的现金交易集中在主办银行的结算账户进行；银行提供信息与管理资源。

日本主办银行体制的最大优点是使银企关系长期稳定，有利于对企业的监管和救助困难企业。但也存在明显的缺陷：一是易造成银行业垄断市场、内部交易行为、寻租和腐败现象；二是由于信息缺乏完全公开性，不利于各金融机构之间开展正当的竞争；三是主银行在企业出现财务危机时负担救助责任，可能促成对企业的"软预算约束"，让过多的缺乏效率的企业继续存在下去。随着金融管制的松动，企业融资渠道多元化，20世纪80年代以来，日本主银行体制开始削弱，但主办银行体制在弥补企业参与资本市场的技术和经验不足等方面仍发挥很大作用，企业选择主银行的标准更注重双方关系时间长短、银行形象（提供信息咨询情况、分支机构网络等）、困难时能提供可靠支持等因素。

2. 主办银行制度在中国的实践

在学习和借鉴国外主办银行制度成功的先进经验基础上，中国人民银行于1996年7月颁布《主办银行管理暂行办法》，决定在全国七大城市的300家重点国有大中型企业试行主办银行制度。其着眼点在于加强银企在贷款方面的联系，而非改善借款企业的治理结构。主办银行的权利，也不过是了解、掌握企业的重大经济、财务活动。《中国公司治理原则》第六节第3.2条规定，"公司应允许主要债权人进入董事会，使其在公司重大经营决策上拥有参与权，有权否决有损债权人利益的董事会决议"。中国的公司监管层也表明了对债权人参与公司治理的支持。2002年1月7日，中国证监会、国家经贸委发布的《上市公司治理准则》第八十四条规定，"上市公司应向银行及其他债权人提供必要的信息，以便其对公司的经营状况和财务状况做出判断和进行决策"。即使不突破《商业银行法》第四十三条的限制，银行作为单纯的债权人参与公司治理已经得到社会各界的普遍认同。

按照中国人民银行《主办银行管理暂行办法》的解释，主办银行指的是"为企业提供信贷、结算、现金收付、信息咨询等金融服务，并与之建立较为稳定的合作关系，签有《银企合作协议》的中资商业银行"。我国的主办银行制规定：主办银行制度应体现贷款主办银行和借款人之间建立相互监督、相对稳定、互惠互利的关系；主办银行应该是一个企业贷款中所占份额最大的银行，可以和其他银行发行"银团贷款"；主办银行与企业双方应遵循自愿、公平、稳定的原则，要求任何企业法人都必须选择一个银行作为主办银行，建立相对稳定的主办行关系，对一些特大型企业集团，确因特殊情况，经人民银行省级分行批准，可以确立两个主办行。

我国的主办银行制具有自身特色，其具体内容有以下几点：（1）客户企业的基本账户必须开立在主办银行，企业开立其他账户要征求主办银行的意见。（2）客户企业与银行的各种交易活动，如结算、咨询、现金收付等，要首先通过主办银行进行，企业应把大部分存款存于主办银行。（3）主办银行不包企业的资金供应，但是对企业生产经营中合理的资金需求，要优先满足供应；对大额资金需求，主办银行应作为牵头银行对企业组织银团贷款，同时，在银团贷款中要明确贷款偿还的先后顺序，主办银行只能是最后的受偿行，客户企业向其他银行贷款，要征得主办行的同意。（4）企业涉及投资、融资等重大经营决策，进行公司化改造，发行股票、债券，都要征得主办银行的同意。（5）主办银行要积极监督企业生产经营，当企业生产经营陷入困境时要会同企业所有者对企业进行清理整顿，包括人事安排和必要的资金救助等。（6）主办银行应积极监督企业补充自有流动资金，积极清欠贷款利息，合理搭配运行资产，不断改善财务状况。（7）严格遵守《贷款通则》和中国人民银行《主办银行管理暂行办法》对主办银行做出的有关规定等。

尽管方方面面对我国主办银行制度的推行有着良好的预期，或者从理论分析的角度阐释了推行主办银行制度的种种好处，但由于我国选择主办银行制模式并使之有效发挥作用所依赖的一些必要前提条件并不完全具备，主办银行制度实施过程中却暴露出很多突出的问题，背离了制度实施的初衷。我国试点中的主办银行制度只局限于国有大中型企业的金融服务，仅仅体现了主办银行制度的表面特征，比如稳定银企体系、综合经济往来、信贷支持等，但却没有深入企业改革的深层，没有抓住主办银行制度的本质特征——主办银行对企业强有力的监控，没有触及企业内部治理机制的问题。银企之间联系只局限于一年一定的合作协议，而缺乏长期稳定的产权纽带。

3. 区域主办银行融资模式的提出

从20世纪90年代开始，我国学者就提出要借鉴日本的主办银行制度模式来解决集群中小企业融资难问题。其中，魏守华等（2002）在考虑了产业集群的特定背景下，提出商业银行根据产业集群发展的状况、群内企业发展的差异性，按一定的基准条件，选择几个优秀企业优先贷款，成为企业的主要债权人，通过外部契约式的债权交易，建立"中国特色"的区域性试行契约型主办银行模式。蒋志芬（2008）提出政府建立支持中小企业发展的区域股份制中小银行，吸收民间闲置资金和社会投资，为产业集群内的中小企业发放贴息和低息贷款，并提供咨询和理财服务。

可见，所谓区域主办银行融资模式就是指在中小企业集群内设立区域主办银行，通过吸纳民间闲置资金和社会投资为集群内的中小企业提供信贷等金融性服务的一种融资模式。区域银行可以持有中小企业的股份，同时，企业也可以在银行入股，这样就可以将银行和企业密切地联系在一起。区域银行设立在集群内使得银行更容易取得各企业的信用信息，这样就减少了由于信息不对称等原因所带来的风险，同时也提高了信贷效率。由于银企双方在一定机制的作用下建立起长期固定的权利义务关系，包括提供信贷、提供管理技术、信托担保和咨询服务等多方面的关系，而且在产权关系、内部机制、运作方式等方面有很多共同处，所以，区域主办银行为中小企业融资带来了很广泛的前景。

第五章
中小企业集群融资的新模式（一）：
静态的理论视角

借鉴已有的企业内源性融资与外源性融资、间接融资与直接融资两类融资方式，结合中小企业集群的融资环境，在理论上研究针对中小企业集群融资特征的、"内生于"中小企业集群的、具体有效的集群融资新模式，以揭示中小企业集群融资优势的发挥机制。

中小企业集群的融资模式是不同于单个中小企业融资模式的准内源性融资与准外源性融资。中小企业集群的准内源性融资模式分为集群准内源性债权融资模式（如集群财务公司信用贷款、群内民间借贷融资、群内发行债券融资和群内融资租赁融资）和集群准内源性股权融资模式（如群内股权出让融资、群内增资扩股融资、群内产权交易融资等）；中小企业集群的准外源性融资模式分为集群准外源性间接融资模式（如集群关系融资模式、集群团体融资模式）和集群准外源性直接融资模式，而集群准外源性直接融资模式又分为集群准外源性股权直接融资模式（如集群风险投资融资模式、集群上市融资模式）和集群准外源性债权直接融资模式（如集合债券融资模式、集群担保债权融资模式）。

第一节 第一类集群融资新模式：准内源性融资模式

中小企业集群内部资本市场（ICM）融资既不同于一般意义上的内源性融资，也不同于一般意义上的外源性融资。中小企业集群内部市场融资模式实质上是一种准内源性融资模式。

一、集群内部市场融资模式含义和性质的界定

中小企业集群融资通道有两种形式：一种是在集群直接将资金分配给需要资金的集群内企业，另外一种是通过融资中介将资金转移到集群内企业。本节所探讨的集群内部市场融资模式属于后者的范畴。

中小企业集群内部市场融资模式就是指在中小企业集群内部资本市场上，以群内企业为主体融通资金，使群内企业及其内部各环节之间资金供求由不平衡到平衡的运动过程。当群内一些企业资金盈余时，以最低的风险、适当的期限投放出去，以取得最大的收益；当群内另一些企业资金短缺时，以最小的代价筹措到适当期限、适当额度的资金。这样就可以实现资金在集群内部的供求平衡。当中小企业集群内部融资平衡被打破时，集群内部资本市场便通过与外部资本市场发生联系而取得平衡。当集群内部资金过剩时，向外部资本市场输出资金；当集群内部资金短缺时，向外部资本市场输入资金。

就其性质来说，中小企业集群 ICM 融资既不同于一般意义上的内源性融资，也不同于一般意义上的外源性融资。相对于单个企业内部融资来说，集群企业的融资是从群内其他企业（而不是某企业内部）那里获得的；相对于单个企业外部融资来说，集群企业的融资又是从群内金融市场（而不是群外金融市场）那里获得的。所以说，中小企业集群内部市场融资模式实质上是一种准内源性融资模式。

集群 ICM 融资的特征、优势是由其本质决定的，是其本质的外在表现。集群 ICM 融资根本的、最显著的特征是它依靠的集群社会资本、集群资产专有性和集群合作共生性。集群 ICM 融资具有融资信息透明、存在规模经济和范围经济、增加成员企业的贷款可获得性、实现融资的跨期优化等优势。因此，中小企业集群 ICM 融资模式是建立在集群 ICM 融资特征和优势基础上的基于集群及群内企业长期利益而形成的一种紧密、稳定的集群内部融资关系，它具备社会资本融资、关系型融资、合作融资的核心要件，是一种特殊的融

资模式。其特殊性主要体现在：（1）融资空间范围比较狭小。集群 ICM 融资是企业集群内部的资金融通活动，处于较为对称的信息环境中，这使得专有信息的获取成本更低，保密性更好。（2）受集群社会资本的影响。由于中小企业集群内部社会资本的存在，集群 ICM 融资受到社会资本的影响在所难免。中小企业集群社会资本是一种"声誉机制"，它能够为企业之间的合作创造条件，也有利于促进企业社会资本的积累，社会资本的无形力量最终会给企业融资带来积极意义。（3）集群融资关系稳固。集群企业之间联系紧密，融资关系的合作意愿强、持续时间长、范围广、控制力强，使得集群 ICM 融资关系更稳固。

二、集群内部市场融资模式的具体形式

1. 集群内部市场债权融资模式

中小企业集群内部市场债权融资，是指中小企业集群内部各企业之间进行的债权性投资业务、内部各企业间相互借贷资金的业务，以及由此带来的投资收益的结算和支付等业务事项。中小企业集群内部市场债权融资的具体模式包括：

（1）集群财务公司信用贷款。集群财务公司信用贷款是指中小企业集群财务公司以一定的利率和无须抵押地将资金贷放给群内资金需要者，并约定期限归还的一种经济行为。按照贷款期限长短也可以分为集群财务公司短期信用贷款和集群财务公司中长期信用贷款。这种贷款模式与普通的银行贷款相似，其最主要的区别就在于发放贷款的机构由外生的银行性金融机构（商业银行）变成了内生的非银行性金融机构（集群财务公司）。稳固的集群社会资本、充分的群内信息传递、良好的集群企业合作协作关系，使得集群财务公司信用贷款能够合理利用群内资金，是群内中小企业解决资金困难，取得经营成功的重要手段。也是能够给群内中小企业提供一种风险小、成本低的资金的最合适模式。因此集群财务公司信用贷款在中小企业集群内部融资总额中所占的比重应是最高的。

（2）群内民间借贷融资。集群民间借贷是指集群内的自然人之间或自然人与法人、其他组织之间的非正规借贷关系。在我国，民间借贷活动一直处于地下状态。民间借贷多发生在经济较发达、市场化程度较高、信贷需求量巨大、资金流动频繁、中小企业集群集中的广东、江浙等地区。市场存在的现实需求决定了民间借贷的长期存在并且业务兴旺。这种需求表现为：一方面，中小企业出于自身生存和发展的要求，迫切需要资金支持，但大型商业银行对中小企业普遍存在一定程度的忽视，中小企业往往被这些大型正规融

资渠道长期排斥在外。另一方面，民间又确有大量的游资找不到好的投资渠道。正是这样的严重失衡的资金供求关系催生了民间借贷（也包括集群内的民间借贷），并使之愈演愈烈。集群民间借贷融资模式是实现民间游资与集群融资需求对接的有效方式。

（3）群内发行债券融资。债券是企业直接向社会筹措资金时，向投资者发行，承诺按既定利率支付利息并按约定条件偿还本金的债务凭证。债券的本质是债的证明书，具有法律效力。债券购买者与发行者之间是一种债权债务关系，债券发行人即债务人，投资者（或债券持有人）即债权人。我国的一些科技园或中小企业集群，已经发行了集合债券、集合票据等形式的集群融资债券。当这些集合债券、集合票据等面向群内发行时就是集群内部集合债券、集群内部集合票据等集群内部融资债券。

（4）群内融资租赁融资。集群融资租赁是指出租人（集群财务公司）根据承租人（群内中小企业）对租赁物件的特定要求和对供货人的选择，出资向供货人购买租赁物件，并租给承租人使用，承租人则分期向出租人支付租金，在租赁期内租赁物件的所有权属于出租人所有，承租人拥有租赁物件的使用权。融资租赁实质上是一种转移与资产所有权有关的全部或绝大部分风险和报酬的租赁。资产的所有权最终可以转移，也可以不转移。融资租赁和传统租赁本质的区别在于，传统租赁以承租人租赁使用物件的时间计算租金，而融资租赁以承租人占用融资成本的时间计算租金。融资租赁是集融资与融物、贸易与技术更新于一体的新型金融产业。由于其融资与融物相结合的特点，出现问题时租赁公司（集群财务公司）可以回收、处理租赁物，因而在办理融资时对企业资信和担保的要求不高，所以非常适合中小企业融资。

2. 集群内部市场股权融资模式

中小企业集群内部市场股权融资，是指集群内部各企业之间相互进行的权益性投资业务事项，以及由此带来的投资收益的结算和支付等业务事项。中小企业集群内部市场股权融资的具体模式包括：

（1）群内股权出让融资。集群内股权出让融资，是指集群内中小企业出让企业的部分股权给集群内其他企业，以筹集企业所需要的资金。按所出让股权的价格与其账面价格的关系，股权出让融资可以划分为溢价出让股权、平价出让股权和折价出让股权；按出让股权所占比例，又可以划分为出让企业全部股权、出让企业大部分股权和出让企业少部分股权。

（2）群内增资扩股融资。集群内增资扩股融资，是指集群内部市场上中小企业根据发展的需要，面向集群扩大股本，融入所需资金。按扩充股权的价格与股权原有账面价格的关系，可以划分为溢价扩股、平价扩股；按资金来源划分，可以分为群内内源增资扩股（企业内集资）与群内外源增资扩股（集群内私募）。

（3）群内产权交易融资。集群内产权交易是集群内部市场上企业财产所有权及相关财产权益的有偿转让行为和市场经营活动，是指除上市公司股份转让以外的企业产权的有偿转让。可以是企业资产与资产的交换、股份与股份的交换，也可以是用货币购买企业的资产，或用货币购买企业的股份，也可以是几种形式的综合。

（4）群内风险投资。群内风险投资是一种集群财务公司投资于极具发展潜力的高成长性群内风险企业并为之提供经营管理服务的权益资本。群内风险投资的运营主要分为资金的进入、风险企业的生产经营和风险资本的退出这三个阶段。一个群内风险企业从创业到发展壮大一般要经过种子期、创建期、扩展期和成熟期四个阶段。群内风险投资比普通风险投资更具有孵化机构内生性优势。

（5）群内投资银行投资。群内投资银行（集群财务公司）是资本市场的专家。群内企业在上市公开募集资金之前可以先通过私募引入投资银行（集群财务公司）的投资，使其成为企业的战略投资者。这一方面能吸引新的股东注资入股，提高企业的知名度；另一方面，投资银行（集群财务公司）也可以利用自己的资源，辅导企业良性成长。

（6）群内信托融资。信托是以资产为核心、信任为基础、委托为方式的财产管理制度。集群内信托融资是指集群内中小企业利用信托的方式为项目筹集资金，可以既融资又融物，在信用关系上体现了委托人（群内中小企业）、受托人（集群财务公司）和受益人（委托中小企业、集群财务公司以及利益相关者）的多边关系，在融资形式上实现了直接融资和间接融资相结合，在信用形式上成为银行信用和商业信用的结合点。

三、集群内部市场融资模式的特点

在集群内部市场中，投融资双方的活动限制在集群内部这一相对狭小空间范围内。地理接近的中小企业集群是一个复杂适应系统，具有社会资本网络性、资产专有性、集体学习性、技术创新性和合作共生性等特征，其中的中小企业存在长期的合作关系、要素纽带的关系和广泛的共同利益，集群内部企业紧密持续的联系，使集群融资的信息环境发生了根本变化，使得集群ICM融资在交易信息的类型与特性、融资目的、治理机制和融资实现的方式等方面呈现出不同于集群外部融资的特征。

1. 中小企业集群的内部融资中介（集群财务公司）拥有大量关于群内企业的专有信息

中小企业集群财务公司作为投融资内部金融中介对群内企业各方面的情况非常了解，在与群内企业长期联系和交易中，积累了大量专有信息，并依靠这些专有信息作出投融资决策。这是集群 ICM 融资的根本特征。与此相反，在集群外部资本市场上充斥的则是标准化的公开信息，投资者依据这些强制性披露的数码式公开信息进行决策。

2. 中小企业集群融资交易信息具有排他性并在公开市场上难以捕获和扩散

集群的社会资本网络和资产专有性使集群 ICM 融资交易的专有信息不容易被他人观察到，也不容易被证实、被传递、被量化，一般只为集群组织或集群融资中介（集群财务公司）垄断性掌握，是一种"软"信息，这些信息具有"只可意会、不可言传"的特征，集群外部金融中介、集群外的企业竞争对手等局外人难以获取，中小企业集群融资交易的信息专属于集群，具有排他性。

3. 中小企业集群的融资中介（集群财务公司）提供融资的目的是集群整体的长远发展和群内中小企业短、中、长期利益的最大化

中小企业集群 ICM 融资着重于集群的整体利益和长远利益以及群内中小企业各自的短、中、长期利益。当某个群内企业存在预期的潜在优势时，集群融资中介（集群财务公司）容易发现，并有激励与企业合作，给该企业提供持续的资金支持。只要贷款能得到长期回报，集群融资中介（集群财务公司）还可放松初始融资条件，甚至在短期内发放无盈利贷款。

4. 集群内部市场融资形成了特殊的治理结构

在中小企业集群 ICM 融资中，集群融资中介（集群财务公司）是以贷款项目的长期盈利为保障来发放贷款的。当贷款企业出现财务危机时，集群融资中介（集群财务公司）为保障贷款安全，可能会采用相机治理机制，来干预借款企业的经营活动。

5. 运用市场机制和"中间性体制组织"机制两种方式实现融资

传统的外部资本市场的根本局限在于它是一种外部控制工具，而集群内部市场具有内部控制的特征。中小企业集群 ICM 融资是在协商和契约的双重作用下，运用市场机制和"中间性体制组织"机制两种方式实现的。与此相适应，在集群内部市场多采用"市场＋协调"融资方式，集群内的融资在集群融资中介（集群财务公司）的协调下由市场机制决定。不像行政机制方式下行政权威对融资有绝对影响那样，在集群内融资不易受企业集群组织或集

群融资中介（集群财务公司）意志的影响，完全在平等、互利、协商的基础上达成。

第二节　第二类集群融资新模式：准外源性间接融资模式

解决制约中小企业集群又好又快发展壮大的融资困境问题，除了创新内源性融资途径外，还要积极创新外源性融资途径，包括中小企业集群的准外源性间接融资模式和准外源性直接融资模式。其中的中小企业集群准外源性间接融资模式，如集群向银行或其他金融机构的关系融资模式、集群团体贷款模式、集群内社区银行融资模式、集群区域主办银行融资模式等。这些融资模式既不同于一般意义上的内源性融资，也不同于一般意义上的外源性融资；既不同于一般意义上的直接融资，也不同于一般意义上的间接融资。但偏重于"外源性融资+间接融资"，所以笔者称其为准外源性间接融资模式。

一、集群关系融资模式

中小企业集群向银行或其他金融机构的关系融资模式（简称集群关系融资模式）可以采取中小企业集群财务公司代理担保制融资的方式。集群财务公司代理担保制融资是中小企业集群关系融资模式的创新。集群财务公司代理担保制融资是一个准外源性融资性质的关系型融资模式。

1. 中小企业集群关系融资模式提出的背景

由于中小企业天然的规模小、资产少、风险大、信息不透明等先天劣势，以及银行的规模限制、所有制歧视、信贷配给等缺点的存在和我国中小企业融资管理体制的不健全，中小企业外源性融资就不能选择依靠"硬信息"的保持距离型融资战略，而应该选择依靠"软信息"的关系型融资战略。

纵览国内外有关关系型融资和中小企业集群融资的研究文献，基本上都从外生性角度分别独立地探讨中小企业关系融资优势和中小企业集群整体融资优势问题，而没有把二者结合起来联系地研究问题，从而没有从"外源性+内生性+内源性"（既根植于和服务于中小企业集群又能充分发挥其内源融资优势和外源性融资优势）的角度，提出一种既能充分发挥其内生性需求和外在化表现的有效组织载体，又能充分体现其关系融资优势和整体融资优势的融资新模式。

事实上，我国中小企业集群外源性融资，既在战略上采取了保持距离型融资模式而没有采取关系型融资模式，也在策略上仍然沿用单个企业融资的方式而没有充分发挥集群整体的融资优势。真正的原因是缺乏一个既能充分体现其内生性需求和外在化表现的组织载体，又能充分发挥关系融资优势和整体融资优势的融资模式。那么，如何创新一个这样的能够把二者很好的结合起来的组织载体和融资模式？

2. 中小企业集群关系融资模式的性质：集群财务公司代理担保制的关系型融资新模式

（1）中小企业集群内单个企业的关系型融资模式是一种次优选择。关系型融资作为一种全新的融资方式，自20世纪90年代以来，已经成为其他国家解决中小企业融资瓶颈的有效途径。关系型融资对解决我国中小企业融资难问题也有着十分重要的作用。因为在我国转型经济条件下，由于金融市场发育不成熟和财务制度不健全，金融机构更无法充分地以客观知识（硬信息）的形式判断本来就具有先天劣势的中小企业融资项目的盈利性和风险程度，而关系融资通过意会知识（软信息）的运用，对不能量化的信息进行加工分析，能够甄别出融资项目的优劣。如果中小企业集群内单个企业采取关系融资方式，有助于解决银企之间的信息不对称问题，增强银行的放贷意愿，提高企业的信贷可获得性，减少抵押要求，降低企业信贷成本。关系型融资也为贷款合约的相机处理留有余地，有助于隐含的长期缔约关系的形成，而且合作关系期限越长越有利于降低贷款利率。关系型融资还能使一些无法在短期盈利，但长期前景看好的项目获得资金。但是，群内单个企业采取的这种关系融资，与非集群中小企业采取的关系融资没有实质性的大的差异，中小企业集群的整体融资优势仍然不能充分发挥出来，因而，中小企业集群内单个企业的关系型融资模式［见图5-1（a）］虽然也有效而且可行，但不是最优的，而是一种次优选择。

（2）集群财务公司代理担保制是中小企业集群关系融资模式的创新。中小企业集群的融资优势不在于其单体优势而在于整体优势，这种优势需要通过一个中间性体制组织——集群财务公司，才能发挥出来。中小企业的外源性融资采取集群财务公司代理担保制是一种关系型融资的模式创新［见图5-1（b）］，它的创新之处在于把集群内单个企业的关系型融资转换成了集群整体的关系型融资（即由原来的N个关系型融资变成了1个关系型融资），集群财务公司在其中起了中间作用，对资金需求的群内单个企业起代理作用，而对资金供给的金融机构起担保作用。

（3）集群财务公司代理担保制是一个准外源性融资性质的关系型融资模式。集群财务公司作为一个体现"外源性＋内生性＋内源性"的为集群中小企业专门服务的非银行金融机构，在这里担当了一身兼二职的双重身份，它

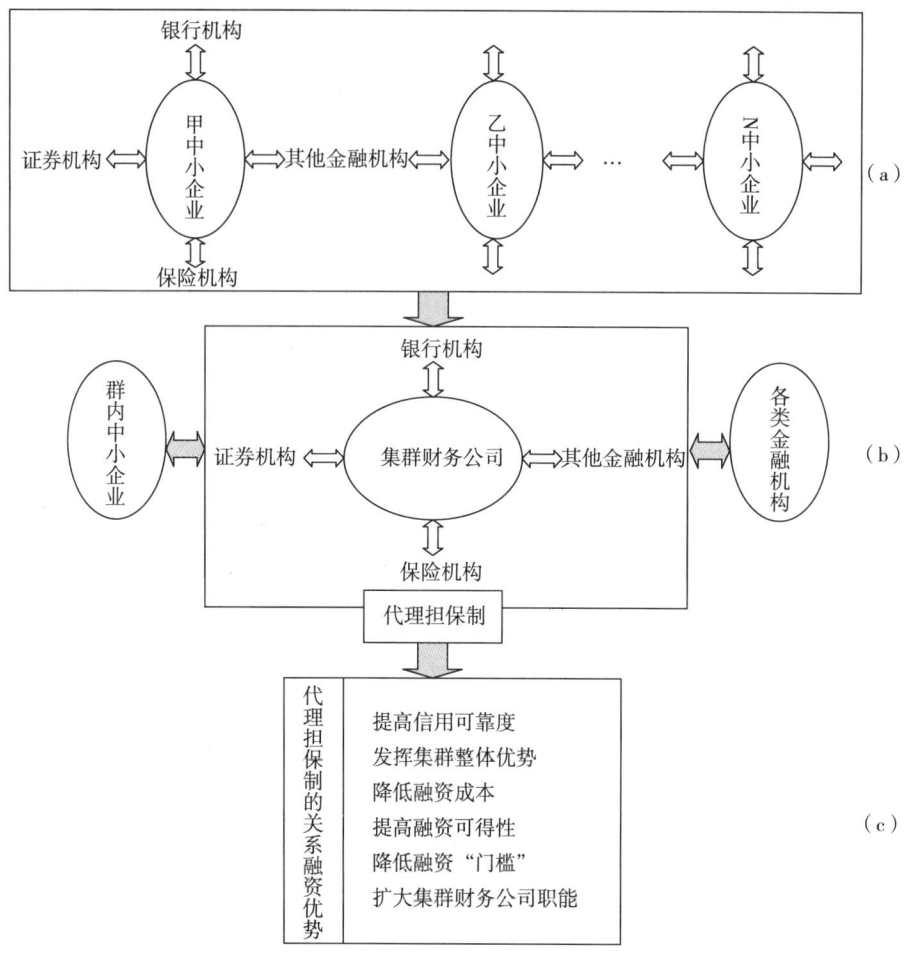

图 5-1 中小企业集群财务公司关系型融资模式创新模型

给集群内企业的融资也具有双重性质。一方面，集群财务公司给中小企业集群内企业提供的融资具有内源性融资的性质，但又不是纯粹意义上的内源性融资，因而称其为准内源性融资模式，这既不同于内源性融资模式，又不同于外源性融资模式，而是类似但又与内源性融资模式的第三种融资模式不相同，它主要发挥内源性融资的优势。另一方面，集群财务公司代理中小企业集群内企业从外获取的融资又具有外源性融资的性质，但也不是纯粹意义上的外源性融资，因而称其为准外源性融资模式，既不同于内源性融资模式，又不同于外源性融资模式，而是类似但与外源性融资模式的第四种融资模式不相同，它主要发挥外源性融资的优势。同时，集群财务公司通过这种准外源性的第四种融资模式与关系融资技术相结合又创新出一个第五种融资模式，便又能发挥关系型融资的优势。所以说，集群财务公司代理担保制是一个准外源性融资性质的关系型融资模式。

3. 中小企业集群关系融资模式的优势：集群财务公司代理担保制的关系型融资模式的效应分析

中小企业集群财务公司代理担保制的关系型融资模式的优势在于对融资交易的供给方（金融机构）、需求方（中小企业集群）、代理担保方（集群财务公司）等各方均产生多重效应［见图5-1（c）］。

（1）金融机构获得更高的信用度。中小企业集群相对于单一企业与市场具有较高的信用。中小企业集群的信用来自集群特有的属性：第一，高的社会资本。在群内，由于完整的产业链关系和地理的接近性，积累了深厚的社会资本，如蕴含在集群人际关系网络中的信任、规范和网络等。金融机构可以通过各种"软信息"了解审贷企业的资信状况。第二，重复博弈。企业集群特有的交易环境，改变了交易的博弈规则，迫使交易主体在多次重复交易中倾向于选择守信行为。而且随着企业集群的发展，会有越来越多的企业在同群内、群外企业交易时倾向于选择守信行为，企业集群的信用优势就逐渐显现。第三，集体理性。在企业集群内，企业的决策行为是直接相互影响的，一个企业在决策时就必须考虑对方的反应，而且还要兼顾暂时利润和长远利润。这时，企业的效用函数不仅取决于它自己的选择，而且依赖于其他企业的选择；企业的最优选择同时取决于其他企业的选择。在中小企业集群的环境下，群内企业良好的竞合关系、高透明度的信息、有效的声誉机制、企业的高折现率和较高的再次遭遇率使集群内企业实现了"集体理性"，更偏重于采取高信用高回报的行为，从而体现出企业集群融资的整体高信用度。而当集群财务公司作为集群企业整体的代表，以"集群区域品牌"作为担保，采取关系融资模式时，这种整体的高信用度变得更加强化。

（2）金融机构更加增强信贷优势。即使在保持距离型的融资模式下，中小企业集群可以使金融机构获得信贷优势：减少信息的不对称性、减少金融机构的信贷成本、降低金融机构的信贷风险和增加金融机构的收益。正如上述分析的当集群使金融机构信贷风险和交易成本降低、规模经济产生，自然就是金融机构的贷款利润增大；企业获得贷款后，资金周转产生乘数效应，地区经济高速增长，储蓄和投资不断增加，金融机构获得更多利润。

在集群财务公司代理担保制的关系融资模式下，金融机构可以获得更强的信贷优势。一方面，有集群财务公司作担保，这比中小企业间相互担保更可靠，从而解除了金融机构的后顾之忧。另一方面，在关系型融资下，金融机构能够通过集群财务公司发掘更多的中小企业内部真实信息。一般情况下,为避免暴露商业机密的可能,企业往往不愿意把自己的信息散布到金融市场中去,而金融机构通过与企业建立长期的信贷联系,充当长期的主要贷款人角色并希望企业保证回报率时,不会散布这些信息,企业就会向金融机构披露比在其他贷款关系下更多的私有信息。在代理担保制的关系融资模式下,这些信息的收集甄别工作是由根植于又服务于中小企业集群的集群财务公司承担的,金融机构无须支付初始贷款成本和后续服务成本,只需一个电话或一份 E-mail 就可以得到精简、有用、真实的信息,从而更加大大降低了信贷风险和贷款成本,提高了融资效率。

(3) 进一步提高集群中小企业的融资可得性。如果说单个中小企业采取关系型融资可以提高融资可得性的话,那么中小企业集群内的单个中小企业依靠集群"高的信用度"采取关系型融资,也可以提高融资可得性。据调查,浙江绍兴县纺织集群、大唐袜业集群和嵊州领带集群三个中小企业产业集群的银企关系型融资均具有一定的融资效率,94%的企业表示集群能够给融资带来很大的便利,其中 50%的企业认为其原因表现在易得银行贷款;26%的企业表示具有灵活信用期,18%的企业表示易得民间融资。而当中小企业集群由自己的财务公司出面担保并统一代理融资事务时,集群"高的信用度"的整体力量就能充分显示出来。在这里,对于金融机构来说,实际上是在双保险(关系融资解决了信息不对称问题、集群高的社会资本提高了企业的自律能力)的基础上,进一步强化了一重保险(集群"高的信用度"整体),起到了"三保险"的作用,这大大增加了金融机构向群内企业的放贷意愿,从而进一步提高了集群中小企业融资的可得性。

(4) 进一步降低集群中小企业的融资成本。单个中小企业采取关系型融资可以降低融资成本,而当中小企业集群采取集群财务公司代理担保制的关系融资时,能够进一步降低融资成本。如图 5-2 所示,横轴表示决策层次或信贷供给量,纵轴表示贷款交易成本(由决策所需的信息成本和由于决策层次的多寡所产生的执行成本两部分组成)。信息成本曲线随着决策层次的下移而趋于下降,表示决策层越接近企业及其业主,生产软信息的功能越强,决策时所耗费的信息成本就更低。但由于并非有无限的信息能获取,或信息能无限制地获取,信息成本的节约到一定程度就变得不明显,信息成本曲线变得更平缓,甚至与横轴平行。而执行成本则随着决策层次的增多而上升,这是由于决策链条越长,决策层次更复杂所致。因此,贷款的交易成本就是由信息成本曲线和执行成本曲线的交点所决定。由此:①在单个中小企业关系型融资模式下,最优决策点 N 决定的企业融资总成本为曲线总成本 N;②在

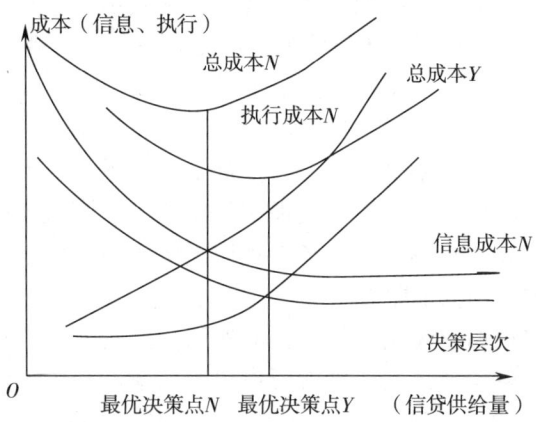

图 5-2 集群财务公司代理担保关系融资的成本

集群财务公司代理担保制的关系型融资模式下,利用基层经理和信贷员掌握更多的信息,可以起到降低信息成本的作用;赋予基层经理和信贷员更多的贷款决策权,就可缩短贷款的决策链条和层次,执行成本也会下降。因此总成本也随之降低,即信贷最优决策点 Y 也向右位移后,决定的企业融资总成本曲线下移至总成本 Y。可见,总成本 Y < 总成本 N,中小企业集群财务公司代理担保制的关系型融资在贷款交易成本上具有比较优势。

(5) 降低集群中小企业融资的"门槛"。通过集群财务公司代理担保制的关系型融资,实际上使金融机构与中小企业建立了长期的合作关系,对中小企业经营状况的了解程度逐渐加强,由此减少了银企间的信息不对称,不仅提高了融资信用度,降低了交易成本,改善了中小企业贷款的可得性,而且在中小企业没有增加额外成本的情况下,等于金融机构降低了贷款条件,有利于满足中小企业,尤其是长期贷款人的资金需求,并且扩大了中小企业的融资市场。

(6) 扩大集群财务公司的职能范围。集群财务公司作为一种正规金融组织安排,它不仅仅是对我国改革开放过程中,中小企业非正规金融组织安排的帕累托改进,更是从国有金融制度的产权扩展"挤出效应"向民营内生性金融制度"适应效应"转变的实质性创新。集群财务公司也作为一个内部金融机构,它构造了一个有别于外部金融市场(EFM)的中小企业集群融资的内部金融市场(IFM),它作为金融市场的一部分,其职能是为群内企业从事汇集和重新配置剩余资金、筹集资金、集中交易、监督管理、咨询、中介、担保等活动提供了一个场所。集群财务公司还作为一个产业金融机构。它是集群产业金融存在和发展的组织载体,其存在和发展的全部意义在于扶持和依托特定产业的发展。所以,集群财务公司作为一种综合型非银行金融机构。集群财务公司的职能定位不能仅仅囿于中国银监会发布的《企业集团财务公司管理办法》(2004)规定的财务管理服务,而应该是提供全面的内部金融服务,应具备且履行储蓄、融资、投资、投资银行、咨询顾问等多重职能。中小企业集群通过集群财务公司实行代理担保制的关系型融资时,又为集群财务公司扩展了担保、代理等职能,产生规模经济和范围经济效应,提高集群财务公司的经济效益和竞争能力。

由上述分析可以得出结论:第一,准外源性融资性质的集群财务公司代理担保制的关系型融资模式是一种融资模式的创新。它既不同于内源性融资模式(第一种融资模式)和外源性融资模式(第二种融资模式),也不同于准内源性融资模式(第三种融资模式)和准外源性融资模式(第四种融资模式),而是一种准外源性融资+关系型融资的第五种融资模式。第二,集群财务公司是中小企业集群融资的内生性需求和外在化表现的有效组织载体,而集群财务公司代理担保制则是体现其关系融资优势和整体融资优势的融资模式,这种融资模式对于融资交易的供给方、需求方、代理担保方等各方均有多重优势。第三,集群财务公司代理担保制的关系型融资模式是可行的。一方面产融结合模式已经被国内外的经验所证实,而且其发展的趋势是将现有财务公司改造为产业金融机构;另一方面关系型融资作为一种全新的融资方式已经成为其他国家解决中小企业融资瓶颈的有效途径。第四,集群财务公司作为综合性的非银行性金融机构,是整个金融体系不可分割的重要组成部分,而集群财务公司代理担保制的关系型融资模式是对企业融资方式的丰富和发展。第五,集群财务公司不仅具有组织先进性,而且与其他金融机构相比又具有竞争优势。第六,采用准外源性融资性质的集群财务公司代理担保制的关系型融资模式是解决我国中小企业集群融资难的又一条有效途径。

二、集群"组团"融资模式

中小企业集群"组团"融资模式(简称集群"组团"融资模式)是一种有利于实现中小企业集群融资优势从理论到现实传导的集群整体融资解决方案,是一种中小企业融资模式的创新。

1. 中小企业集群"组团"融资模式的原生界定

(1)中小企业集群"组团"融资。中小企业集群"组团"融资,是中小企业集群内一组企业把各自的资金需求集合起来向金融机构进行批量融资的行为与过程。具体是指中小企业集群内核心企业牵头组建中小企业集群财务公司（简称集群财务公司），并由集群财务公司汇集中小企业的贷款申请，将这些贷款申请组团之后，向集群外金融机构申请贷款，再由集群财务公司将所融得的资金在集群内部分配的过程。融资团体内的成员承担各自的债务责任，相互之间不承担连带责任，由集群财务公司为融资团体的贷款提供担保。

（2）中小企业集群"组团"融资模式。中小企业集群"组团"融资模式，是一种集群整体融资解决方案，是集群内若干中小企业根据自身的生产经营状况、资金需求和未来发展前景，通过集群财务公司，采用多种融资方式，从一定的渠道批量筹集资金和分配资金以及正确处理各方面关系的一种综合性融资形式。设计该模式的基本思想是要充分利用集群整体融资的优势，实现金融机构对集群内中小企业提供低风险、高效率贷款，提高集群内中小企业贷款的可获得性。中小企业集群"组团"融资模式的主体包括集群内中小企业、集群财务公司和集群外金融机构三部分，集群内中小企业通过集群财务公司实现与集群外金融机构的业务往来。

（3）主角地位的中小企业集群财务公司。集群财务公司是中小企业集群"组团"融资模式的关键组织。集群财务公司产生是源于集群的需求，是内生于中小企业集群，由集群自行发起建立的中间性组织，既能服务于内部集群又能利用外部资源。它既不是传统意义上的市场组织，也不是传统意义上的企业组织，而是新制度经济学意义上的网络组织。

集群财务公司应视为正规金融组织安排，是对中小企业非正规金融组织安排的帕累托改进，是构建民营内生性金融制度的创新。集群财务公司依托集群支柱产业建立，是内部金融机构，它构建了集群内部中小企业融资的金融市场，是金融市场的一部分，因此集群财务公司可以吸收集群企业闲散资金、重新合理配置资金资源、为集群内中小企业提供担保、咨询、中介等服务。集群财务公司应该是一个产业金融机构，以扶持集群产业发展作为其存在和发展的意义。集群财务公司对外代表着整个集群的区域品牌，在与群外金融机构发生业务往来时是集群企业的融资"代言人"，在中小企业集群组团融资过程中，集群财务公司负责将集群内中小企业的融资需求整合并组团向群外金融机构申请贷款，并为贷款中小企业提供担保。集群财务公司的产生将有利于实现产业、金融、企业的良性互动。

2. 中小企业集群"组团"融资模式的基本架构

（1）中小企业集群"组团"融资模式系统。在中小企业集群"组团"融资模式的三类主体集群内中小企业、集群财务公司和集群外金融机构中，集群财务公司仅为集群内部中小企业服务，集群外金融机构主要是指银行机构，由于产业集群具有明显的区域性,因此相对于大型国有银行、城市商业银行等地方性银行更了解产业集群的情况,因而更适合为集群服务。

中小企业集群"组团"融资包括两方面内容:集群准内源性融资和集群外源性融资。集群准内源性融资是指将集群内部闲散资金聚集到集群财务公司,通过集群财务公司将资金分配给集群内有资金需求的企业。集群外源性融资指集群财务公司汇集集群内中小企业资金需求,并组团向群外金融机构申请贷款,再将所获得的资金在集群内部分配的过程。集群内中小企业在进行外源性融资时不直接与集群外金融机构发生业务联系,而是将贷款申请提交给集群财务公司,由集群财务公司为集群内中小企业提供贷款担保之后向集群外金融机构申请贷款。集群外金融机构也不直接将贷款发放给集群内中小企业,而是将资金提供给集群财务公司,由集群财务公司将资金在集群内部分配。之所以称为"组团"融资,是因为集群财务公司汇集中小企业的贷款申请之后,并非单独一笔笔向集群外金融机构申请贷款,而是将这些贷款申请"组团"之后向集群外金融机构申请贷款。中小企业集群"组团"融资模式使集群内中小企业、集群财务公司和集群外金融机构三者紧密联系,互利互惠,形成稳定的融资生态系统。该模式的组织结构如图5-3所示。

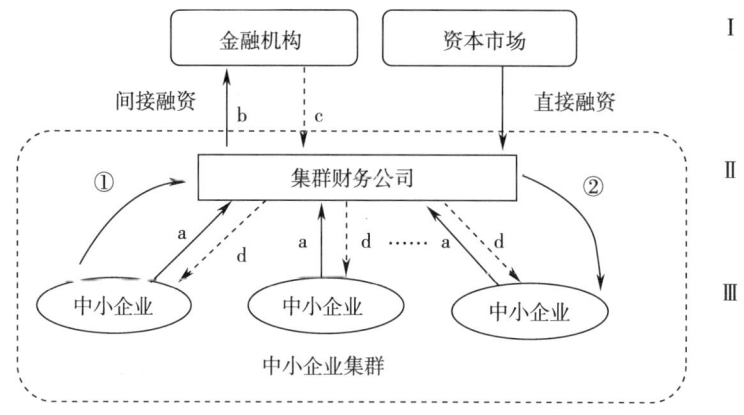

图5-3 中小企业集群"组团"融资模式框架图

(2)中小企业集群"组团"融资模式层次。中小企业集群"组团"融资模式包括三个层级。第Ⅰ层是金融机构和资本市场,它们是集群外部融资的主要资金供给者,通过第Ⅱ层与集群发生业务联系;第Ⅱ层是集群财务公司,是联系群内企业与群外金融机构的中间性组织;第Ⅲ层是集群内各个中小企业，是融资主体。第Ⅰ层在集群外部，第Ⅱ、Ⅲ两层在集群内部。步骤①、②是集群的准内源性融资过程，集群内部融资在第Ⅱ、Ⅲ之间实现；步骤a、b、c、d是集群外部融资过程，通过第Ⅱ层的集群财务公司实现集群内部和集群外部的联系。

3. 中小企业集群"组团"融资模式的独具特点

(1) "准内源性"融资与"外源性"融资并存。第一，准内源性融资。集群的准内源性融资依赖集群财务公司而实现，集群内的资金首先汇集到集群财务公司，由集群财务公司将这些闲散资金进行重新配置。集群财务公司的资金来源于群内核心企业以及来自群内其他有闲余资金的中小企业，企业与企业之间虽然具有产业关联性，但是相互之间是独立运行的法人，资金在单个企业内部流转是无偿的，但融资资金在集群内部（企业与企业之间）流转并不是无偿使用的。因此，这并不是传统意义上的内源性融资，而是准内源性融资。相比外源性融资，融资资金在集群内部的流转又具有显著的内部性和便利性，因此集群内企业与企业之间的融资是准内源性的融资方式。

第二，外源性融资。中小企业集群内部资金量有限，集群内中小企业的融资需求仅仅依靠内源性融资是远远不能满足的，而且仅仅依靠内源性融资产业集群的发展空间是有限的，因此中小企业集群融资主要依赖外源性融资。中小企业集群"组团"融资模式的提出主要也是为了提高集群内中小企业外源性融资的效率。集群外源性融资是将集群作为一个整体向外部金融机构筹集资金的一个过程。它集合整个集群的力量与资金提供者进行谈判、交易，不但提高了集群中小企业在融资过程中的地位，而且增强了集群外部银行金融机构以及风险投资机构对投资该产业集群的信心；不仅会提高集群内中小企业间接融资的成功率，而且将为集群企业赢得直接融资的机会。

中小企业集群"组团"融资模式是准内源性融资和外源性融资并存与融合的融资模式，尤其是准内源性融资实现了中小企业资金在集群内的低风险有效流转，实现了资金的内循环；该模式的外源性融资机制，将显著提高集群企业的融资成功率，改善资金的外循环环境。

(2) 具备"关系型"借贷的特征。由于集群内中小企业财务制度不完善，而且无法提供足额的抵押品和担保。集群财务公司在作出信贷决策时，往往是依靠对长期积累的有关企业的"软信息"分析来决定是否提供贷款、贷款额度、期限以及是否提供担保、担保额度等，符合关系型借贷的特征。集群中众多中小企业围绕核心产业生产经营，每个企业在产业链上的位置很明确，并且在某一时期内较为稳定，产业集群内中小企业地理接近、产业相关，企业之间的相互合作也很频繁，同时集群内企业家之间因人缘、地缘、血缘关系而形成复杂的社会资本网络，集群内部信息传播速度较快，集群财务公司很容易获得与集群内企业相关的信息。这不仅可以解决银行与中小企业之间的信息不对称问题，而且集群的集体力量打消了银行对中小企业贷款"规模歧视"的顾虑。

4. 中小企业集群"组团"融资模式的运作机制

（1）中小企业集群准内源性融资机制。中小企业集群准内源性融资能部分满足集群内中小企业的短期、小额的信贷需求。集群准内源性融资是集群财务公司发挥金融机构储蓄功能，在集群范围内吸收中小企业存款，如图5-3所示，步骤①代表集群财务公司吸收中小企业存款的过程。集群内中小企业向集群财务公司递交贷款申请，集群财务公司对申请者的基本状况进行分析之后做出信贷决策，决定是否放贷以及贷款的额度和期限，由于集群财务公司比外部金融机构更熟悉集群的生产经营情况，有关企业的运行方面的信息也更容易获得，因此集群财务公司的信贷审批时间更短，申请者能在较短时间内获得贷款，而且集群财务公司的贷款风险也较低，步骤②是集群财务公司将贷款发放给企业的过程。

由于这类贷款一般额度较低而且期限较短，信贷风险相对较小，因此财务公司对此笔贷款的其他限制并不多，中小企业可以灵活运用这笔资金。中小企业对资金的需求具有短、频、快的特点，集群的准内源性融资机制正好符合中小企业的要求。

中小企业集群准内源性融资机制，显著提高集群内部资金的利用率，加快群内资金的周转。原始的集群企业间借贷如图5-4所示，借款企业与出资企业需要两两沟通，若借款企业需要的额度只通过一家企业借款并不能满足，就需要再联系其他企业，而企业与企业的熟悉程度不一致，可能导致企业间借贷受阻。引入集群财务公司后，企业与企业不发生直接债务关系，有闲余资金的企业将资金存入集群财务公司，有资金需求的企业，向集群财务公司申请贷款，企业间的借贷通过集群财务公司间接完成（如图5-5所示）。集群准内源性融资机制的顺利运作，能使民间借贷这种非正规金融逐步过渡到集群财务公司制的正规金融，有利于规范金融市场秩序，既保障资金供给者的资金安全，又能降低资金需求者的融资成本。

（2）中小企业集群外源性融资机制。中小企业集群外源性融资是中小企业集群"组团"融资模式的核心内容。集群内中小企业在引进先进技术、设备，升级生产工艺以及扩大生产规模等情况下需要大量的资金投入，这样仅依靠集群内部资金显然不能满足企业的需求，需要集群外部的资金供给。

第五章 中小企业集群融资的新模式（一）：静态的理论视角

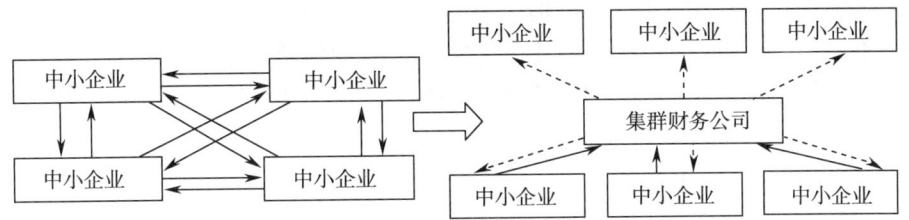

图 5-4 原始集群内部企业间借贷　　图 5-5 引入集群财务后集群内部企业间借贷

中小企业集群内中小企业向集群财务公司递交贷款申请，如图 5-3 中的步骤 a 即代表这一过程。中小企业集群"组团"融资模式中的集群外源性融资方面，集群财务公司执行的是代理担保的职能。集群财务公司将这些零散的贷款申请汇集在一起，首先利用所收集的信息，按照"公平、公开、公正、客观"的原则对这些贷款申请做初步的筛选，决定是否为某一笔贷款做担保，以及确定担保的额度等，然后将通过筛选的贷款需求统一"组团"，向群外金融机构申请贷款，如图 5-3 中的步骤 b 即代表集群财务公司将企业融资需求"组团"向群外金融机构申请贷款的过程。

中小企业集群财务公司把融资申请提交给群外金融机构后，群外金融机构需要对这一份申请做出评估。由代表整个中小企业集群的集群财务公司为贷款做担保，解决了中小企业抵押担保不足的问题。此外，群外金融机构不需要逐一调查集群内的各个企业的情况，只需对整个产业集群的发展现状以及前景做出判断，而了解一个产业集群的情况远比了解一个企业的情况容易得多，避免了企业与金融机构的信息不对称而导致的金融机构对中小企业惜贷的情况。金融机构在审批之后将贷款发放给集群财务公司，如图 5-3 的步骤 c 即代表这一过程。集群财务公司在收到金融机构的贷款后，将这些贷款在集群内部进行分配，如图 5-3 的 d 即代表这一过程，集群财务公司为集群内中小企业提供融资担保，中小企业各自对自身的债务负责，"组团"成员间不承担连带责任。图 5-3 的步骤 a、b、c、d 代表了集群外源性融资下间接融资的过程。

中小企业集群"组团"融资模式中的外源性融资，是以集群整体向集群外金融机构申请贷款，改变了以往中小企业直接向金融机构申请贷款的方式。传统的外源性融资，中小企业单独直接向金融机构融资，中小企业需要自行寻找外部担保机构为贷款做担保，金融机构需要逐一为申请企业处理贷款业务，如图 5-6（A）。引入集群财务公司后，集群内中小企业在进行外源性融资时，只需向集群财务公司提交贷款申请，由集群财务公司将资金需求"组团"并担保,向集群外金融机构申请贷款,如5-6(B)所示。至此,金融机构无须再逐一处理企业贷款业务,实现了批量信贷,中小企业通过集群财务公司"组团"向金融机构申请贷款,将显著提高中小企业贷款可获得性。

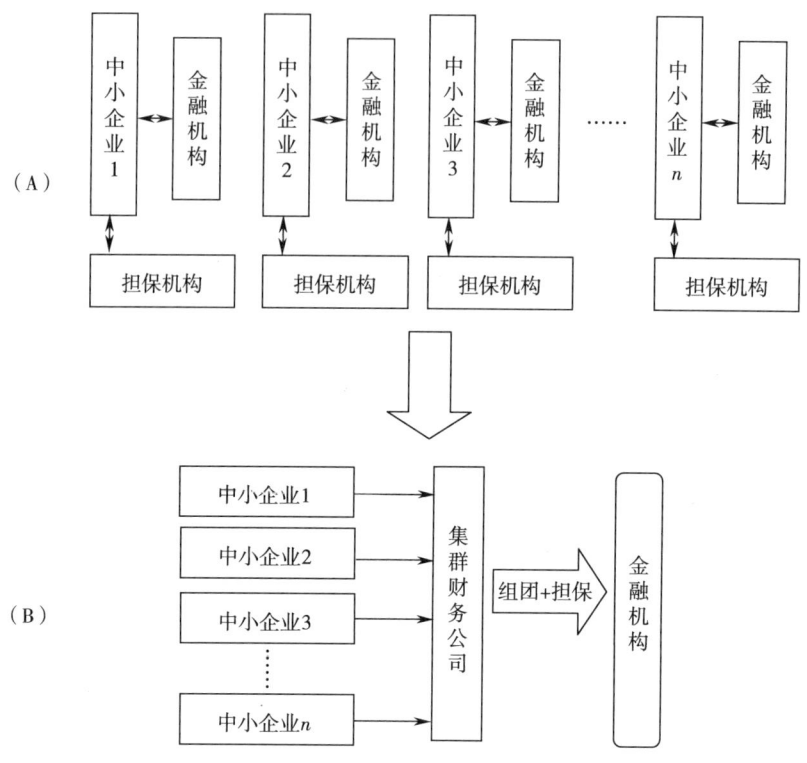

图5-6 "外源性"融资模式由单个到集群式的改进

随着中小企业集群影响力的提升,可能还会吸引群外的风险投资机构、风险投资基金对集群内的项目做直接投资,集群整体发债、整体上市等直接融资都有可能实现。

由上可见,中小企业集群"组团"融资模式是一种融资模式的创新,是对中小企业集群融资方式的丰富和发展。中小企业现实的融资状况与理论研究结果相违背,是因为现实中缺乏一种相应的融资机制来适应产业集群这一特殊的环境,以便将集群融资的理论优势转化为现实优势。而中小企业集群"组团"融资模式正是这样一种补缺性融资模式,它发挥了集群整体融资优势,又内生于产业集群;既实现了集群的准内源性融资,又实现了集群高效的外源性融资。这种模式的成功运作,将促进集群资金的内部流动以及增加集群资金的外部供给,显著提高中小企业融资的可获得性,降低金融机构授信风险和交易成本,提高金融贷款收益率。这不仅是解决中小企业融资难题的又一有效途径,还将有将助于实现金融机构与集群的良性互动和双赢成长,推动区域经济的发展。

第三节 第三类集群融资新模式:准外源性股权直接融资模式

中小企业集群准外源性直接融资模式又包括中小企业集群的准外源性股权直接融资模式和准外源性债权直接融资模式两种。本节主要探讨中小企业集群的准外源性股权直接融资模式,如集群风险投资融资模式和集群境外融资模式等。

一、集群风险投资融资模式

从中小企业集群融资和风险投资交集的角度,探讨的中小企业集群风险投资融资模式,将是一种沟通集群中小企业和风险投资、促进中小企业集群融资的理论优势向现实优势转化、促进我国风险投资孵化器向高形态发展的新融资模式。

1. 中小企业集群风险投资融资模式的构设
(1) 中小企业集群风险投资融资模式的基本轮廓。
① 中小企业集群风险投资融资模式的界定。中小企业集群风险投资融资,是指中小企业集群财务公司将集群内企业的风险投资融资需求组合起来,向群内各企业或各类投资家进行融资的行为与过程。具体是指集群内核心企业牵头组建集群财务公司,并由集群财务公司汇集集群内中小企业的风险投资融资需求,发起中小企业集群风险投资基金,向群内外投资者进行融资,再由中小企业集群风险投资管理人将所融得的资金在集群内部分配的过程。集群内中小企业相互独立,集群财务公司和中小企业集群风险投资基金对风险企业进行监督和相应管理。

而中小企业集群风险投资融资模式,是一种集群 VC 融资整体解决方案。是集群内若干中小企业根据自身的生产经营状况、资金需求和未来发展前景,将所需风险投资融资额上报集群财务公司,集群财务公司利用自身优势和政府扶持,发起中小企业集群风险投资基金,并进行资金筹集和分配以及正确处理各方面关系的一种综合性融资形式。设计该模式的基本思路是充分利用集群整体融资优势,实现集群内外部投资者对集群内中小企业投资的低风险,提高集群内中小企业的资金获得性。集群内中小企业通过集群财务公司实现与集群外金融机构的业务来往，集群财务公司沟通了集群内部资本市场和集群外部资本市场，也极大地加强了集群内部资本的流动性。

② 中小企业集群风险投资融资模式的主体。中小企业集群风险投资融资模式的主体主要包括中小企业集群财务公司、集群内中小企业、集群外 VC 投资者和政府。

集群财务公司是中小企业集群风险投资融资模式的关键组织。集群财务公司产生是源于集群的需求，是内生于集群，由集群自发建立的中间性组织，它不仅仅能服务于集群内部企业，又能更好的获得外部资源。集群财务公司既不是传统意义的企业组织，也不是传统意义的市场组织，而是新制度经济学意义上的网络组织。其实质是内生于集群的孵化器，为在孵企业提供孵化场地和设施、基础性物业服务、科技服务、咨询服务、培训服务的同时，不断深入其他孵化功能，其中投融资服务是集群财务公司的一项重要内容。在中小企业集群风险投资融资模式中，集群财务公司利用自身优势，整合集群内在孵企业的融资需求，发起集群风险投资基金，向集群外部投资者进行融资，同时吸收集群内闲散资金，再投资给在孵企业，并对其进行监督和管理，促使中小企业更好的成长。集群财务公司应视为正规的金融组织安排，是对中小企业非正规金融组织安排的帕累托改进，是构建民营内生性金融制度的创新。集群财务公司对外代表着整个集群的"区域品牌"，在与群外投资者发生业务往来时是集群企业的融资"代言人"。

在中小企业集群风险投资融资模式中，集群内中小企业一方面是融资需求者，另一方面有闲置资金的集群内中小企业也是集群风险投资基金的投资者。中小企业集群风险投资基金发起的目的就是解决集群内中小企业的风险投资融资需求。

集群外投资者包括的范围比较广。一般来说，随着管理条件、金融市场环境的变化，集群风险投资基金的来源也有所不同，即投资者根据经济环境变化会有所不同，但一般包括养老基金、保险公司、商业银行、投资银行、富有的个人及家族、大公司、大学捐赠基金及科研机构等。

政府在中小企业集群风险投资融资模式中，主要起到资金引导和监管的作用。由于我国资本市场制度发展落后，关于风险投资基金的相关政策并不完善，在集群风险投资基金的发起和运行过程中，会遇到诸多问题，必须要有政府的监管，才能使集群风险投资基金良好运行。风险投资者往往因为中小企业风险过大而放弃投资，但单靠政府自身资金极其有限，所以政府要采用诱导性投资政策，带动私人风险投资来解决中小企业风险投资融资缺口问题。

③ 中小企业集群风险投资融资模式的框架。中小企业集群风险投资融资模式主要包括四个阶段，如图5-7所示。第一阶段是集群融资需求的汇集。集群财务公司汇集集群内中小企业风险投资融资需求，将这些融资需求进行整合，在图5-7中处于①的位置。第二阶段是集群风险投资基金的发起。集群财务公司发起成立集群风险投资基金。由于集群发展与区域经济息息相关，集群财务公司相对容易获得政府支持。一方面，我国资本市场发展滞后，关于风险投资基金的政策并不完善，在发起的各个环节向当地政府寻求支持，加快风险投资基金的筹备工作进度；另一方面，集群财务公司可以向政府申请引导资金，以获得资金扶持和减少集群风险投资基金发起面临的阻力。在图5-7中处于②的位置。第三阶段是集群风险投资基金的资金募集。集群风险投资融资模式能实现的关键在于能完成集群风险投资基金的资金募集，资金的募集分为集群内风险投资融资模式（即准外源性VC融资，本书称为直投模式）和集群内外结合的风险投资融资模式（即准外源性VC融资，本书称为联投模式）。在图5-7中分别处于④和③的位置。第四阶段是对集群内中小企业进行投资。投资的成功与否直接关系到集群财务公司未来能否成功发行新的集群风险投资基金和集群财务公司能否成功树立"区域品牌"。在图5-7中处于⑤的位置。

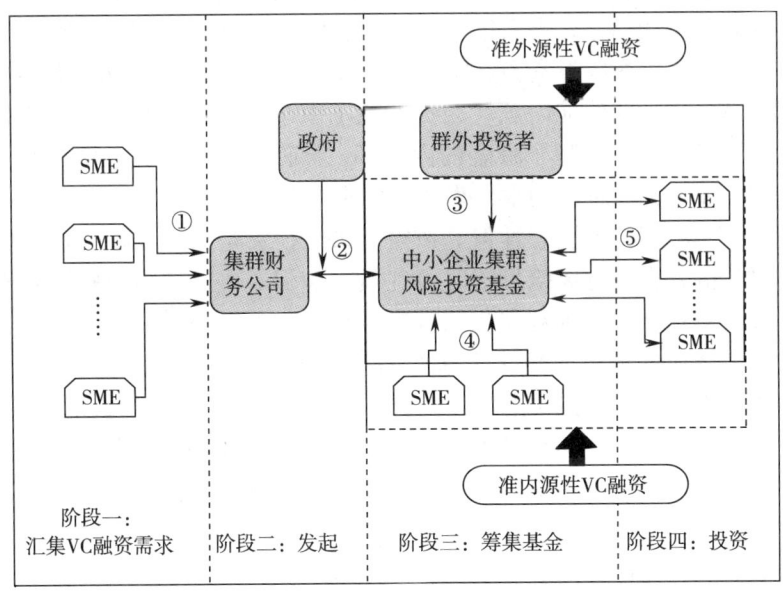

图5-7 中小企业集群风险投资融资模式框架图

④ 中小企业集群风险投资融资模式的特点。第一，准内源性 VC 融资与准外源性 VC 融资并存。集群的准内源性 VC 融资依赖集群财务公司而实现，集群内的资金首先以 VC 投资基金形式汇集到集群财务公司，由集群财务公司将这些闲散资金进行重新配置。集群财务公司的资金来源于群内核心企业以及来自群内其他有闲余资金的中小企业，企业与企业之间虽然具有产业关联性但是相互之间是独立运行的法人，资金在单个企业内部流转是无偿的，但融资资金在集群内部（企业与企业之间）流转并不是无偿使用的。因此，并不是传统意义上的内源性融资，而是准内源性融资。相比外源性融资，融资资金在集群内部的流转又具有显著的内部性和便利性，资金富余的企业可以更好地把握自己投资方向。因此，集群内企业与企业之间的 VC 融资是准内源性的融资方式。

但是中小企业集群内部资金量有限，集群内中小企业的融资需求仅仅依靠内源融资，中小企业集群是远远不能满足的，而且仅仅依靠内源性融资企业集群的发展空间是有限的，因此中小企业集群融资主要依赖外源性融资。中小企业集群 VC 融资模式的提出主要也是为了提高集群内中小企业外源性融资的效率。集群外源性 VC 融资是将集群作为一个整体向外部机构及个人筹集资金的一个过程。它集合整个集群的力量与资金提供者进行谈判、交易，不但提高了集群中小企业在融资过程中的地位，而且增强了集群外部机构及个人对该企业集群的信心，提高集群内中小企业 VC 融资的成功率。

中小企业集群风险投资融资模式是准内源性 VC 融资和准外源性 VC 融资并存的融资模式，它使准内源性融资实现了中小企业资金在集群内的相对较低风险的有效流转，实现了资金的内循环；该模式的外源性融资机制，将显著提高集群企业的融资成功率，改善资金的外循环环境。

第二，集群风险投资理性偏好风险。风险投资是通过风险企业的成长达到资本增值的，在进行风险投资时往往没有担保。由于风险投资没有担保和抵押，投资对象往往是刚刚起步的具有增长潜力的中小企业，不确定因素很多。此外，企业的成果要转化为新产品，中间要经过技术研究、产品试制、中间试验、上市销售和扩大生产等多个环节，每个环节都有极大的失败风险。可见，风险投资对象是具有极大风险的，风险投资是一种非常积极的投资活动，似乎有些铤而走险的味道，但事实上风险投资并不是一种消极的赌博，风险投资家并不是非理性的偏好风险，反而风险投资家在进行决策时，每一步都小心翼翼。在针对特定中小企业进行风险投资决策中风险投资家极其看重企业家素质、企业目前状况和发展前途，但是由于信息不对称，加上中小企业的规模不经济，项目筛选成本和后期管理成本与收益不对称，中小企业进行风险投资融资门槛很高,向集群外投资者进行风险投资融资更是难上加难。在中小企业集群中,企业之间的接触相当频繁,集群内部信息在集群内中小企业的传播速度相对较快,集群财务公司相比其他外部机构更容易获得与集群内企业的真实信息,可以降低信息甄别成本,在做出投资决策时,长期积累的集群内企业的"软信息"可以起到关键作用。另一方面,集群财务公司作为内生于集群的组织,在后期对风险企业监督和管理过程中,监督成本更低并能更好地给风险企业进行管理方面的指导。因此风险投资会利用集群财务公司在集群的优势降低投资风险。

第三,集群风险投资以高新技术导向为主。世界各国和地区科技发展历程表明,建立在对传统投融资机制进行重大创新基础上的风险投资机制是促进高新技术发展的一个最有效和必然途径。一个完善健全的风险投资机制在促进高新技术成果的商品化、市场化,以及推动受资企业的发展起到了重要的"孵化器"作用,进而对科技起到了"推进器"作用。一方面,相对于传统投融资机制,风险投资在产生之初就与高新技术的发展有着天然的共生关系,传统投融资机制难以为高新技术企业提供适合其融资特点的资金支持,风险投资是高新技术发展的必然选择;另一方面,高新技术企业的成功或高新技术的产业化为风险投资资金带来巨额的回报。可见风险投资与高新技术有着不可分割的天然联系。另外,国家也提出了自主创新的发展战略,加快建设创新型国家,区域在发展过程中,只有不断加强区域内的高新技术发展才能保持区域的持续发展。所以,不管是从风险投资本身的增值需求还是从带动区域发展上,集群风险投资都主要以高新技术为导向。

(2)中小企业集群风险投资融资模式的具体形态。

中小企业集群风险投资融资模式主要包括两种具体形态,第一种是中小企业集群内的风险投资融资模式——直投模式;第二种是中小企业集群内外结合的风险投资融资模式——联投模式。

① 集群内的风险投资融资模式——直投模式。中小企业集群内风险投资融资模式即直投模式是指集群财务公司将集群内零散的风险投资资金汇集起来,通过集群风险投资基金投资到集群内中小企业中去。实际上,这是一种集群准内源性融资[①],其资金来源于集群内部,主要利用集群财务公司的风险

---

① 准内源性是相对于内源性与外源性而言的,处于两者之间,因为集群财务公司与群内中小企业均是独立法人,所以这种融资不能像企业内源性融资一样无偿使用,但与外源性融资相比又具有内部性和便利性的特点。

投资专业特长，降低项目筛选成本和提高投资项目质量，并且利用集群财务公司的管理技能，加快企业发展，提高投资项目收益。其示意图如图5-8所示，其VC运作环节基本在集群内部完成，该模式能够满足集群内中小企业的风险投资融资部分需求，并能提高集群内部资本市场的流动性，提高集群内部资本市场资金利用率，有利于非正规金融向正规金融转化。

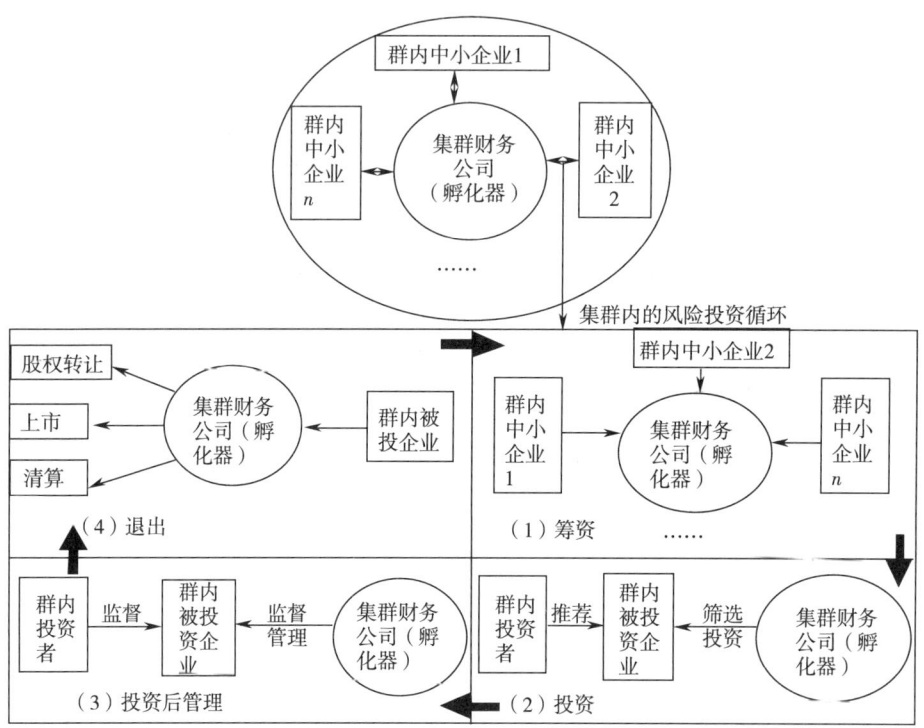

图5-8　中小企业集群内的风险投资融资模式（直投模式）流程图

②集群内外结合的风险投资融资模式——联投模式。集群中小企业往往需要大笔资金投资于研发、技术创新和产品推广等，但从集群内部募集资金难以完全满足中小企业资金需求，如果仅仅从内部进行融资难以实现集群风险投资基金的持续发展，必须要提高集群的外部融资能力，才能真正解决集群中小企业的风险投资融资需求。中小企业集群内外结合的风险投资融资模式即联投模式就是面向集群外部风险投资者，资金来源于集群外部的融资模式，其示意图如图5-9所示。这里的集群外部的风险投资者众多，诸如专业

机构风险投资家、科研机构、金融机构、个人投资者、各类基金、政府及群外非金融企业等。相比直投模式中集群内风险投资者利用集群财务公司的专业技能,而将资金汇集到集群风险投资基金中,联投模式主要依靠集群财务公司这一中介组织的优势,汇集广泛而众多的集群外社会闲散资金用于集群内企业的风险投资,并可以更好地利用约束机制、监督机制和声誉机制控制风险。

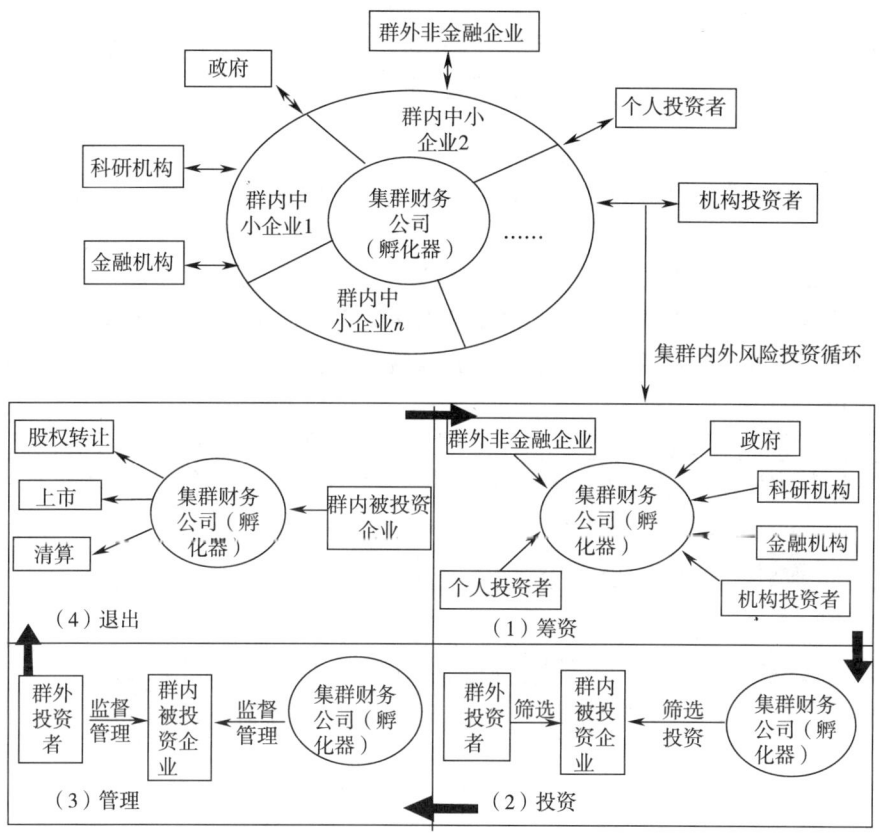

图 5-9 中小企业集群内外结合的风险投资融资模式（联投模式）流程图

③ 两种模式的区别。中小企业集群风险投资融资模式的两种具体形态,由于资金来源不同,其利用集群财务公司发起中小企业集群风险投资基金的出发点相同但路径不同,两种模式对集群的影响也不同,具体区别见表 5-1。

表 5-1　中小企业集群风险投资融资模式两种形态的区别

区别＼模式	直投模式	联投模式
资金来源	集群内部	集群外部
集群财务公司（集群风险投资基金）主要优势	集群财务公司的风险投资专业技能优势，集群风险投资基金的风险分散效应	集群财务公司在信息收集、监管约束和声誉机制利用等方面的优势
作用	提高集群内部资本利用率，拓宽集群内剩余资金的投资渠道	提高集群整体外部融资能力

2. 中小企业集群风险投资融资模式的运作机制

中小企业集群风险投资融资模式的顺利运转需要处理好诸多环节（如图 5-10 所示），其中筹资环节和投资环节的风险评控环节最为关键。能否顺利筹资是模式实现的基础，如果不能完成筹资，其他部分无从谈起。投资环节的风险评估和控制关系着中小企业集群风险投资基金能否实现收益与能否持续发展。因此，集群财务公司必须要充分做好集群 VC 基金的资金筹集和风险的评控。

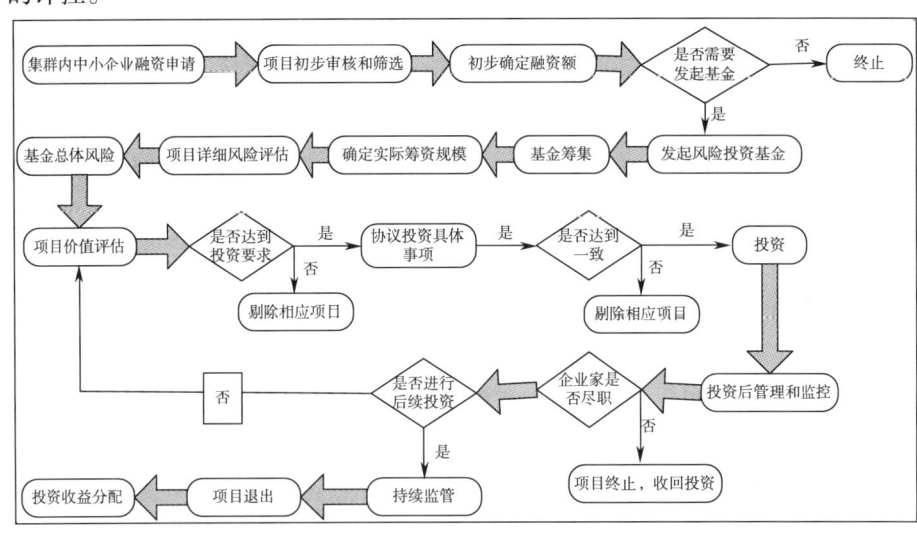

图 5-10　中小企业集群风险投资融资模式运作流程图

（1）筹资机制。

① 集群内的风险投资融资模式（直投模式）的筹资机制。集群内风险投

资融资模式资金主要来源于集群内中小企业的民营资本。目前民营风险投资行业的高度信息不对称、资金零散以及缺乏专业投资技术，使得民营资本困难重重，顾虑太多，使很大一部分民间资本处于闲置状态，带来了巨大的资源浪费，这些闲置的民营资本急需找到新的投资渠道，提高资本利用率。集群内风险投资模式可以一定程度上解决这些问题，拓宽集群内民营风险投资资本的投资渠道。

集群内风险投资融资模式中集群财务公司作为投融资金融机构，在集群范围内汇集风险投资资金，如图 5-7 所示，步骤④代表集群财务公司通过设立集群风险投资基金的方式吸收集群内风险投资资金的过程。集群内中小企业向集群财务公司递交风险投资融资申请，集群财务公司对申请者进行各项分析之后做出投资决策，决定相关投资细节。由于集群财务公司更为熟悉集群的生产经营情况，并且有着一般企业所在风险投资方面所无法比拟的专业优势，因此集群财务公司在风险评估、项目决策和投资后管理上更具优势。

风险投资一般投向增长潜力极高的企业，但符合这种条件的企业并不多。一般情况下，集群内企业有剩余资金，要进行风险投资项目的筛选成本非常高。假设群内有 n 个企业有风险投资融资意向，有意愿提供风险投资资金的企业数为 N，有 $N<n$，单个企业想进行风险投资，其企业筛选次数为 n，N 个企业分别进行风险投资的企业筛选次数为 $(N\times n)$，如图 5-11 所示。但在集群内风险投资融资模式下，群内企业风险投资汇集到具有信息和专业优势的集群财务公司，由集群财务公司进行风险投资，集群财务公司需要进行的企业筛选次数为 n，如图 5-12 所示，此外，集群内风险投资融资模式下，除

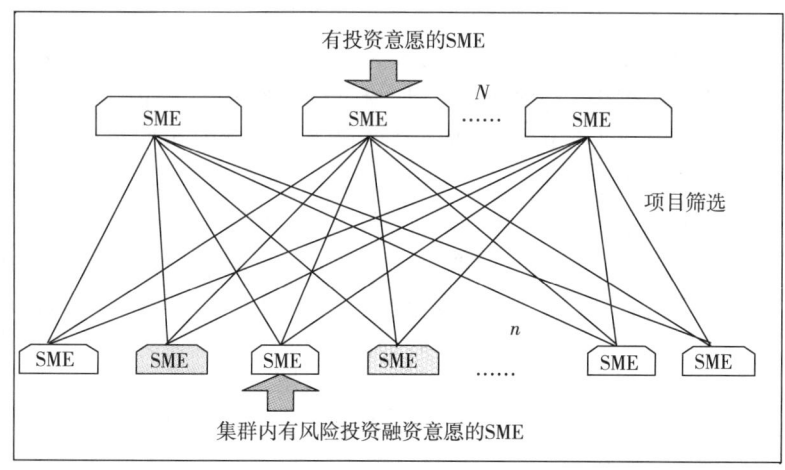

图 5-11　传统集群企业间风险投资项目筛选

非集群风险投资基金募集金额超过所收到的风险投资融资额,否则集群财务公司只需对向其提出风险投资融资需求的企业进行筛选,即筛选次数小于 n。可见,集群内风险投资融资模式下,显著加快了集群内资金的周转,提高集群内部资金的利用率,也利用集群财务公司的信息优势和专业优势降低了项目筛选成本,提高了项目决策质量。集群准内源性融资过程顺利运行,使非正规金融的中小企业集群的金融公司向正规金融过渡,有利于规范金融秩序。但它的缺点是资金的供给可能受到更多限制,在集群内部资本市场融资量小,很难满足有众多融资需求的集群。

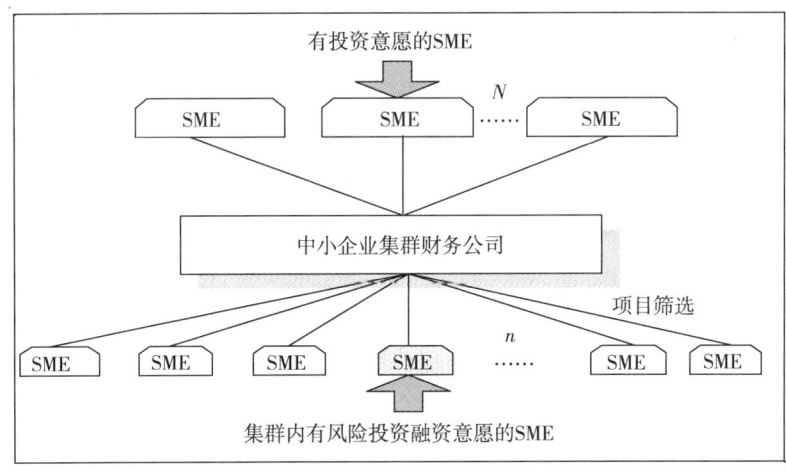

图 5-12 引入集群财务公司后的风险投资项目筛选

② 集群内外结合的风险投资融资模式(联投模式)的筹资机制。集群内外结合的风险投资融资模式是中小企业集群风险投资融资模式的核心内容,因为在中小企业集群中,能够提供长期投资的资金有限,而中小企业生产扩张的过程中往往需要大量的资金投入,仅仅依靠集群内部资本市场难以满足集群内中小企业的资金需求,必须要引进集群外部资金。

集群财务公司汇集集群内中小企业风险投资融资申请,如图 5-7 的步骤①所示。中小企业集群风险投资融资模式中,集群财务公司主要发挥其在进行集群外部融资时在信息甄别、约束机制、监督机制和声誉机制方面的优势。集群财务公司就这些零散的融资申请汇集在一起,首先利用所收集的信息对这些贷款进行初步筛选,决定是否接受融资申请;然后根据筛选后情况,编制招募说明书,结合多方力量发起中小企业集群风险投资基金,向集群外部投资者进行筹资,如图 5-7 的步骤③所示。由于我国金融制度环境较为落后,并且集群财务公司作为民营金融机构势力单薄,在发起中小企业集群风险投资基金的过程中，一般需要当地政府的帮扶，如图5-7的步骤②所示。此外，集群财务公司也可以向政府申请引导资金，以提高发起中小企业集群风险投资基金的成功率。

集群内外结合的风险投资融资模式是通过集群财务公司向集群外投资家进行风险投资融资，改变了单个中小企业进行风险投资融资的传统方式。传统的风险投资融资模式中，一方面，中小企业需要自己整合资源，完善管理机制和财务状况，而中小企业往往由于规模有限，难以完成进行风险投资融资的专业性准备，常常会错失风险投资融资的良好机会。另一方面，集群外部风险投资者由于缺乏相互接触，对单个中小企业的评估成本过高，所获收益难以覆盖相应的信息成本。此外，外部投资者处于集群外部难以有效的利用约束机制、监督机制和声誉机制来解决代理问题，使得中小企业难以获得风险投资资金。引入集群财务公司后，集群内中小企业进行集群外部融资时，可以借助集群财务公司在风险投资融资方面的专业优势来对企业进行"包装"，外部投资者也只需对集群财务公司进行约束和监督。可见，集群内外结合的风险投资融资模式沟通了集群中小企业和外部风险投资者，提高了集群内中小企业风险投资的可获得性。

③ 中小企业集群风险投资基金的运作。中小企业集群风险投资融资模式能够实现的关键在于中小企业集群风险投资基金的成功发起和完成资金募集。其主要环节包括策划、设立发起和筹资，这些环节都必须要充分的考虑到集群的具体情况。

中小企业集群风险投资基金策划在一定程度上说，就是投资方案策划。集群财务公司在制定投资方案时要通过各个不同的角度采用各种各类的写作方法撰写。写作的核心和重点要放在强调集群优势和政府引导上。报告要强调投资机会的稀缺性，以风险投资基金的投资模式、集群优势带来盈利的独特性及政府扶持带来的安全性为招募说明书的重点。招募说明书一定要介绍风险投资基金团队创新投资模式和专家型操作的独特价值特点。另外，作为发起人的集群财务公司自处于集群，在集群中有着强劲的背景，也是吸引投资的要点之一。

中小企业集群风险投资基金的发起是基金实际运作的第一步。在我国，对基金的发起设立比较严格，基金的设立必须经监管机关审查批准。在中小企业集群风险投资模式中，集群财务公司作为发起人，负责完成中小企业风险投资基金的成立，集群财务公司发起投资基金的行为产生的权利和义务由中小企业集群风险投资基金承担；如果基金未能成立，集群财务公司发起投资基金的行为所引起的权利和义务由集群财务公司承担。

中小企业集群风险投资基金的设立程序必须依法合规。第一步是设立基金方案。第二步是聘请基金经理人和基金保管人以及投资顾问、注册会计师、律师、财务顾问等，并签订有关协议。第三步是制定各项申报文件，向监管机关报批。第四步是公布基金招募说明书，发售中小企业集群风险投资基金。

无论多么远大的目标、多么高效的管理模式、多么精彩的风险投资方案全都基于一个简单的目标，即融资成功。集群财务公司要充分利用两种模式的融资机制优势来完成资金筹集。在发售基金过程中遇到困难的话，可以借鉴国外经验，可以申请政府引导资金。政府引导资金可以按所出资金比例拥有基金份额，签订契约，如果集群财务公司按照契约要求营运中小企业集群风险投资基金，可以根据业绩情况最多收回成本和一定收益，以激励集群财务公司和私人投资，但事先已签订契约，并且是集群财务公司按要求完成之后，才兑现奖励，可以有效的避免道德风险、逆向选择和委托代理问题。签订的契约必须包含必须投资于集群内中小企业的比例，只有这样才能保证中小企业集群风险投资基金是以服务于集群内中小企业为核心的。

（2）风险评控机制。

在市场经济环境中，每一位投资者都关心其投资的风险与收益。对中小企业集群风险投资基金的投资不同于一般意义上的投资，其主要原因在于投资的客体可能获得高额收益的同时，也蕴含着巨大的风险。如何在未知风险的情况下追求最大的收益是每一位投资者都关注的问题，因而集群财务公司作为基金的管理者必须制定有效的风险防范机制，采取防范措施，减弱风险，获得最大的收益。

① 风险识别和分析。在中小企业集群风险投资基金投资活动中，其风险的具体表现有：投资于某一风险公司，即投资项目，由于勘察数据有误、开发技术、生产供应不足、市场同类产品和替代品的竞争、组织和决策失误等原因造成该项目未能产生收益而造成的损失；尽管投资项目获得了收益，但是产生的收益低于预期收益；由于财务等方面原因，为了变现投资而抛售所投资的项目；集群整体环境的变化，如集群的区位变化、政策变化等；中小企业集群风险投资基金资产配置所产生的风险；由于政治、经济等不可预料事件的发生，而造成的损失等。

风险识别是一项极富艺术性的工作，要求集群财务公司不仅具备极强的探查、洞察和分析能力，还要拥有丰富的实际经验。由于不同的投资对象其风险因素及大小均不相同，所以要对每个具体投资对象可能产生的风险进行风险识别。在对风险评估过程中，集群财务公司应将复杂的难于理解的事物分解成比较简单的容易被认识的事物,将大系统分解成小系统。集群财务公司可以通过图解的方法将整体风险分解成各种小的风险,找出所有的风险因素,明确关系(如图5-13)。另外,风险是不断变化的,集群财务公司要不断的对风险因素变化进行动态监控。

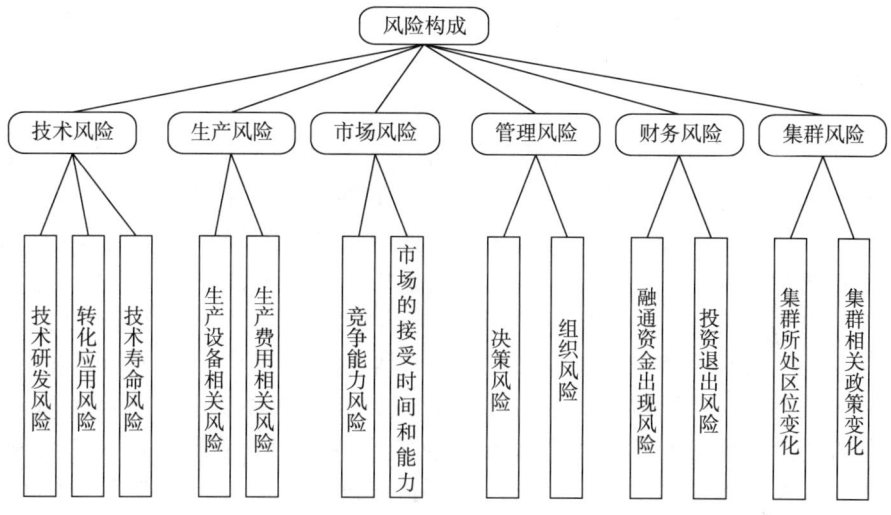

图5-13 中小企业集群风险投资风险因素图

② 单个项目风险评估。集群财务公司对风险进行分析之后,对单个项目各种可能性下的报酬率和概率进行评估,风险投资的投资回报来源于股权转让收益。经营收益预测取决于项目未来的盈利能力的预期值,而股权转让收益预测则可参照交易市场上披露的类似公司并购转让或者上市推出的获益情况进行推测。风险投资家在对单个项目进行评估时,往往会考虑到被投资项目所处的阶段,不同阶段风险差异巨大,并且风险投资家往往并不是只对项目进行一次投资,而是采取分阶段投资,其中中试阶段是风险投资家最注重的环节。

单个项目的期望收益率:

$$\overline{K} = \sum_{i=1}^{N}(P_i \times K_i) \qquad (5.3.1)$$

式中:P_i 为第 i 种结果出现的概率;

K_i 为第 i 种结果可能出现后的报酬率;

N 为项目可能会出现的结果种类。

项目的风险可以用标准差来衡量,其标准差可以用下式计算:

$$\sigma = \sqrt{\sum_{i=1}^{N}(\bar{K}-K_i)^2 \times P_i} \quad (5.3.2)$$

标准差是以均值为中心计算出来的，有时直接比较标准差是不准确的，需要剔除均值大小的影响，解决这个问题可以引入变化系数，其中变化系数是标准差与均值的比，则有

$$v = \frac{\sigma}{\bar{K}} \quad (5.3.3)$$

风险投资并不是主要考虑风险大小，而是要与相应的收益进行比较，才能对其风险进行正确的评估，如果收益足够吸引，即使风险很大，集群财务公司也有可能进行投资，反之，某些项目即使风险很小，集群财务公司也不会对其进行投资。在风险投资实践中，净现值法是目前被国内普遍采用的投资决策方法。它是通过计算投资期间的现金流入和现金流出，并选择与项目风险相适应的风险贴现率来计算投资净现值，以确定项目是否可行，这种决策与风险投资特性不相符的，会低估项目价值，高估风险。在集群风险投资活动中，对于风险企业实现其商业计划所需的全部资金，风险投资家并不是一次投入，而是进行持续的观测监督、评价后，才确定是否进行继续投资。

假设1：风险投资活动分为两阶段进行，第一期投资在初期进行，第二期投资在 t 年末进行。

假设2：风险投资期限为 T 年，期初集群财务公司向风险企业注入第一期投资 $F(0)$，在 t 年末集群财务公司进行第二期投资 $F(t)$，其中 $t<T$，T 年末取得收益 $I(T)$。

按照净现值法，这项投资是否可行取决于投资的净现值是否大于零。设风险调整贴现率为 r，则有

$$NPV = I(T)(1+r)^{-T} - F(0) - F(t)^{-t} \quad (5.3.4)$$

当 NPV 为正时，投资计划可行，当 NPV 为负时，投资计划不可行。经过分析不难发现，这种投资决策方法暗含着一种假设，即集群财务公司在期初就要决定是否进行二次投资，这与风险投资分阶段投资的特性是不相符的，尤其是集群财务公司内生于集群，对投资企业可以十分便捷的进行持续监控、持续评估，以决定是否进行后续投资。

引入期权理论以后可以解决净现值法在项目评估中未能充分考虑风险投资是否分阶段投资的现实状况。利用期权理论进行风险投资决策的思路是：按照现金流量贴现的方法计算集群财务公司期初对风险企业投资产生的净现

值 NPV_0，把未来的机会看做一个买权，这个未来机会是指集群财务公司进行了初次投资而获得的再次投资机会。计算这个买权（期权）价值 W，该投资项目价值为 V，则

$$V = NPV_0 + W \tag{5.3.5}$$

若 V 为正，项目可行，若 V 为负，项目不具有可行性。

其中期权 W 的计算方法：

设 S_0 为集群财务公司进行二期投资 $F(t)$ 所产生的现金流量净现值（以期初为考察时点），则：

用期权的概念来定义，二期投资这样一个投资机会等同于一个期限为 t 年，约定价格为 X，在 X 价格下风险投资二期项目投资额为 $F(t)$，其在期初的现值表示为 $P(X)$。假定项目现金流量 S_0 的标准差估计为 σ，连续复利的无风险利率为 r_0，根据 Black – Scholes 模型有

$$W = S_0 N(d_1) - P(X) N(d_2) \tag{5.3.6}$$

其中：

$$d_1 = \frac{\ln(S_0/X) + (r_0 + \sigma^2/2)t}{\sigma\sqrt{t}}$$

$$d_2 = d_1 - \sigma\sqrt{t}$$

$N(x)$ 为标准正态分布变量的概率分布函数。

在对项目进行以上分析之后，可以确定投资项目风险大小，如果项目价值 V 小于或等于零，即投资项目收益不能覆盖相应风险，项目风险过高，不应进行投资；如果项目价值 V 大于零，则集群财务公司可以考虑是否进行投资，继续对其进行分析，以确定最终投资额。

③ 整体风险评估。中小企业集群风险投资基金成立的目的之一就是通过基金的方式来分散投资风险，以降低整体风险，总体实现预期收益，这也是风险投资基金不同于其他风险投资方式的重要标志之一。在采用实物期权定价法确定是否对项目进行投资后，集群财务公司要确立集群风险投资基金的预期总回报率和集群风险投资基金的整体风险。

中小企业集群风险投资基金回报率 R 的期望值为

$$\overline{R} = \sum_{i=1}^{n} (A_i K_i) \tag{5.3.7}$$

其中：$\overline{R}$ 中小企业集群风险投资基金的期望风险报酬率；

n 为投资项目总数；

A_i 为第 i 个项目的投资比例；

K_i 为第 i 个项目的期望投资报酬率。

中小企业集群风险投资基金的整体风险可以用基金概率分布的标准差来表示,有

$$\sigma_P = \sqrt{\sum_{j=1}^{n} \sum_{k=1}^{n} A_j A_k \sigma_{jk}} \qquad (5.3.8)$$

σ_{jk} 表示第 j 个项目和第 k 个项目的协方差,

$$\sigma_{jk} = r_{jk} \sigma_j \sigma_k \qquad (5.3.9)$$

$$r_{jk} = \frac{\sum_{i=1}^{N} [(K_{ji} - \overline{K}_j) \times (K_{ki} - \overline{K}_k)]}{\sqrt{\sum_{i=1}^{N} (K_{ji} - \overline{K}_j)^2} \times \sqrt{\sum_{i=1}^{N} (K_{ki} - \overline{K}_k)^2}} \qquad (5.3.10)$$

其中 $\overline{K}_j$、$\overline{K}_k$ 分别表示第 j 个项目和第 k 个项目的期望报酬率,K_{ji}、K_{ki} 分别表示第 i 种状况下第 j 个项目和第 k 个项目的报酬率。同样这个标准差也是以均值为中心计算出来的,应该用变化系数来对其进行调整。

$$v_P = \frac{R}{\sigma_P} \qquad (5.3.11)$$

集群财务公司要控制好中小企业集群风险投资基金的整体风险,以免风险过于集中,一旦风险失控,风险投资的高风险会给中小企业集群风险投资基金带来难以弥补的重创。

④ 风险控制机制。集群财务公司在对各种可能的风险进行科学分析和评估后,必须制定有效的风险防范机制以减弱风险,获得最大的收益。

第一,集群的风险自控性。中小企业集群的风险自控性,来自集群的自适应性,集群的自适应性是从系统与外界环境关系的角度,来分析组织过程前后状态的差别。它强调集群随着外部环境的变化,而主动与环境相适应,从而产生新的结构、状态和功能。集群内企业既进行激烈的竞争活动,更进行多种形式的合作,通过竞争激发了群体中企业的创新动力,增强了企业的活力,提高了企业的效率。通过合作,利用集群内的资源、品牌、资金、信息等要素,进行优势互补,获取本企业缺乏的资源和知识,加快研究与开发的速度,从而实现群体的效益溢出,提高集群的适应性。集群风险投资基金由内生于集群的集群财务公司发起,在营运过程中不断地与集群内企业接触,形成复杂的网络关系,这种关系形成的标识机制促进了选择性相互作用,使得集群财务公司能够在一些不易分辨的企业中进行最优选择。另外,在集群这个复杂适应系统中,各个企业主体在生产经营过程中,人、财、物、信息

在企业之间互相流动,形成网络,产生了再循环效应,这种流动的畅通性和周转速度以及协调一致的程度会直接影响到集群内主体的适应能力和反应速度。因此,作为集群内主体之一的中小企业集群风险投资基金也具有一定的风险自控性。

第二,合理设计风险投资协议。在作出风险投资决定后,投资活动就进入了投资协议阶段。由于风险投资家与风险企业各自追求自身利益的最大化,因此必须有一套能够协调平衡双方利益的机制。风险投资交易的设计,本质上就是风险投资家(集群财务公司)和风险企业家之间的投资合同设计,主要解决两者之间的风险分担和利益分割问题。其内容主要如图5-14所示。

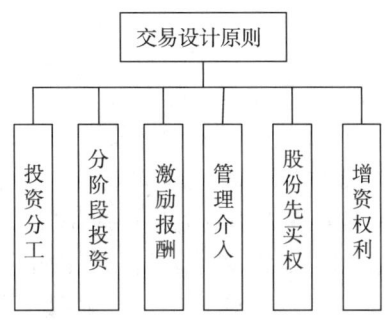

图5-14 风险投资协议设计内容

第三,发挥集群财务公司的风险控制优势。在中小企业集群风险投资融资模式下,建立了内生于集群的中间组织——集群财务公司,通过这种制度机构的创新,构建具有信息彰显机制的集群内的信息空间,迅速缓解中小企业与集群财务公司(风险投资家)之间的信息不对称,可以在很大程度上降低集群财务公司因为信息分配机制问题所需承担的管理风险,从而降低在项目筛选上的失误。在投资后监管过程中主要是利用约束机制、监督机制、声誉机制和激励机制来进行风险控制,合理的设计风险投资协议可以利用约束机制和激励机制来减少投资风险,但相比其他风险投资模式,集群财务公司可以利用内生于集群的特性,更好地利用声誉机制和监督机制来控制风险投资的风险。

第四,利用投资组合控制整体风险。集群财务公司必须对中小企业集群风险投资基金的整体风险进行控制,因为集群风险投资基金的投资对象主要集中在集群内部,某些影响整个集群的因素和事件会使得风险过于集中,如集群区位的变化以及政策方向变动等,这些因素和事件发生会对基金产生不可估量的损失。集群财务公司在进行投资分析时,也充分利用投资组合对风险进行分散，以控制中小企业集群风险投资基金的整体风险，避免风险过于集中。

第五，全方位参与管理风险。集群财务公司在对风险企业的生产、经营、管理、融资等各个过程进行全方位监控的同时，应将监督重点放到关键环节，及时了解风险企业真实盈利情况，准确把握发展方向。要参加董事会，控制重大事项决策权；要查阅财务资产及经营计划，防止出现重大经济损失；要联合集群财务公司的其他部门以更全面地掌控风险企业真实状况，如果超出集群财务公司的专业范围，可聘请各种中介机构进行咨询，了解被投资企业的内外部环境变化；要进行战略安排，为后续融资、公司并购、转让或上市进行策划。

总而言之，中小企业集群风险投资融资模式是一种新的融资模式，是对中小企业集群融资方式的丰富和发展，是一种既能体现集群整体融资优势又有利于提高集群创新能力和管理水平的融资模式。它既实现了集群的准内源性融资，又实现了集群高效的准外源性融资。集群财务公司作为市场化运作的集群企业 VC 孵化器，是实现中小企业集群风险投资融资模式的关键组织，是传统孵化器的升级，它内生于集群，又为集群内中小企业提供风险投资融资过程中的各项服务，属于正规金融机构，是金融体系的重要组成部分。中小企业集群风险投资基金的成功构建和运作，实现了集群内部风险投资资本市场的形成，也给集群内中小企业和外部风险投资者搭建了桥梁，将促进集群风险投资资金的内部流动以及增加集群风险投资资金的外部供给，显著提高中小企业风险投资融资的可获得性，缓解集群中小企业融资困境，能更好促进中小企业集群和区域经济发展。

二、集群境外融资模式

将中小企业集群的融资市场由国内转向境外，探索新的中小企业集群境外融资新模式，就能为解决中小企业融资难问题提供好的路径。

（一）中小企业集群境外融资新模式的参照组——集群境内实践融资模式

1. 互助担保融资模式

互助担保融资模式主要以担保公司的形式存在，其运作模式主要是成立互助担保公司，公司吸收中小企业作为成员。中小企业进入互助担保公司一般需要交纳一定的入股资金，并且每年交纳一定的会费，成员企业可以借助互助担保公司的担保从银行获取贷款。贷款额度由会员企业的信用等级、入股资金及其缴纳的会费共同决定。在互助担保公司的担保、监督下，集群内中小企业可通过互助担保、抱团贷款等方式实现融资目的。但是设立的互助担保公司需要有足够强的社会资本,对其成员企业具有足够大的约束力,必须具有较高的运行效率。2007年,太仓市首家小企业互助型担保机构——苏州诚联投资担保公司在太仓市成立并正式启动,经过一年多的努力,其企业成员已经发展到50多家,累计注册资金共9 500万元,新增信用贷款5亿元。成员企业贷款金额提升了42%,银行放贷金额则翻了两番。由此可见,互助担保模式能够较好地解决融资困境。

2. 集合债券融资模式

集合债券融资模式主要是由牵头人组织,以多个中小企业所构成的集合作为发债主体,使用统一的债券名称发行债券,发行企业分别负债,统收统付,并在约定到期日向投资人还本付息的一种企业债券形式。它是以银行或证券机构作为承销商,由担保机构担保,评级机构等中介机构参与,并对发债企业进行筛选和辅导以满足发债条件的新型企业债券形式。集合债券也存在一些问题,主要包括担保难、上市后交易冷清及门槛高等。2007年11月,深圳首只中小企业集合债券正式发行,20家中小企业集合发行企业债券10.3亿元。参与发债的20家中小企业中,远望谷和三鑫股份是中小板上市公司,分别发行4 500万元和5 000万元债券。经联合资信评估有限公司综合评定,债券的信用级别为AAA,而各家企业的主体信用级别则从A+到BBB-不等,本次融资取得了较好的效果。

互助担保模式、集合债券模式等集群融资模式不仅提高了中小企业融资的效率,而且也开启了拓宽中小企业融资的新思路和新途径。但是这些融资模式只是中小企业集群融资初级新模式的初次尝试,适合集群特征的、更多的、中高级的集群融资新模式还需要大力探索。

(二) 中小企业集群境外融资新模式的定性判断

基于上述分析,将中小企业集群融资市场由国内转向境外,创新性地设计了集群境外合作直接投资模式、集群外资参股的区域银行融资模式以及集群中外联合共同基金模式这三种新的中小企业集群境外融资模式。

1. 集群境外合作直接投资模式

中小企业集群境外合作直接投资模式(简称集群境外合作直接投资模式)是以集群为单位,以集群财务公司为代表,选择国外一些风险性较低或者盈利性较高的项目,与国外企业或机构合作一起进行投资。该种投资融资模式的目的是获得初始融资和通过盈利来进行连续融资,其利润主要由集群财务公司和集群内企业共同分享。在具体操作上,集群财务公司负责投资项目的选择、与合作方的洽谈、后期资金的跟进等一系列运作过程。在投资期限上,主要选择短中期投资,这主要是便于企业资金的运作以及流转。

集群境外合作直接投资模式的优势主要体现在两个方面。第一，如果以单个中小企业为单位，以其微弱的资金不可能参与到境外直接投资中，而以集群的方式能够为国外的合作企业降低风险性，从而更有利于项目的运行。第二，与国内投资相比，境外合作直接投资的收益性更大。在国内市场，大型的投资项目基本都由国家或者国有企业垄断，但境外如在非洲这些极度需要资金的发展中国家，能够相对容易的获得投资项目，也能够获得比国内更大的收益。

2. 集群外资参股的区域银行融资模式

中小企业集群外资参股的区域银行融资模式（简称集群外资参股的区域银行融资模式）需要建立一种创新型的商业银行，它主要由外资、政府资金和集群资金三种资金组成，这个新成立的区域性银行为中小企业尤其把中小企业集群提供资金作为主要业务之一。其操作模式主要是在政府的支持下，由集群财务公司向境外的银行、投资人寻求合作，获得资金并最终由集群财务公司、政府以及境外合作人三方按照一定的资金比例成立区域银行。该类银行在借贷利率上，对于集群内的中小企业和集群外的中小企业实施差别利率。此外，集群内中小企业在向银行借款时可以不用再提供额外的担保。同时，该银行也具备一般银行的功能。在利润的分配上，按照政府、外资与集群财务公司的融资比例对每年的利润进行分配。因此，外资参股的区域银行融资模式兼具融资和盈利功能于一身，既能够为集群内中小企业提供更有利的融资渠道，还能够为其获得一定的利益。

该模式一方面借助政府的力量和信誉，能够吸引到足够的外资参与银行的建设；另一方面由于集群财务公司的参与，能够为集群内中小企业的融资提供便利，也能够很好地解决集群内中小企业在融资中无担保的问题。

3. 集群中外联合共同基金模式

中小企业集群中外联合共同基金模式（简称集群中外联合共同基金模式）是集群财务公司在国外寻找基金项目，以集群财务公司的名义参与到境外基金中，与国外基金联合形成共同基金，并负责对基金的运作和借贷担保。基金类型分为两类，第一类主要以担保投资基金为主，如一些中小企业的天使投资基金，其功能是通过参股基金来获得融资。第二类是集群财务公司作为基金发起人，向外资进行资金募集，并用这些资金为担保向银行借贷。

集群中外联合共同基金模式的运作由集群财务公司来完成。第一类中，集群财务公司选择适合的基金进行投资，再以集群财务公司为担保，一般可以获得等于 5~8 倍基金的融资额，按照每年集群财务公司 1 000 万元的投入来算，可以获得至少 5 000 万元的融资额度。集群财务公司获得贷款后向集群内成员优惠放贷,集群财务公司充当了一个杠杆中介的作用。第二类基金不同之处在于基金发起方不同,财务公司发起基金便于更好的对基金进行运作。

集群中外联合共同基金模式优势有三点。首先,单个中小企业没有足够的资金参与基金的运作,而以集群为单位能够化解很多基金的最低投资门槛;其次,相比于国内基金,国外基金的融资额度更大,运行更加成熟,这也能够为我们的基金带来更大的利润和融资额度;最后,选择参与的方式能够减少对基金的管理成本和运作成本,也能够为资金的安全性提供更好的保证。

(三) 中小企业集群境外融资新模式效果的 AHP 分析

将这三种新设计的集群境外融资模式与互助担保融资、集合债券两种集群实践融资模式进行 AHP 对比来分析,可以评判它们的综合融资效果。

1. 模型描述与定义

(1) 因子选取。本模型以上述 5 种集群融资模式为分析对象,通过引入企业融资额度、企业融资收益、企业融资成本、企业融资风险以及企业融资管理 5 个衡量指标,利用层次分析法(AHP)为 5 种集群融资模式进行优劣排序。在模型构建求解的过程中,用集群财务公司来代替集群内中小企业进行各个指标的度量,这是因为集群财务公司代表的是中小企业的直接利益,两者在各个指标上的表现是一致的。

(2) 符号说明。模型中的符号标示分别为:A_1—互助担保模式;A_2—集合债券模式;B_1—对外合作直接投资模式;B_2—外资参股的区域银行融资模式;B_3—中外联合共同基金模式;C_1—企业融资额度;C_2—企业融资收益;C_3—企业融资成本;C_4—企业融资风险;C_5—企业融资管理。

(3) 标准引入。对每一种模式的赋值采用比较赋值法,用 1、3、5、7、9 来标度。例如关于融资额度的大小比较,如果有 $A_1 < A_2 < B_1 < B_2 < B_3$,则将 A_1 赋值为 1,A_2 赋值为 3,B_1 赋值为 5,B_2 赋值为 7,B_3 赋值为 9,数值越高表示在该指标上的效果越明显。通过赋值过程既可以实现模型的定性分析向定量分析的转变,又可以按其对融资模式进行重要性程度排序。按此方法分析排序,则有,企业融资额度:$B_1 < A_1 < B_2 < A_2 < B_3$;企业融资收益:$A_1 = A_2 = B_3 < B_2 < B_1$;企业融资成本:$B_1 = B_2 = B_3 < A_1 < A_2$;企业融资风险:$A_1 < B_1 < B_2 < B_3 < A_2$;企业融资管理:$A_1 < B_3 < B_2 < B_1 < A_2$。

2. 模型构建与求解

(1) 建立层次结构模型。在该模型中,分为目标层、准则层与方案层三个层次(如图 5-15)。

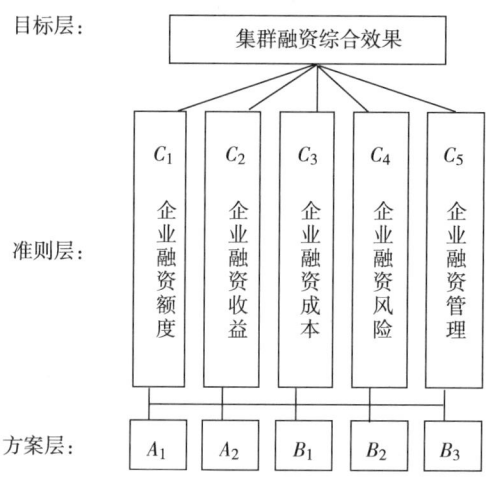

图 5-15 集群融资模式效果层次分析结构模型图

（2）构造成对比较矩阵。在准则层的成对比较矩阵构造过程中，需要考虑企业融资额度、收益、成本、风险以及管理对于融资综合效果的重要性。由于分析的是中小企业集群融资的综合效果，我们将融资额度标度视为最重要，企业融资收益、成本与风险标度为重要，企业融资管理次之。因此，根据萨蒂的标度法，企业融资额度取为 5，企业融资收益、成本与风险取为 3，企业融资管理取为 1。可以得到如下的成对比较矩阵：

$$C_{ij} = \begin{pmatrix} 1 & 5/3 & 5/3 & 5/3 & 5 \\ 3/5 & 1 & 1 & 1 & 3 \\ 3/5 & 1 & 1 & 1 & 3 \\ 3/5 & 1 & 1 & 1 & 3 \\ 1/5 & 1/3 & 1/3 & 1/3 & 1 \end{pmatrix}$$

在该成对比较矩阵中，如 $C_{12} = 5/3$，表面融资额度 C_1 与企业收益 C_2 的重要性之比为 5/3，即对集群融资综合效果的衡量来说，融资额度比企业收益更重要。

同理，根据前文"标准引入"中的分析，我们按照大小关系进行 1、3、5、7、9 五个等级的赋值，在赋值过程中遵循融资额度越大、分值越高，企业收益越大、分值越高，企业成本越小、分值越高，企业风险越小、分值越高，企业管理越简单、分值越高的规律。可以构造出在每一个衡量指标项下，每一种集群融资模式的成对比较矩阵，分别如下：

①融资额度矩阵：

$$A_iB_j = \begin{pmatrix} 1 & 3/7 & 3 & 3/5 & 1/3 \\ 7/3 & 1 & 7 & 7/5 & 7/9 \\ 1/3 & 1/7 & 1 & 1/5 & 1/9 \\ 5/3 & 5/7 & 5 & 1 & 5/9 \\ 3 & 9/7 & 9 & 9/5 & 1 \end{pmatrix}$$

②融资收益矩阵：

$$A_iB_j = \begin{pmatrix} 1 & 1 & 1/5 & 1/3 & 1 \\ 1 & 1 & 1/5 & 1/3 & 1 \\ 5 & 5 & 1 & 5/3 & 5 \\ 3 & 3 & 3/5 & 1 & 3 \\ 1 & 1 & 1/5 & 1/3 & 1 \end{pmatrix}$$

③融资成本矩阵：

$$A_iB_j = \begin{pmatrix} 1 & 3 & 3/5 & 3/5 & 3/5 \\ 1/3 & 1 & 1/5 & 1/5 & 1/5 \\ 5/3 & 5 & 1 & 1 & 1 \\ 5/3 & 5 & 1 & 1 & 1 \\ 5/3 & 5 & 1 & 1 & 1 \end{pmatrix}$$

④融资风险矩阵：

$$A_iB_j = \begin{pmatrix} 1 & 9 & 9/7 & 9/5 & 3 \\ 1/9 & 1 & 1/7 & 1/5 & 1/3 \\ 7/9 & 7 & 1 & 7/5 & 7/3 \\ 5/9 & 5 & 5/7 & 1 & 5/3 \\ 1/3 & 3 & 3/7 & 3/5 & 1 \end{pmatrix}$$

⑤融资管理矩阵：

$$A_iB_j = \begin{pmatrix} 1 & 9 & 3 & 9/5 & 9/7 \\ 1/9 & 1 & 1/3 & 1/5 & 1/7 \\ 1/3 & 3 & 1 & 3/5 & 3/7 \\ 5/9 & 5 & 5/3 & 1 & 5/7 \\ 7/9 & 7 & 7/3 & 7/5 & 1 \end{pmatrix}$$

其中，i 的取值范围为 1 和 2，j 的取值范围为 1、2 和 3，矩阵的横纵坐标依次都为 A_1、A_2、B_1、B_2、B_3，A_iB_j 表示矩阵中 A_i 与 B_j 的重要性之比，如在融资额度方面，A_2B_1 为 7/5，表示互助担保模式的表现能力比对外合作直接投资模式的更强。

（3）一致性检验。对以上六个成对比较矩阵进行一致性检验。我们用 MATLAB 来完成一致性检验。在运行结果中，当一致性比率 $CR<0.1$ 时，认为成对比较矩阵具有满意的一致性。通过检验，得到以下结果：

C_{ij}：$CR = 0 < 0.1$；

企业融资额度下 A_iB_j：$CR = 0 < 0.1$；

企业融资收益下 A_iB_j：$CR = -1.9825\mathrm{e}-016 < 0.1$；

企业融资成本下 A_iB_j：$CR = 0 < 0.1$；

企业融资风险下 A_iB_j：$CR = 0 < 0.1$；

企业融资管理下 A_iB_j：$CR = 0 < 0.1$。

可见，以上的六个成对比较矩阵均通过了一致性检验，矩阵中元素的协调性均为很好。

(4) 层次总排序。在一致性检验的过程中，我们不仅证明了六个成对比较矩阵的一致性，同时得出了每一种集群融资模式在不同指标项下的权重，如在融资额度的一致性检验中得到一组数据为（0.1200　0.2800　0.0400　0.2000　0.3600），其他 A_1、A_2、B_1、B_2、B_3 五种集群融资模式对融资额度的贡献度分别为 0.12、0.28、0.04、0.2 和 0.36。因此，我们可以得到表 5－2 的数据。

表 5－2　　　　　　　　权值与一致性检验结果

准则		融资额度	融资收益	融资成本	融资风险	融资管理
准则层权值		0.3333	0.2000	0.2000	0.2000	0.0667
方案层单排序权值	A_1	0.1200	0.0909	0.1579	0.3600	0.3600
	A_2	0.2800	0.0909	0.0526	0.0400	0.0400
	B_1	0.0400	0.4545	0.2632	0.2800	0.1200
	B_2	0.2000	0.2727	0.2632	0.2000	0.2000
	B_3	0.3600	0.0909	0.2632	0.1200	0.2800
CI		0	$-2.2204e-016$	0	0	0
CR		0	$-1.9825e-016$	0	0	0

以上分析，可以清楚地了解到在每一个衡量指标下每一种集群融资模式的表现力。但是我们所要求解的是各种集群融资模式的融资综合效果，因此需要通过 MATLAB 程序对以上结果进行加权，从而得到层次的总排序。其结果如下：

W_ sum = 0.1858　　0.1327　　0.2209　　0.2272　　0.2335

以上结果表明，经过加权，互助担保模式的综合表现为 0.1858，集合债券模式的综合表现为 0.1327，境外合作直接投资模式的综合表现为 0.2209，外资参股的区域银行融资模式的综合表现为 0.2272，中外联合共同基金模式的综合表现为 0.2335。因此，可以证明，在融资额度、融资收益、融资成本、融资风险、融资管理五个指标的衡量下，五种集群融资模式的综合融资能力表现优劣排序依次为中外联合共同基金模式、外资参股的区域银行融资模式、境外合作直接投资模式、互助担保模式、集合债券模式。

3. 模型解释与应用

通过以上模型可证，在融资综合效果上，三种集群境外融资模式的融资效果要优于境内集群融资模式的融资效果。而现实中，中小企业融资虽然面临重重困境，但在寻求解决方案的过程中对外资的利用甚少。通过 AHP 论证，笔者认为今后我国在寻求中小企业融资困境解决方案的过程中，可以通过中小企业集群境外融资模式充分的利用外资。

同样可证，并不是否定国内已有的集群融资模式，因为每一种集群融资模式在不同的方面也有自己的优势。互助担保模式虽然在融资额度上表现力不强，但它的风险最小，企业管理最为简单，这对于一些对资金需求不是很大、风险规避能力较差的中小企业是较为适用的。集合债券模式的融资额度较大，也伴随着较高的风险、较高的成本以及较为复杂的企业管理，只有保证企业有一定的盈利能力才能够支付购买债券的本息，这种模式较为适合盈利性较为稳定、体制健全、管理科学的中小企业，对中小企业本身的要求和门槛较高。境外合作直接投资模式虽然融资额度不大，但收益较好，同时风险低、成本小，适合对资金需求不大的、对盈利性要求高的中小企业。外资参股的区域银行融资模式是较为理想的集群融资模式，具有较好的融资能力，同时通过银行的业务收入又具备较好的盈利能力，具有低风险、低成本、简易管理等优势，适合大多数的中小企业。中外联合共同基金模式是最优的集群融资模式，能够为遭遇融资瓶颈的中小企业带来最大的融资额度，同时又具备低成本、低风险等优势，是资金缺口大的中小企业的首选。因此，不同的中小企业集群可以根据自己集群内中小企业的实际情况以及集群本身实际情况来选择适合自己的集群融资模式。

总之，集群境外融资模式无论是在综合表现上还是在实用性上，与集群境内融资模式相比都要略胜一筹。

第四节　第四类集群融资新模式：准外源性债权直接融资模式

一、集合债券融资模式

中小企业集合债券是解决中小企业融资难的融资方式的重大创新。发行中小企业集合债券，不仅为中小企业开创了一条资本市场融资的崭新渠道，而且对于发展我国多层次的资本市场具有积极意义。但目前我国发行的中小企业集合债券存在诸多的缺陷，如政府最终埋单未能从根本上彻底突破信用瓶颈、发行审批过程长与中小企业资金需求呈现"短、频、快"特点的矛盾，在时间上的不确定性及匹配度差、发债成本仍然较高、是中小企业集合债券而不是中小企业集群集合债券等。因此，本节从内部资本市场的角度，将探讨和设计中小企业集群集合债券融资模式的框架、机理和效应。

（一）中小企业集群集合债券融资模式的基本设计

1. 中小企业集群集合债券融资模式的界定

中小企业集合债券是指两个以上具有法人资格且成立三年以上、经营状况良好、成长能力较强的中小企业组合在一起作为发债主体，采取"政府牵头、统一组织、统一冠名、统一担保增信、集合发行、分别负债"的模式，通过牵头人组织，依照法定程序，向投资人发行约定在一定期限内还本付息的债务融资工具。

中小企业集群集合债券，除了满足上述中小企业集合债券的共同特征之外，发债的中小企业还属于同一个企业集群。集群内的核心企业组建集群财务公司，集群财务公司向外部资本市场或者集群内部资本市场发债，其所融得的资金在集群内部分配，向集群财务公司融资的群内中小企业承担各自的偿债责任，相互之间不承担连带责任。集群财务公司是独立经营的法人，其向外部资本市场发债由其他金融机构提供再担保以提升信用。

而中小企业集群集合债券融资模式，则是一种集群整体融资解决方案。这种模式的基本思想是要充分利用集群整体融资的优势，通过集群财务公司打通群内中小企业向外部资本市场发行低成本债券的渠道。中小企业集群集合债券融资模式的相关主体中，集群财务公司是承担群内中小企业与集群外投资机构的业务往来的中间组织。

2. 中小企业集群集合债券融资模式的框架

中小企业集群集合债券融资模式的相关主体包括群内的中小企业、集群财务公司和集群外的金融机构三个部分。其中，集群财务公司仅为集群内部中小企业提供服务，集群外的金融机构包括商业银行、担保机构、信托公司和各种基金等机构投资人。

中小企业集群集合债券在融资的过程中，群内中小企业不直接与集群外金融机构发生业务往来，而是由集群财务公司向内外部资本市场发行债券融得资金，然后在集群内部分配。集群财务公司向内外部资本市场发行中小企业集群集合债券，需要经过相关管理部门的审批，发债过程中还需要经过担保机构担保等信用增级手段，使所发行的债券能够满足上市的条件。中小企业集群集合债券融资模式是集群内中小企业、集群财务公司和集群外金融机构三者紧密联系、互惠互利而形成的稳定的融资生态系统。这种模式总的组织结构图如图 5-16 所示。

第五章　中小企业集群融资的新模式（一）：静态的理论视角　　135

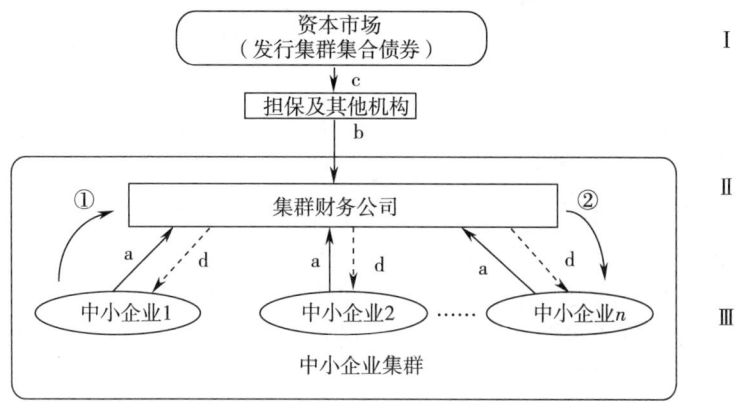

图 5-16　中小企业集群集合债券融资模式框架图

中小企业集群集合债券融资模式包括三个层级：第Ⅰ层是集群外的资本市场，它们是集群外部债券融资的资金供给者，通过担保机构与第Ⅱ层的集群财务公司和集群发生业务联系；第Ⅱ层是集群财务公司，是联系集群内企业与集群外资本市场、担保及其他机构的中间层组织；第Ⅲ层是集群内的各个中小企业，是资金的最终需求方。第Ⅰ层处于中小企业集群的外部，第Ⅱ层和第Ⅲ层处于集群内部。步骤①、②属于集群内部资本市场普通的债务融资过程①，集群内部资本市场普通的债务融资在第Ⅱ、Ⅲ层之间实现，步骤 a、b、c、d 是集群外部资本市场债券融资过程，通过第Ⅱ层的集群财务公司实现中小企业集群内部与外部之间的联系。

（二）中小企业集群集合债券融资模式的运作机制

大体上看，中小企业集群的集合债券融资可以分为两个方面：集群内部资本市场的普通债务融资和集群外部资本市场的集合债券融资。

1. 集群内部资本市场普通债务融资的机制

集群内部资本市场的普通债务融资是指将集群内部闲散资金汇聚（发行群内债券）到集群财务公司，通过集群财务公司分配给本集群内有资金需求的企业。实际上，这是一种集群准内源性融资。集群准内源性融资是集群财务公司发挥金融机构（群内债券发行者）的储蓄（聚集债券资金）功能，在集群范围内吸纳中小企业存款（富裕资金），如 5-16 图所示，步骤①表示集

---

① 中小企业与集群外的金融机构包括银行、担保公司等仍然可能发生各种经济关系，群内企业与集群财务公司除了发债等关系以外也会发生其他的业务联系，本书中为便于分析起见，这里仅限于发债关系。

群财务公司通过发行群内债券吸纳中小企业富裕资金的过程，步骤②表示集群财务公司将群内债券募集资金发放给企业的过程。该模式能够部分地满足集群内中小企业的短期、小额信贷需求。

在这种方式下，资金的供给方与需求方均来自集群内部，集群准内源性融资显著加快了集群内资金的周转，提高集群内部资金的利用率。研究者们对这种融资方式讨论较多，这里不再赘述。集群内准内源性的融资过程的顺利运行，能够使中小企业之间传统债务关系这种非正规金融向集群财务公司制这样的正规金融过渡，有利于规范金融秩序。但是其缺点在于，集群内部资本市场的资金供给可能比较有限，融资额度较小，难以满足集群内部众多中小企业对资金的渴求。

2. 集群外部资本市场集合债券融资的机制

集群内的中小企业在技术改造、转型升级等过程中需要大笔资金的投入，仅仅依靠企业自身积累、熟人借贷以及集群内部资金是难以满足企业需求的，需要来自集群外部的资金供给，其中集群外部资本市场集合债券就是一种良好的融资工具。

集群财务公司与群内中小企业联系紧密、业务往来频繁，中小企业资金需求的请求首先到达集群财务公司这一层面，图5-16中的步骤a即表示这一过程。在中小企业集群（外部资本市场）集合债券融资模式中，集群财务公司首先是初步汇总群内中小企业的资金需求信息，并将这些信息作为自身经营企业的决策依据。其次是集群财务公司利用自身的优势，对资金需求信息进行综合的考量和筛选，按经营企业的思路，由竞争方式决定出哪些资金需求是风险可控且有可能得到满足的，而哪些需求是风险过大难以满足的。这些筛选、汇总的群内中小企业的资金需求最终形成集群财务公司自身的需求，向集群外部资本市场发行债券。图5-16中的步骤b、c即表示集群财务公司将群内中小企业需求汇总后形成自身的需求后向集群外部资本市场发行集合债券融资的过程。

集群财务公司要成功向外部资本市场融资，仅仅依靠自身的信用是不够的，还需要经过集群外金融机构如评级、担保机构的支持。集群财务公司与外部金融机构发生业务往来过程中，一方面是基于自身的实力，除此之外有个非常重要的方面是其身后的集群背景。群外金融机构不需要逐个调查集群内的各个中小企业的经营状况，只需要对整个集群的现状和发展前景作出合乎实际的预期。一个集群有大量的信息来源可供利用和专家可供咨询，要远比了解一个个企业的情况容易，大大缓解了信息不对称的严重程度，能够大幅度地减少交易费用，使原来难以发生的交易有了发生的可能性，这就打通了集群与评级、担保机构的通道,图5-16中的步骤b即是表示这一过程。信用评级、担保机构对中小企业集群集合债券的评级、担保完成以后,增加了资本市场上的投资者对债券的了解,使投资者对投资风险、债券价值有比较合理的判断,集群内部资本市场和外部资本市场的信息不对称进一步得到缓解,增加了投资者的投资信息,为债券后续的发行和上市交易创造了条件,如图5-16中步骤c即是表示这一过程。集群财务公司通过发行中小企业集群集合债券融得资金以后,将这些资金在集群内部进行分配,这种分配是按照企业经营的原则进行的,集群财务公司试图取得最理想的收益,因而获得资金的将是愿意支付最高成本的企业,也就是说资金会被分配给使用效率高的企业,图5-16中步骤d即是表示这一过程。图5-16的步骤a、b、c、d表示了中小企业集群集合债券融资的过程。

中小企业集群集合债券融资,以集群整体通过集群财务公司向外部资本市场发行债券的外源性直接融资,改变了以往中小企业难以从外部资本市场获得资金的状况。传统的外源性融资,或者是单个中小企业直接向金融机构贷款,或者是来自不同行业的中小企业各自作为发债主体集合起来发行集合债券,在这两种情形下中小企业均是直接面对集群外部的担保机构以及其他金融机构。引入集群财务公司以后,集群内中小企业在进行外源性的中小企业集群集合债券融资时,不再与外部资本市场发生直接关系,而是通过集群财务公司并经评级担保向外融资。因此,金融机构也无须逐笔处理单个中小企业的资金需求信息,而是直接面对风险较小的集群财务公司的大额资金需求,收获规模经济的效果。

由此可见,集群财务公司作为一种独立经营的公司制的综合性非银行金融机构,是独立经营的公司制企业,其发行的债券从性质上讲,是公司债的一种。之所以称为"中小企业集群集合债券",一方面是强调了债券的集群特性;另一方面,是因为资金的最终需求方是集群内的中小企业,集群财务公司只不过是将这些零散的需求汇总形成集合债券。所不同的是,一般意义上的中小企业集合债券的发行主体是若干家中小企业,而集群外部资本市场集合债券融资的总主体是集群财务公司,其资金供给方来自集群外部,属于外部融资的范畴。

(三) 中小企业集群集合债券融资模式的机理和效应

1. 中小企业集群集合债券融资的机理

(1) 不完全信息下的传统借贷——担保模式的博弈模型。

在传统信贷模式下,信息不对称问题是制约中小企业融资的重要因素。中小企业对自身项目风险的估计更加客观真实,而信贷机构通过有限渠道了解到的中小企业信息则是不完全的。贷款人克服信息不对称、提高贷款风险认知程度的最好办法就是多方面的调查借款企业。而提高对借款企业的资质评价水平，需要贷款人通过制定合理的贷款定价方案和条款，防止逆向选择和道德风险的发生。

在不完全信息条件下，无担保的借款企业和贷款人之间的博弈过程的模型是：

先假设借款企业的信贷风险度为 $f(X_1, X_2, X_3, \cdots, X_n)$，贷款人获得借款企业信贷风险度的投入成本为 C_f，贷款人获得申请贷款企业的预期信贷风险度为 $\bar{f}(X_1, X_2, X_3, \cdots, X_n)$，其中 $X_1, X_2, X_3, \cdots, X_n$ 分别指决定企业能否按期归还贷款的主要因素。X 中担保、贷款方式、贷款金额、贷款年限等信息较容易获得，但另外一些因素如投资项目的潜在风险、借款者的道德品格、还款意愿、企业经营的可持续性、企业投资项目与宏观经济波动的相关性等就需要投入较多的调查成本。

那么，贷款人预期贷款风险度与企业真实贷款风险度的偏差是：

$$e = \bar{f}(X_1, X_2, X_3, \cdots, X_n) - f(X_1, X_2, X_3, \cdots, X_n) \quad (5.4.1)$$

其中，e 作为贷款人预期贷款风险度 $\bar{f}(X_1, X_2, X_3, \cdots, X_n)$ 与企业真实贷款风险度 $f(X_1, X_2, X_3, \cdots, X_n)$ 的偏差，该偏差不仅与调查成本 C_f 有关，还与企业规模 S、社会平均征信服务水平 P 等多种因素有关。贷款人通过调查可以缩小预期信贷风险与真实贷款风险度的偏差。

再假设申请贷款的企业按照贷款人估计的借贷风险度 $\bar{f}(X_1, X_2, X_3, \cdots, X_n)$ 可以分为 i 种类型。贷款人资金成本无风险利率为 R_0，贷款人用于一个企业的贷款额度为 M。企业违约后，贷款人在追讨债务之前，企业的贷款所得为 M'。不同类型的企业 i 的项目收益为 I_i，违约概率为 P_i，违约后的恢复率为 V_i。则不完全信息下无担保贷款人与借款企业博弈过程的博弈树如图 5-17 所示。

这个博弈过程可以分解为以下几个步骤：（1）企业是否向贷款人申请贷款。若不申请，企业和贷款人的收益均为 0。若申请，则进入下一个博弈过程。（2）贷款人对企业进行资质审查，决定是否贷款。若不贷款，企业和贷款人的收益均为 0。如果贷款，则进入下一个博弈过程。（3）企业贷款后不违约的概率 $1-P_i$，则贷款人可以获得的收益率为 $M(R_i - R_0)$，企业可以获得的收益率为 $M(I_i - R_0)$。若企业违约，则贷款人在企业清算或者担保索赔中获得的恢复收益为 MV_iQ_i，其中 V_i 为恢复率，Q_i 为可恢复的概率。若企业违约后，贷款人无法获得后续的损失赔偿，则贷款人的收益为 0，而企业的收益

第五章　中小企业集群融资的新模式（一）：静态的理论视角　　139

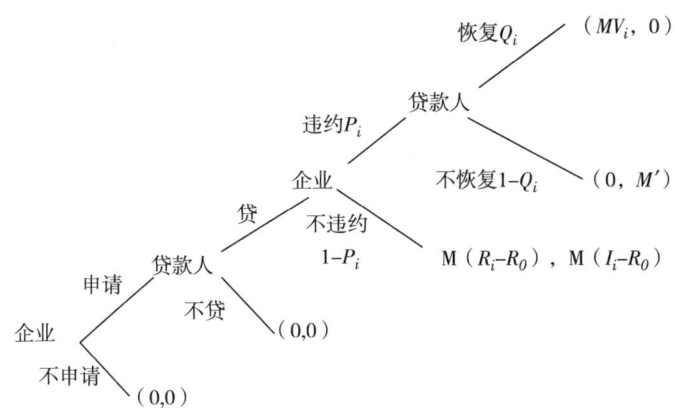

图 5-17　传统信贷模式下的无担保贷款人与企业博弈关系树

为 M'。

则贷款人对企业 i 进行贷款的期望收益

$$X = P_i Q_i MV_i + (1 - P_i) M(R_i - R_0)$$
$$= [(R_i - R_0) - P_i(R_i - R_0 - Q_i V_i)] M \quad (5.4.2)$$

由 5.4.2 式可知，贷款人对企业 i 进行贷款的期望收益如果高于贷款人贷款的参与收益 $\overline{X}$，即 $X \geqslant \overline{X}$，则贷款人选择贷款，反之则选择不贷款。

中小企业由于贷款额度 M 较小，单位贷款额度需投入较高的成本才能降低预期信贷风险与真实贷款风险度的偏差 e。预期信贷风险相对于真实贷款风险的估计偏差越大，贷款人估计的贷款会出现违约的概率 P_i 就越大，则贷款人需要提高 R_i 或者提高违约后追索的可能性 Q_i 和恢复的概率 V_i。所以贷款人不仅会提高面向中小企业的借款利率，而且提出更为严格的质押条件。

当利率提高至 $\hat{R}_1$ 会导致可承受利率在区间 $(R_i, \hat{R}_1)$ 的企业放弃借贷选择的申请，转向其他借款方式，可以承受 $\hat{R}_i$ 利率的企业必然有着较高的投资项目的收益率 I_i 作为支撑。项目的收益率越高，风险越大，则提高了申请借贷平均的潜在风险水平，此即为逆向选择风险。

如果企业以 P_i 的概率发生违约，处置不良资产情况受阻，使企业仍然可以获得收益 M'，当 $M' > M(R_i - R_0)$ 时，企业就有主观违约的倾向，即产生道德风险的问题。

但在有担保机构参与下，情况有所变化，中小企业的借贷——担保博弈过程如图 5-18 所示。

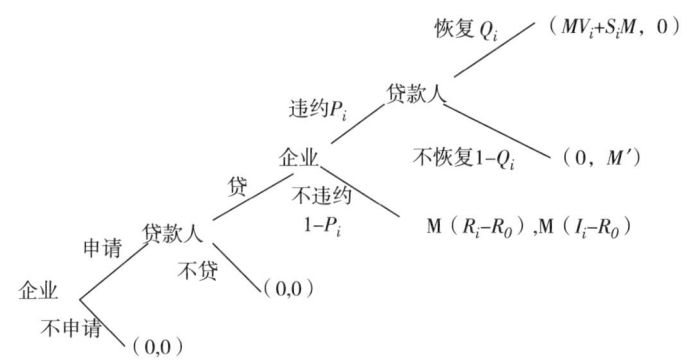

图 5-18　传统信贷模式下有担保机构参与的贷款人与企业博弈关系树

如果其他条件不变，企业可从担保机构获得担保，贷款人与借款企业的博弈树中收益项目发生了变化，贷款人在企业发生违约后，不仅能够获得恢复收益 MV_i，还能获得担保机构的赔款 S_iM，其中 S_i 为担保比率。

在有担保机构参与的博弈过程中，贷款人对企业 i 提供贷款的期望收益

$$X = P_iQ_i(MV_i + S_iM) + (1 - P_i)M(R_i - R_0)$$
$$= \{(R_i - R_0) - P_i[R_i - R_0 - Q_i(V_i + S_i)]\}M \quad (5.4.3)$$

贷款人在企业违约后，可以获得企业赔付部分加上担保机构的代偿还款 $MV_i + S_iM$。担保机构降低了贷款人在企业发生违约时的预期损失，贷款人提高借款利率的动机相对降低。但也不能排除担保机构为了扩大业务量，忽视前期调查和风险评估，帮助企业美化项目信息，以获得贷款的情况出现，使得在贷款人无法从担保机构获得赔付，从而 $S_i \to 0$。这样，中小企业的坏账风险还是留存在贷款人。贷款人还是要依靠提高利率来解决信息不对称问题，逆向选择和道德风险问题仍然无法彻底消除。

同时，由于中小企业的反担保能力比较弱，担保机构往往要求较高的担保费用。这样传统模式下的信息不对称问题导致中小企业需要向贷款人支付更高的利息和向担保公司支付更高的担保费用，加大了中小企业的经营风险。

（2）中小企业集群集合债券融资模式下的债务关系①。

在中小企业集群集合债券融资模式下，建立集群财务公司，通过这种创

---

① 在（1）中，分析的是传统的信贷关系，最主要和最典型的贷款人是银行。这里分析的是中小企业集群集合债券融资模式，在这一模式下，集群财务公司与集群内的中小企业、外部资本市场的债券投资人与集群财务公司也都是债权债务关系。为与（1）的传统信贷关系相区别，本节的债权债务关系简称为债务关系，分析思路与（1）相同，为表述简便起见，数学符号表示相对应的含义不再重复定义。

新的机制，构建具有信息彰显机制的集群内的信息空间，大大缓解中小企业、外部资本市场的债券投资人和担保机构之间的信息不对称，可以在很大程度上降低企业因为信息分配机制问题所需承担的高昂的财务费用，从而降低企业的经营风险。

中小企业集群集合债券成功构建了以企业、担保机构、外部资本市场的债券投资人和政府为信息收发点，以企业经营能力、资信状况、企业产品的前景和政府对行业的支持力度等信息传播内容的信息空间。它作为一种新型的融资模式，能够最大限度地实现资金的有效配置。集群财务公司发行的中小企业集群集合债券，汇集集群内的中小企业的资金需求，债券的风险与实际使用所融得资金的中小企业密切相关。在集群内的中小企业的预期债务风险度 $f(X_1, X_2, X_3, \cdots, X_n)$ 中一些因素需要支付较高的调研成本才能够获得相关信息。由于集群财务公司集合了集群内众多中小企业的资金需求进行审查，可以使单位资金的固定调查费用支出降低。集群财务公司向本集群内的中小企业提供债券融资，使得更多的中小企业能够获得资金，还能够对融资的中小企业进行约束，从而进一步降低集群内的中小企业对融资真实风险度的隐藏激励，让企业进行自我信息的主动披露。由担保机构进行项目筛选，向债券投资人提供集群内中小企业以及集群财务公司的信用信息，可以降低外部资本市场的债券投资人付出的调查成本 C_f。担保机构的项目审查在一定程度上属于债券投资人、中小企业和集群财务公司之外的第三方进行的资质审查，使征信工作更加专业化，提高了社会平均征信水平。

总之，中小企业集群通过企业对自身状况的披露，区域性担保机构对所属地域企业的尽职调查，以及集群财务公司的风险评估部门对行业预期的分析，可以大幅缩小预期债务风险度与真实债务风险度的偏差 e。

如果继续假设其他条件与传统的信贷—担保关系下的模型相同，企业获得集群财务公司的支持，如果在清偿期的企业发生违约，担保机构将负代偿责任，预先交纳的保证金和风险准备金也会在该担保机构无力行使代偿责任时依次扣除。这样就降低了担保机构的二重违约风险，保证了债券投资人对担保机构的赔款 S_iM 的收取。这不仅能够保证获得恢复收益 MV_i，还能够提高获得融资担保的可能性，即提高 $Q_i \rightarrow Q_i''$，如图 5-19 所示。

则债券投资人对企业 i 进行发债的期望收益

$$X = P_i Q_i''(MV_i + S_iM) + (1 - P_i)M(R_i - R_0)$$
$$= \{(R_i - R_0) - P_i[R_i - R_0 - Q_i''(V_i + S_i)]\}M \quad (5.4.4)$$

由于 $Q_i'' \geqslant Q_i$，债券投资人对提高债券利率、缓解信息不对称程度的激励降低。担保机构在推选项目的时候也需要更加谨慎，否则不仅要负担代偿责

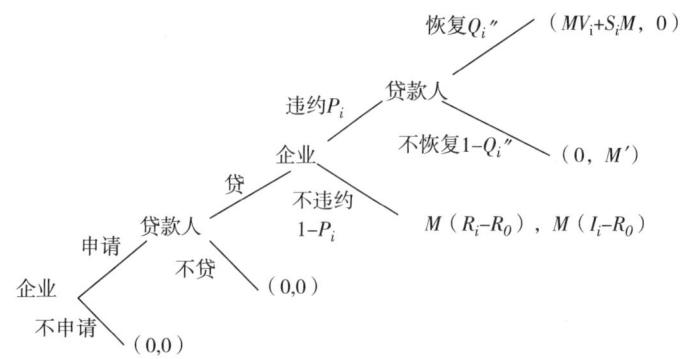

图 5-19　构建集群集合债券融资模式后的债券投资人与企业博弈关系树

任,而且还会因为无法履行代偿义务被扣除保证金和补足风险准备金而面临资金困难,所以通过担保机构获得的项目收益率信息会更加接近真实值。

中小企业集群集合债券融资模式的优势,在于它聚合了信贷、债券、担保等金融服务和产品,更为重要的是,对信息和风险控制进行了整体整合,信息优势和业务处理优势可以实现协同效应。在这种模式下,债券投资人从担保机构和集群财务公司获得信息,降低了信息搜寻成本,降低资金供需双方的信息不对称程度,防范了担保公司违约行为的发生。通过机制优化降低潜在的逆向选择与道德风险问题,使债券投资人需要依靠提高债券票面利率缓解信息不对称所带来的风险的动机减弱,提高了融资决策理性程度,使中小企业融资所面临的整体违约风险大幅降低,也降低了中小企业支付的财务费用。

2. 中小企业集群集合债券融资的效应

(1) 中小企业集群集合债券降低融资门槛。

通过传统途径无法获得融资的中小企业,可以通过中小企业集群融资获得企业运营所需资金。传统的银行贷款或企业债券,一般都将企业规模、利润率和经营年限等设定为信用风险控制的重要指标,而众多小企业往往无法达到这些比较高的要求。

假设银行对各项指标的要求为 $f_1, f_2, \cdots, f_n$。在一定的区域内,不同资质企业的分布密度函数为 $f(x)$,则满足一般融资各项指标要求的企业数目为

$$N = \int_{f_1 f_2 \cdots f_n}^{\infty} f(x) \, \mathrm{d}x \qquad (5.4.5)$$

在集群集合债券融资模式下,对于融资供给方,通过中小企业集群财务公司可以表现出更强的风险偏好,为无法通过自身条件达到独立发行债券进

行融资的中小企业提供融资服务,即对申请发行债券融资的中小企业在规模、利润率、经营年限等的要求低于传统融资模式下融资供给方对各项指标的要求,则能够为更多的企业提供融资服务。如果以 $f'_1, f'_2, \cdots, f'_n$ 表示降低要求以后的规模、利润率和经营年限等指标,则 $f'_1, f'_2, \cdots, f'_n < f_1, f_2, \cdots, f_n$,即有

$$N = \int_{f'_1 f'_2 \cdots f'_n}^{\infty} f(x) \mathrm{d}x \geqslant \int_{f_1 f_2 \cdots f_n}^{\infty} f(x) \mathrm{d}x \quad (5.4.6)$$

(2) 中小企业集群集合债券减少交易费用。

企业在获得融资服务时,通过中小企业集群财务公司打通了通向各个资金出让方——集群内部资本市场和外部资本市场集合债券——担保机构的路径。中小企业集群财务公司能够召集行业内的权威人士和专家对几个同类企业的运营模式和盈利方式进行评估,获得的关于行业的信息同时适用于几家企业的调查分析中,能够将不同企业的特点进行分析比较,筛选出成长潜力大、经营风险低的企业进行信用支持。这种方式提高了对优势资源的利用效率,降低了项目审批成本,使得集群债券融资模式的整体运营成本在一定程度上降低,从而使发债企业获得较高的效用水平。

假设通过中小企业集群财务公司提供的融资服务的交易总成本为 C_{sum},有 n 家企业获得该项融资支持服务,则各家企业需要成本的平均交易成本为 C_{sum}/n。再假设企业最终获得融资,实现的价值为 V。则申请贷款的企业能够实现的期望效用 U 为:

$$\begin{aligned} U = & P(f_1, f_2, \cdots, f_n > f'_1, f'_2, \cdots, f'_n) \times V + \\ & P(f_1, f_2, \cdots, f_n < f'_1, f'_2, \cdots, f'_n) \times 0 - C_i \end{aligned} \quad (5.4.7)$$

其中,

$$C_i = C_{\mathrm{fix}} + P(f_1, f_2, \cdots, f_n > f'_1, f'_2, \cdots, f'_n) \times C_{\mathrm{sum}}/n \quad (5.4.8)$$

若中小企业符合各项要求,则会获得融资,实现价值 V;反之,若不符合,则价值为 0。需要付出的成本为 C_i,C_i 中包括申请过程所费成本 C_{fix},也包括获得融资或需要承担的成本 C_{sum}/n。

若单个企业单独获得债券融资,其交易成本较高为 C'_i

$$C'_i = C'_{\mathrm{fix}} + P(f_1, f_2, \cdots, f_n < f'_1, f'_2, \cdots, f'_n) \times C_f \quad (5.4.9)$$

$$\begin{aligned} U'_i = & P(f_1, f_2, \cdots, f_n < f'_1, f'_2, \cdots, f'_n) \times V \\ & + P(f_1, f_2, \cdots, f_n > f'_1, f'_2, \cdots, f'_n) \times 0 - C'_i \end{aligned} \quad (5.4.10)$$

可以看出,一般融资模式下,中小企业在申请贷款时,花费较高的前期投入成本($C'_{\mathrm{fix}} > C_{\mathrm{fix}}$),获得融资的概率 $P(f_1, f_2, \cdots, f_n < f'_1, f'_2, \cdots, f'_n)$ 要小于在中小企业集群集群债券融资模式获得债券融资的概率 $P(f_1, f_2, \cdots, f_n >$

$f'_1, f'_2, \cdots, f'_n$)。即中小企业集群集合债券融资模式下，中小企业申请贷款花费较低的前期投入成本，获得融资的概率也要高于一般融资模式。

总之，一般模式下，中小企业融资获得的效用水平低于通过中小企业集群集合债券融资模式融资获得的效用水平，即通过中小企业集群集合债券融资模式融资获得的效用水平高于一般融资模式下中小企业融资获得的效用水平。

（3）中小企业集群集合债券加强风险控制。

① 集合债券对输入风险的控制。在传统一般融资模式下，申请贷款的项目信息 $S = \theta + \varepsilon$，其中 ε 表示均值为 0，方差为 σ_ε^2 的正态分布，且 θ 和 ε 相互独立。通过单个的贷款人和担保机构的审查能够在一定程度上了解项目的方差 σ_c^2，则存在 $\sigma_c^2 = \varphi \sigma_\varepsilon^2$，其中 $\varphi \geq 1$，φ 与信贷调查者的认知能力 X、宏观环境的不确定性 Y 以及借贷者的信息不对称程度 Z 相关，即 φ 可表示为

$$\varphi(X, Y, Z) = -aX + bY + cZ \tag{5.4.11}$$

其中，$a > 0$，$b > 0$，$c > 0$，$\varphi \geq 1$

因此，在传统一般信贷模式下，信贷风险投资均衡利率模型为：

$$r = \frac{\sigma_\theta^2}{\sigma_\theta^2 + \varphi \sigma_\varepsilon^2}(\theta + \varepsilon) \tag{5.4.12}$$

但在中小企业集群集合债券融资模式下，集合债券实现了层层风险评估环节有利于风险控制，其在一定程度上提高了债券投资者的认知能力 X，提高了对宏观环境的不确定性 Y 的把握，降低了债券投资人与发行人之间的信息不对称程度 Z，最终使方差的估计偏差 $\varphi(X, Y, Z)$ 降低至 $\tilde{\varphi}(X, Y, Z)$。

则，在中小企业集群集合债券融资模式下，集合债券投资风险投资均衡利率的模型为

$$\tilde{r} = \frac{\sigma_\theta^2}{\sigma_\theta^2 + \tilde{\varphi} \sigma_\varepsilon^2}(\theta + \varepsilon) \tag{5.4.13}$$

而在完全信息对称的条件下，$\varphi(X, Y, Z) \to 1$，债券投资风险投资均衡利率的模型为

$$r_{\varphi=1} = \frac{\sigma_\theta^2}{\sigma_\theta^2 + \sigma_\varepsilon^2}(\theta + \varepsilon) \tag{5.4.14}$$

由 $\varphi > \tilde{\varphi}$ 可知

$$E(r) > E(\tilde{r}) > E(r_{\varphi=1})$$

即通过中小企业集群集合债券可以使中小企业获得债务融资的成本降低。

如果用横轴表示融资利率 r，纵轴表示融资数量 Q，$D(r)$ 为融资需求曲线，$S(r)$ 为融资供给曲线，则集群集合债券融资对均衡利率与融资数量的影响可用图 5-20 表示。

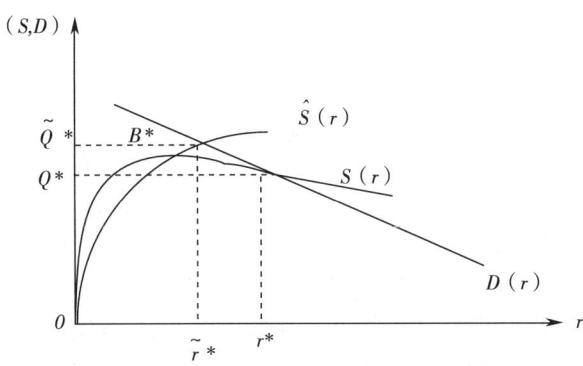

图 5-20　集群集合债券融资对均衡利率与融资数量的影响

在没有担保的情况下，融资供给曲线 $S(r)$ 是一条先上升后下降的曲线，表示在一定条件下，随着利率的提高，债券投资人愿意扩大资金的供给量先增加后减少。即当 $r < r_B^*$ 时，债券投资处于安全区域，OB 向上倾斜，r 越大，债券投资人的收益越多，用于债券投资的资金量越大。但是当利率增加到 r_B^* 时，便进入了债券投资的非安全区，"逆向选择"和"道德风险"的存在使债券投资人聚集的违约风险概率提高，所以当 $r > r_B^*$ 时，债券投资人用于债券投资的资金量会随着利率的提高而降低。市场出清的均衡利率需求和供给曲线的交点，即在均衡点 r^* 上，$D(r^*) = S(r^*)$ 实现均衡时的资金量 Q^*。

但在集群集合债券融资模式下，担保机构的把关控制了违约风险，使外部资本市场的债券投资人对债券投资风险方差的估计偏差 $\varphi(X, Y, Z)$ 降低至 $\tilde{\varphi}(X, Y, Z)$，则期望利率由 $E(r)$ 降至 $E(\tilde{r})$，债券投资人需要提高债券利率防范信息不对称引发的逆向选择和道德风险的动机减弱，从而使债券市场上的供求量的均衡水平从 Q^* 提高至 $\tilde{Q}^*$，增加了债券市场的资金供给。这种融资模式创新，使集群外部资本市场上债券的投资人对债券发行人的投资风险信息有了更加清晰地把握，有效降低了双方之间的信息不对称性，大幅提高债券市场的资金供给效率。

② 担保公司对担保风险的分担。在传统的银行—企业—担保机构三方参与的融资模式下，银行承担的企业还款风险部分地转嫁给了担保机构，这时银行承担的贷款损失风险主要将取决于贷款企业的偿债能力 X_1 和担保机构

的履约能力 X_2 两个方面。由中心极限定理，贷款企业的偿债能力 X_1 和担保机构的履约能力 X_2 近似地服从正态分布，概率密度函数分别为 $f(x_1)$ 和 $f(x_2)$，其中 $X_1 \sim N(\mu_1, \sigma_1^2)$，$X_2 \sim N(\mu_2, \sigma_2^2)$。那么随机变量$(X_1, X_2)$的概率密度为

$$f(x_1, x_2) = \frac{1}{2\pi\sigma_1\sigma_2}\exp\left\{-\frac{1}{2}\left[\left(\frac{x_1-\mu_1}{\sigma_1}\right)^2 + \left(\frac{x_2-\mu_2}{\sigma_2}\right)^2\right]\right\} \quad (5.4.15)$$

根据式（5.4.15）就可以求出在某个特定情况下银行信贷风险度

$$Q = P(X_1 < b_1, X_2 < b_2) = \int_{-\infty}^{b_2}\int_{-\infty}^{b_1} f(x_1, x_2)\mathrm{d}x_1\mathrm{d}x_2 \quad (5.4.16)$$

而在中小企业集群集合债券融资模式下，债券风险的防范除了集群财务公司这一层面外，还有担保机构。从而使得集群财务公司的履约能力在均值保持不变的情况下，风险大大下降，近似的满足正态分布，即 $X_2 \sim N(\mu_2, \tilde{\sigma}_2^2)$，并且满足 $\tilde{\sigma}_2^2 < \sigma_2^2$。那么在集群集合债券融资模式下的债券风险度为

$$Q = P(X_1 < b_1, X_2 < b_2) = \int_{-\infty}^{b_2}\int_{-\infty}^{b_1} f(x_1, x_2)\mathrm{d}x_1\mathrm{d}x_2 \quad (5.4.17)$$

其中，

$$f(x_1, x_2) = \frac{1}{2\pi\sigma_1\tilde{\sigma}_2}\exp\left\{-\frac{1}{2}\left[\left(\frac{x_1-\mu_1}{\sigma_1}\right)^2 + \left(\frac{x_2-\mu_2}{\tilde{\sigma}_2}\right)^2\right]\right\} \quad (5.4.18)$$

从图 5-21 反映的集群集合债券融资担保机构的履约能力截面中，也可以看出担保机构的履约能力小于一定常数的概率将大大降低。

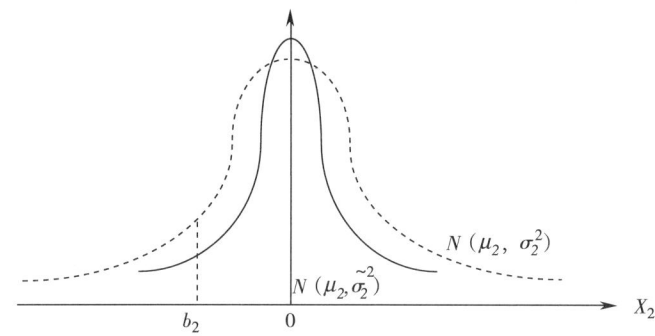

图 5-21　集群集合债券融资担保机构的履约能力概率分布变化图

可见，担保机构通过参与到中小企业集群集合债券融资模式当中去，不仅增强了担保机构自身经营的活力与生命力，而且由多家担保机构和集群财务公司共同设立的风险补偿金，大大缓解了单家担保机构在担保时可能出现

的流动性风险,增强了担保方的偿债能力,使集群外部资本市场的债券投资风险降低,调动了债券投资人参与中小企业集群集合债券投资的积极性。

二、集群担保债权融资模式

(一)"桥隧模式"、"担保换期权"和"路衢模式"的经验

1. "桥隧模式"

"桥隧模式"是一种创新型的贷款担保运作模式,最先由浙江大学金雪军研究团队创立、浙江中新力合担保有限公司实践并获得成功。该模式有别于传统模式,其特征在于在由企业、银行及担保机构组成的传统担保融资模式中引入第四方业界投资者(包括风险投资者和上下游企业)。如图5-22所示,第四方与企业订立有条件的期权收购合约,合约约定当企业现金流发生预期以外的变化而无法偿付银行贷款时,第四方将以预先约定的优惠股价获得企业一定比例的股权,企业由该股权融资带来的现金流用以偿付银行债务,这就使得企业能够持续经营下去,避免了因资金链条断裂而遭破产清算的风险,解除了企业的财务困境。其核心内容是在原有的银行信贷模式中引入风险投资股权融资反担保内容,达到了联保与再担保的双重效果,实现了担保风险的再转移及资源的有效整合。

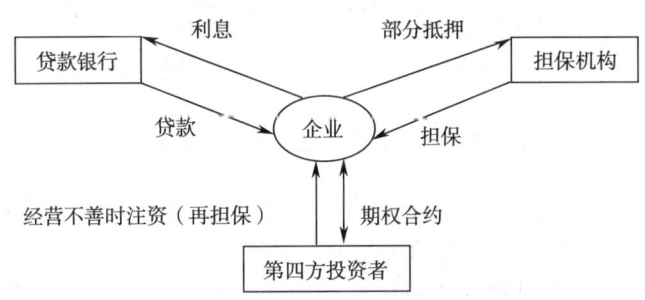

图5-22 "桥隧模式"融资模式架构图

该模式架通了信贷市场与资本市场,实现四方共赢:对于业界相关者,能够以较低的价格获得具有较好价值潜力的目标公司;对于企业,在财务困难时与其破产清算而流失企业价值,还不如出售或稀释股权来尽可能减少现金流问题对企业价值的损害;对于银行,业界相关者的介入为其降低了交易成本,减少坏账发生的概率;而担保公司则因存在业界相关者的或有介入,降低了其所承担的代偿风险,有利于其争取与银行开展业务和改善与银行合作时的条件,还可能扩大其资本金的担保放大倍数,提高担保公司业务发展的空间。

然而,"桥隧模式"的一对一担保机制与风险投资机制存在一些缺陷,如较大的搜索成本,难以快速匹配;覆盖面窄,难以推广,无法调动风险投资者帮助企业成长的积极性。

2. "担保换期权"模式

"担保换期权"模式实际上是一种分散担保风险、实现共赢的方式。由深圳高新技术风险投资公司与深圳比克电池有限公司共同创立。其特征在于风险投资机构的角色转换。在"担保换期权"模式中(见图5-23),风险投资机构在这里担当了双重角色,不仅充当投资者,还充当担保者。风险投资机构在为企业提供信用担保的同时,签订一定比例的期权协议,在一定条件下投资者可以通过行权投资企业,或者企业可以回购投资者的期权。如果企业经营失败,投资者为其偿付银行贷款,也无法行权;如果企业经营成功,则投资者可以通过认股获得丰厚回报(成功企业的长期股权)。

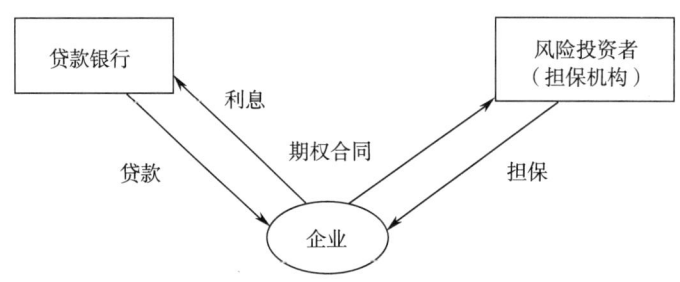

图5-23 "担保换期权"融资模式架构图

该模式与"桥隧模式"相同的是,都引入了风险投资股权融资反担保,形成激励机制,调动了企业积极性。不同的是:(1)该模式把信用担保和风险投资结合起来,在风险投资机构内部达到了高风险高收益的平衡,改变了过去高风险低收益的尴尬局面,提高了融资效率和担保机构绩效。(2)该模式中的风险投资者会给予企业一定的技术、资源、专业知识等帮助,对避免企业陷入危机和推动企业发展起到重要作用。而在"桥隧模式"中,第四方投资者没有动力去帮助企业发展,只有企业深陷危机,第四方才能以更低的成本获得企业的股权。(3)相对于"桥隧模式"的鞍式期权组合,企业的获利空间会因股权的稀释而降低,企业的积极性会有所下降。(4)银行把风险转移到风险投资者,银行的风险是大大减少了,但在整个体系中风险并没有减少,因而银行基于安全性的考虑仍会有所保留,效果并不如"桥隧模式"中担保机构与第四方联保的好。

3. "路衢模式"

"路衢模式"是在"桥隧模式"的基础上发展起来的,一种以政府财政资金为引导,以债权信托基金为平台吸引社会资金有效参与的中小企业融资模式。该模式由杭州中新力合股份有限公司首推,通过政府财政资金的引导、担保公司的不完全担保以及风险投资公司的劣后投资,借助于集合债权信托基金,积极有效吸纳社会资金,实现对中小企业的融资支持。其特征在于引入政府作为第四方,关键是运用一种新型的信用衍生工具——担保债务权证(CDO),突破了传统的担保贷款模式,有力推动了我国民间金融改革创新。

CDO 是以抵押债务信用为基础,基于各种资产证券化技术,对债券、贷款等资产进行结构重组,重新分割投资回报和风险,以满足不同投资者需要的创新性衍生证券产品。在"路衢模式"(见图 5-24)中,政府根据产业扶持政策确定符合条件的企业,将这些企业的资金需求交由专业顾问机构进行打包,由信托公司设计和发行债券信托,并按照企业经营状况和现金流预测进行分级,设定优先、次级和劣后受益人的风险、收益分配结构,向政府财政、担保公司和社会投资者发行,募集资金由信托公司以贷款形式向这些企业发放。通过政府财政资金的引导、担保公司的不完全担保、银行等金融机构的一般投资以及风险投资公司的劣后投资,借助于集合债权信托基金,使得原来的银行、担保机构和风险投资者都在某种程度上成为了投资者,形成了利益共同体,并有政府财政资金支持作为信用保障,能极大地吸纳各方资金。对信托基金进行了分级,符合各方利益,有效匹配了风险与收益。

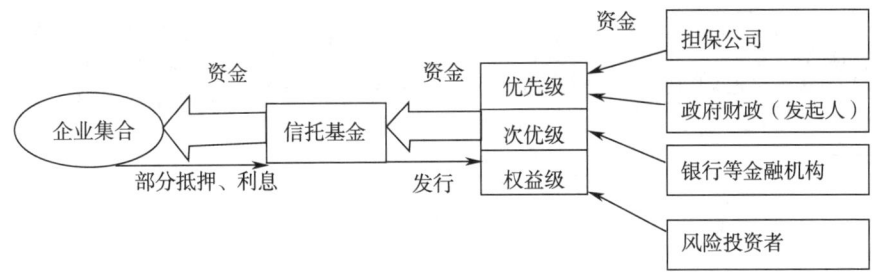

图 5-24 "路衢模式"架构图

"路衢模式"实际上是多对多的形式,更符合价值投资的理念且更具有效率。该模式不仅减轻了银行的贷款负担,有效分散和降低风险,而且为投资者创造了价值投资机遇。一方面,中小企业贷款成为了一项债权产品,能让各方投资者参与投资，通过多个投资者分散风险，并通过多家企业联合降低风险。另一方面，由于信托基金内的企业经过政府政策的筛选，符合产业发展计划，发展前景较大，具有投资价值。更重要的是，通过各类企业的联合，特别是供应链上的企业联合，发挥其自身的"能力"，大部分风险在其内部得到化解。风险得到有效降低，即企业联合创造了新价值，而投资者正是发掘了这一内在的增值潜力而进行价值投资。此外，与传统融资模式相比，"路衢模式"还凸显了实现中小企业集合融资、扩大融资参与主体、放大财政资金扶持力度、拓展银行业务空间、有效促进担保公司的业务发展等效率优势。

但这一模式的运行要依靠充裕的民间资金和完善的金融体系。政府作为投资者能够在提供支持的同时获得收益，利用市场运作提高财政资金的效益。但是，政府的介入可能会损害市场效率，容易滋生腐败和寻租行为，也很有可能把原来由信用担保机构承担的风险转移到政府，引发更大的潜在财政风险。

总之，上述三种融资模式是在中小企业间接融资过程中运用期权价值投资思维，而创新的、复合式的、有效的中小企业融资渠道。对其期权价值投资理论应用的方式、作用和缺陷等方面的总结分析见表5-3。其核心是金融工具和衍生品的运用，连接信贷市场和资本市场。其关键点在于：一是引入风险投资平衡风险，增加收益；二是企业联合，降低和分散风险。

表5-3 三种创新融资模式对比分析

融资模式	期权价值投资理论应用		作用	缺陷
桥隧模式	企业	鞍式期权组合	联保与再担保的双重效果，降低融资体系风险	搜索成本大，难以推广，无法调动风险投资者帮助企业成长的积极性
	银行	无		
	担保机构	空头买权		
	风险投资者	空头卖权		
担保换期权	企业	差价期权组合	平衡高风险高收益，风险投资者能对企业的发展起到推波助澜的作用	稀释股权，存在风险投资企业破产的风险
	银行	无		
	风险投资者（担保机构）	多头买权 空头卖权		
路衢模式	企业联合创造了新价值		需求分层，集合融资，增加金融要素市场供给	政府介入问题，金融体系不完善的制约

(二) 集群担保债权融资模式的新构

1. 新构集群担保债权融资模式的理由

"桥隧模式"、"担保换期权"和"路衢模式"三种创新融资模式中，最值得中小企业集群可鉴的模式是"路衢模式"。因为：

(1) "路衢模式"改变了一家企业申请银行和担保公司支持的方式，实现了在形成资金供给基础上，批量筛选符合条件企业参与融资，属于中小企业的集合融资，但不是中小企业集群融资，而中小企业集群融资更有集合性。如2008年9月，杭州市西湖区政府为涵盖电子信息、新材料、文化创意、高效农业及现代服务业等产业的20家企业首期发行"平湖秋月"债权5 000万元。通过首次尝试，杭州市政府又为融资最为困难的文化创意产业中的文化会展、动漫游戏、现代传媒、信息服务、文化休闲旅游、政府培训、设计服务、艺术品业8个行业的29家企业，推出第二期"宝石流霞"债权信托发行6 000万元。

(2) 与其他两种模式一样，"路衢模式"连通信贷市场和资本市场，其关键点在于企业联合，降低和分散风险。而中小企业集群的特征之一就是很强的企业联合性、企业合作性和社会资本性，因此在降低和分散风险方面，中小企业集群更有优势。

(3) 我国集群经济快速成长，尤其长三角、珠三角等地区作为中小企业和中小企业集群重要集聚地，经济总量大，发展速度快，具备中小企业集群发展和资本市场发展的良好经济与制度环境，但仍普遍存在中小企业融资难的问题，其根本原因之一是缺乏内生性的集群融资体系和创新性的内生性集群融资模式和工具。

(4) 中小企业集群内有大量的民间资本，通过集群融资的建设，与其他外部金融一起构成了较完备的集群融资体系，这达到了"路衢模式"的运行要依靠充裕的民间资金和完善的金融体系的要求。

(5) "路衢模式"存在着政府介入后的缺陷，需要探索其他新的模式，以改良优化"路衢模式"，采取中小企业集群担保债权的融资模式，不失为一种改良"路衢模式"的好的选择。

2. 新构集群担保债权融资模式的思路

基于上述五点理由考虑，中小企业集群担保债权融资模式是一种基于"路衢模式"而改良创新的中小企业集群融资新模式。集群担保债权融资模式与"路衢模式"最大的区别在于，它以中小企业集群融资组织（中小企业集群财务公司）为发起人，设立中小企业集群信托基金，建立集群CDO运作模式，具体架构如图5-25所示。

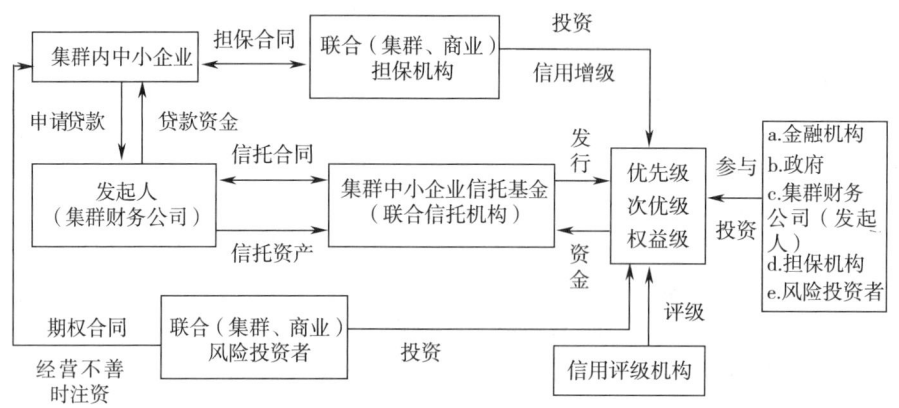

图 5-25　集群担保债权融资新模式架构图

在集群 CDO 的运作模式上，由中小企业集群财务公司牵头，根据集群产业转型升级要求，将处于同一供应链中的优质集群企业或者业务关联的优质集群企业的资金需求打包，设立中小企业集群信托基金（参与投资方包括金融机构、政府、集群财务公司、担保机构、风险投资者等，它们各自分工、各司其职，共同构成一个联合信托机构）。在基金中嵌入期权投资，即当某家企业面临破产时，将该企业暂时剔除到基金之外，由某风险投资者（集群风险投资者和商业风险投资者联合投资）与该企业签订期权合同后，风险投资者注入资金认购股权，待其恢复正常运营时再纳入基金之中。由于信托基金可以为中小企业提供中长期贷款，因而能解决中小企业缺乏中长期资金的结构性问题。

担保机构则可以使用集群担保机构和商业担保机构联合的模式，通过投资获得收益，这样才能使担保机构（集群担保机构和商业担保机构）真正融入金融市场，成为真正的金融机构。

信用评级机构对将要发行的某一集群 CDO 融资品种，进行信用评级，分出优先级、次优级和权益级，联合投资者以此作为不同决策的依据。

中小企业集群财务公司在该创新性融资模式中起关键作用。它不仅仅在中小企业集群担保债权融资模式中充当集群信托基金发起人的角色，而且更重要的是它还兼负担保机构、风险投资者的重任，与商业担保机构和商业风险投资者一道，组成联合担保机构和联合风险投资者，共同负责集群担保债权融资模式中中小企业的融资担保和融资期权买卖。这与"路衢模式"相比，信托基金的发起人由外生者（"路衢模式"中的政府）变成了内生者（集群担保债权融资模式中的集群财务公司),避免了政府的介入可能会损害市场效率,杜绝滋生腐败、寻租行为和防范更大的潜在财政风险。

除此之外,该模式的设计,符合中国中小企业集群融资的要求和产业集群结构升级的要求,有效利用各方资金和风险投资者促进中小企业集群发展。

最重要的,该模式利用期权价值投资思维进行间接融资模式创新,引入期权和外部风险投资者,有效平衡风险和收益,改变了过去由银行或者担保机构独担高风险的状况,疏通了间接融资渠道,有效解决了集群中小企业融资难问题,也为金融改革和创新提供了新的思路。

第六章
中小企业集群融资的新模式（二）：动态的理论视角

中小企业集群融资新模式不是静止不变、一劳久逸的，而是随着集群内外环境与集群质量的变化而变化和演进的。中小企业集群的融资模式通过自组织与他组织的方式动态演化。中小企业集群融资模式的自组织演化是集群广度和集群深度两方面共同演进、相互协调的结果。中小企业集群融资模式的他组织演化受宏观环境、集群环境和企业规模三个因素影响。通过中小企业集群在自组织与他组织两种力量相互共同作用下，不同融资模式的动态选择，来揭示中小企业集群融资新模式的演化机制。

第一节　中小企业集群融资模式的动态演化方式：自组织与他组织

中小企业集群（或产业集群）是由多要素、多主体、多种联系形成的一个典型的复杂适应系统。它不仅仅是一个产业经济系统、一种有效的空间组织模式和区域经济发展的重要推动力量，而且还包括社会系统和自然生态系统。系统所具有的开放性、多样性、非线性、不确定性和动态性等这些特点交织在一起，表现出集群系统特有的复杂演化过程。因此，中小企业集群融资新模式作为该复杂适应系统的一部分（或子系统）的涌现（或突现）也不是一次性的、静止不变的、一劳久逸的，而是随着集群内外环境的变化而不断涌现、不断演进的。

从复杂适应系统（CAS）的角度看，中小企业集群（或产业集群）融资模式演化的基本形式是自组织和他组织及其二者结合演化，而演化的根本动力是集群成员的合作竞争、协同共生和适应性。

复杂适应系统的组织演化可分为自组织和他组织。自组织是指不需外界指令而能自行组织、创生和演化以及自主地从无序走向有序、从低级走向高级，形成有结构的系统的过程和结果。而他组织是指系统的形成不能自行组织、创生和演化，不能够自主地从无序走向有序、从低级走向高级，而只能依靠外界的特定指令来推动组织的形成和向有序演化，从而被动地从无序走向有序、从低级走向高级。

一、中小企业集群融资模式的自组织

一个系统从混沌到有序，必须满足开放、远离平衡态、系统各要素间的非线性作用及涨落四个条件。系统与外界的物质、能量、信息的交换，是实现自组织的外部条件，系统各要素之间发生非线性的相互作用是实现自组织的内在依据。并且通过自创生、自复制、自生长、自适应等自组织形式，通过竞争、协同和正反馈机制，微涨落被放大为巨涨落，系统最终得以实现从无序到有序的转变，从低级有序向高级有序的进化。

中小企业集群（或产业集群）是社会的一个有机生命体，大多数企业集群的形成发展过程，是一种自组织过程，是一种从混沌到有序的质变过程，是系统从无联系状态到选择某种方式建立内部联系的过程。

中小企业集群（或产业集群）的生成和发展是典型的自组织演化。由于历史事件或偶然事件的影响，相关产业内的一组企业率先集结在同一地域范围内。最初它们之间尚未形成特定关联。很快，人们发现集结的好处，随即模仿和跟随，企业和相关机构数量逐渐增多，开始专业化分工，产生了具有关联结构和特定功能的集群"核"。由于聚集的规模边际效应递增，这个"核"会吸引周围的相关企业聚集，同时将人才、技术、资金等资源吸引进来，壮大产业实力。随着集群实力的不断壮大，该网络会产生更大的吸附作用，吸引更多的各种外部资源。由于集群内企业之间的非线性作用，构成了规模非线性放大效应，更有效地增强了"核"的吸引能力，于是形成了一个具有增强性的正反馈作用的自组织体。中小企业集群（或产业集群）的自组织特性保证了集群内各子系统有充分的能力和资源来实现内部的协调和平衡，并能更好地适应外界环境的迅速变化，实现从不平衡到平衡、从无序到有序的发展。

在我国民营经济发展迅速的浙江，这种自组织形式的中小企业集群（产业集群）十分普遍。浙江不少地区的单个企业规模并不大，有很多甚至是家庭式作坊，但由于大量中小企业的空间集聚，该地区形成了很大的行业规模。如，商品集散型的义乌小商品市场，聚集了上万种小商品，每年成交额达数百亿元，产品覆盖全国，销售遍布全球。由于其影响力之大、又有一类代表性，义乌小商品市场的发展已经上升到了国家战略，国务院批准"义乌国际贸易综合改革试点方案"实施，义乌小商品市场变成了名副其实的"世界超市"。又如，全国著名的生产基地型的绍兴轻纺工业集群，其化纤和轻纺工业每年销售收入超过200亿元，总产量占全国的十分之一。再如，产销联结型的海宁皮制品集群和嵊州领带集群，目前年销售额分别达100多亿元和3亿条，分别占全国皮制品产量的80%、世界领带产量的33%。除了这些特大型企业集群外，浙江几乎每个地区都有数个各具特色的大中型企业集群，并成为促进当地经济发展的支柱力量。

二、中小企业集群融资模式的他组织

系统的他组织是相对于自组织而言的，是特定外部条件共同组织起来，促使系统内部协调行动，从而形成的有序结构。他组织通常事前有一个目标，有预定的计划、方案等。他组织有一个系统以外的组织者，该组织者组织系统使其按事先确定的计划、方案变化，达到预定的目标。各种环境因素通过系统内部的自组织机制发生作用，从而影响整个系统的形成和发展。他组织不是系统自身自发的、自主的过程，而是被外部动力驱动的组织过程或结果。

推动产业集群形成和发展的他组织者主要是政府。政府积极干预集群发展的路径大致包括以下几个方面：（1）政府将某一产业植入某一地区，强制培育一些企业，从而较快地形成一个产业集群；（2）政府的政策优惠与倾斜，如财政政策的支持、货币政策的扶持和税收政策的优惠等；（3）政府为市场的平稳和有活力地运行创造有利的条件，如基础设施的建设、竞争政策的制定、信息的提供与引导等；（4）政府有意使自己成为一个有需求、起推动作用的客户；（5）政府促使和确保公共机构（大学、研究所、中介机构等）与产业界的广泛联系。

在我国许多地方，这种他组织型集群主要表现为各类工业园区。正因为有政府的积极干预和扶持，我国的工业园区才得以迅速、广泛地在各地区建立。不少工业园区已取得相当的成就，成为推动国家和地区经济发展的主要支撑力量。其中，苏州工业园区的建设就是一个成功范例。苏州工业园区是中国和新加坡两国政府间的重要合作项目，自1994年设立至今的10多年来，园区的开发建设一直保持着持续、快速、健康的发展态势，主要经济指标年均增幅30%左右。截至2011年，累计上缴各类税款近700亿元，创造就业岗位48万个，城镇职工和农民人均纯收入分别超过3.3万元和1.3万元，率先全面达到江苏省高水平小康考核指标，综合发展指数在国家级开发区名列前茅，并被评为跨国公司眼中综合吸引力最强的中国开发区之一。目前，园区以占苏州市3.5%的土地、5%的人口、7%的工业用电量，以及1%的SO_2排放量和2%的COD排放量，创造了全市15%左右的GDP、地方一般预算收入和固定资产投资，26%左右的注册外资、到账外资和30%左右的进出口总额。苏州工业园区已经成为苏州标志性形象工程，吸引着越来越多的外商投资。同时，也带动了苏州经济高速增长，成为苏州市经济社会发展的重要增长极。

可见，中小企业集群（或产业集群）包括集群融资模式的产生和演化是企业之间自我组织、互相协同、适应环境、优胜劣汰的结果。集群内部的相互作用是根本，而外部环境他组织因素是系统有序演化的重要条件，其中政府的积极调控、协调、管理、服务和监督等措施促进了产业集群的高速有效发展。他组织行为必须遵循产业集群自身的发展规律，他组织的推动力通过系统的自组织发挥作用，转化为集群的自觉行动。

第二节 自组织动态演化的中小企业集群融资模式

中小企业集群（或产业集群）的生成和发展是典型的自组织演化，而这种自组织演化又是集群广度和集群深度两方面共同演进、相互协调的结果。

集群广度主要决定中小企业集群融资的边界大小。集群深度主要决定集群融资模式的升级与替代即集群融资模式涌现性的强弱。

一、中小企业集群广度的自组织动态演化

集群广度指集群行为范围，它由集群内主导产业的企业数量、就业人数以及销售收入等一些能体现集群规模与发展的指标来反映。中小企业集群（或产业集群）的广度与规模，会随着在生命周期不同阶段的演化而发生变化，如表 6-1 所示。

表 6-1　　　　　　　产业集群生命周期各阶段的特征

特征指标	生命阶段	生命周期各阶段的一般特征				
		孕育阶段	诞生阶段	成长阶段	成熟阶段	衰退阶段
集群实力	集群规模	非常低	比较低	比较高	非常高	一般
	集群效益	比较低	一般	非常高	非常高	比较低
集群潜力	技术创新能力	比较低	一般	非常高	一般	比较低
	集群产业装备	比较低	一般	非常高	非常高	一般
集群动力	外部经济	非常低	比较低	比较高	非常高	比较低
	集群文化	非常低	非常低	比较高	非常高	一般
集群环境	技术创新环境	比较低	一般	非常高	非常高	比较低
	竞争合作环境	非常低	比较低	比较高	非常高	比较低

在集群孕育阶段，由于没有形成相互配套的产业链，在一个区域内产生了少量产业相关企业，基础设施、支撑设施、支撑服务机构等都不完善，集群规模非常小、效益也比较低。在集群诞生（或形成）阶段，集群内的产品技术含量低，集群内企业技术创新基本上是建立在简单的相互模仿基础上，企业之间分工与合作的链条还没有形成，集群的规模比较小、效益提高到一般水平。在集群成长阶段，区内企业产生和嵌入的数量增加，这时集群规模比较大、效益超过一般达到非常高，集群内部产业链上的企业出现较为普遍的竞争合作关系。在集群成熟阶段，集群规模继续扩大，效益仍保持非常高的水平，集群内的竞争合作程度加剧，集群内企业进行着频繁的迁入、迁出。企业之间、企业与组织之间形成了长期合作关系，建立了完善的产业链，竞争力提高。在集群衰退阶段，大量的企业进入集群而使其规模达到极限值后，出现了集聚不经济现象，集群优势逐渐丧失，集群开始分化重构，大量企业迁出，集群规模缩小。

根据集群内主导产业的企业数量、就业人数以及销售收入等一些能体现集群规模与发展的指标的变化规律，可对集群生命周期阶段进行划分。产业集群从诞生到消亡或是复兴，最明显而又直接的现象就是体现集群规模的集群内主导产业的企业数量、就业人数以及销售收入会随着集群的兴衰出现有规律的波动走势，如图 6-1 所示。

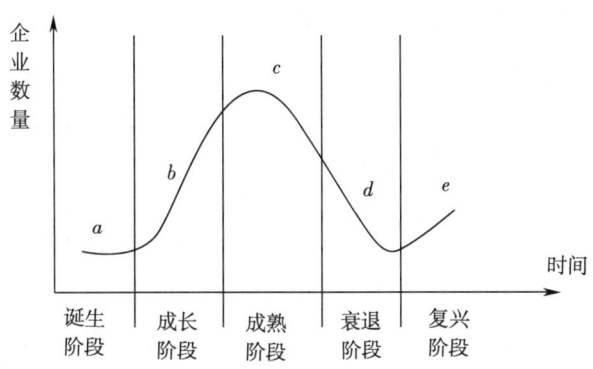

图 6-1　集群主导产业的企业数量生命周期变化

在产业集群的每一个发展阶段，集群的最佳规模由在外部不经济所产生的边际成本正好等于由于新成员分担运转成本所带来的边际节约这一点决定。超过这个规模，企业的聚集就会引起生产要素价格的上涨，货币外部性逐渐被高昂的生产成本所抵消。此外，当产业集群没有差异化竞争时，往往出现假冒伪劣产品，导致产业集群的集体声誉声名狼藉，集聚反而产生了负外部性。当政府延缓或干预竞争，或公司恪守不利于形成竞争优势的传统做法和关系时，这种僵化就很容易出现，集群就走向衰退、分化或复兴。

二、中小企业集群深度的自组织动态演化

集群深度主要由集群过程、结构和功能三者决定。因此，中小企业集群深度的自组织演化也分别表现在集群自组织结构（S）、过程（T）和功能（F）上的替代和升级。首先，从自组织过程来说，集群是不断演进的自适应、自协调、自组织系统，其内在的自组织过程促使产业集群从无序到有序、从低级到高级、从简单向复杂方向成长。同时，集群的结构也随着其自组织过程逐渐演替为对外部环境具有高度适应性的灵敏结构，从纵向一体化到网络层级结构，这是产业集群结构演替的重要规律。随着集群的自组织演化和结构演替，集群系统功能得以持续升级，集群也快速地成长壮大。可见，产业集群深度的演化不是单方面某个角度的演变，而是自组织过程、产业集群

结构和功能的综合表现,由此可以构建中小企业集群深度演化的三维系统结构(见图6-2)。

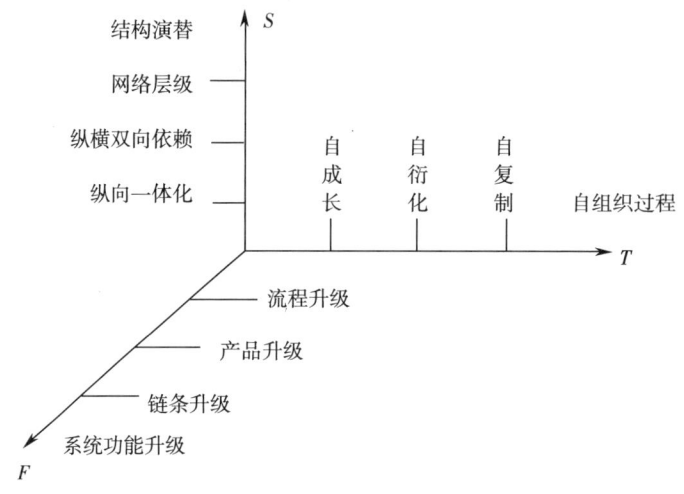

图6-2 中小企业集群深度演化的三维系统结构

1. 中小企业集群深度的过程自组织演化

从中小企业集群（产业集群）的自组织机制看,集群内部的竞争与合作都是促进集群自组织发展的动力,集群的自组织发展本质上是从无序到有序、从低级到高级、从简单到复杂的发展过程。而集群的自成长、自衍化、自复制机制贯穿在了这一演化过程中。首先,自成长是产业集群自组织发展的最基本方式。产业集群在与外界环境发生物质、能量和信息的交换的同时,集群内部在自组织机制的作用下,通过群内的竞争合作效应,进一步深化集群的分工和专业化水平,增强集群的资源整合能力,提升集群生产效率,实现集群的持续成长。其次,自衍化是集群随着外界环境的变化,集群内部在结构、组织等方面发生的衍化特征。随着外界环境的变化和集群的自成长发展,集群业务领域不断拓展,产品市场份额不断提升,集群内部不断衍生出新的企业,集群内部的组织结构、分工合作关系持续发展衍化。最后,集群具有自复制功能,不但能复制自身成功的经验,而且具有非常强的学习能力。通过集群主体间有效的沟通机制,一方面促进知识、先进技术和经验的传播,增强集群的持续创新能力,另一方面强化集群内部的信任和合作机制,增强集群竞争力。

随着时间的推移,集群自组织演化的这一过程包括集群孕育阶段——集群诞生（或形成）阶段——集群成长阶段——集群成熟阶段——集群衰退阶段，在这每一个阶段表现出来的集群综合竞争力（集群质量）也各有不同，如图6-3所示。

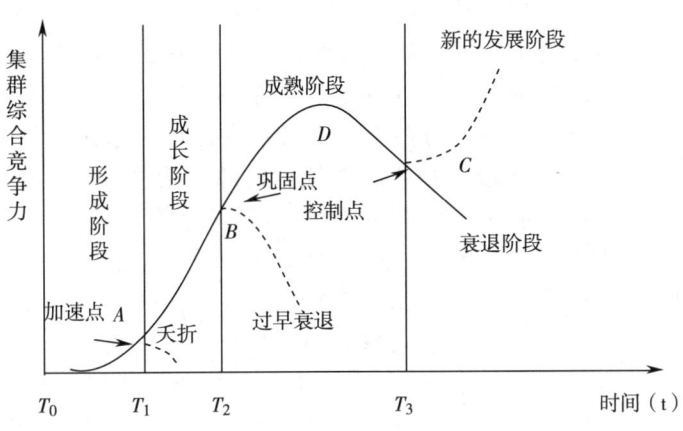

图6-3 演化过程各阶段的集群综合竞争力及拐点

(1) 在集群形成阶段，开始仅是几个有关联的企业聚集在一起，这些企业利用本地的资源或区位等优势慢慢发展，由于在地理空间的聚集降低了企业之间合作的交易成本和风险性因而产生了一定的聚集效应，此时群内企业对产业特点、竞争状况以及用户特点等方面信息掌握不多，故进入壁垒低，外部企业开始进入，于是产业集群开始形成。但这个阶段由于各方市场、政府政策扶持以及相关支持机构等多方因素的欠缺，集群的发展动力还较弱，不过也正因为此时企业起始销售收入的基数起点比较低，这个阶段企业显示出来的发展速度比较快。

(2) 在集群成长阶段，集群规模迅速扩大，集群的集聚效应开始显现，大量企业开始迁入，企业在迁入的同时把资金、技术、人才、管理模式等带入到集群内部，与之相配套的硬件设施、区域创新和网络等各方面的环境也随着内部企业经济实力的增加都有了很大的进步，大学、研究机构、行业协会也增多，使集群产生强大的发展动力。这个阶段内，企业之间以及与相关支持机构之间的协作更加默契密切，创新活动日趋频繁，市场发展也趋于完善，集群内产品也形成了一定的行业标准。产业集群产生的经济效应成为区域的经济增长点，政府也因此给予更多的政策等方面的扶持。产业集群进入快速的成长阶段，集群也因内部各方面水平层次的提高使企业的进入门槛增高。

(3) 在集群成熟阶段，经过形成期、成长期两个阶段的积累沉淀，产业集群的规模开始逐步稳定下来，发展速度也逐渐放缓，集群内资金、技术、人才等大量聚集，但对外部各种资源的吸引力开始下降。集群内与之相配套的硬件设施、区域创新和网络等各方面的环境都趋于完善，内部企业产品的行业标准也已基本定型。内部企业的生产技术没有突破性进展，对于新产品的开发比较困难，外部企业进入门槛也非常高。由于这个阶段集群拥有雄厚的经济技术基础，自我调节能力很强，不需要政府提供过多的政策、资金支持也能自我发展。这个阶段，企业所依赖的资源日渐枯竭、效率开始降低，同时集群内企业过度聚集等原因也导致产业集群开始衰退。

（4）在集群衰退阶段，集群规模开始缩小，集群内恶性竞争事件频繁、企业外迁现象严重，企业产品的市场需求也大幅度下降。产业集群对外部各种资源的凝聚力大大降低，先前大量聚集在集群内部的技术、高技术人才、资金等都开始大量外流，企业的生产技术仍没有突破性进展，与集群相配套的硬件设施环境、区域创新环境也开始恶化，自此产业集群进入衰退阶段。

值得注意的是，在集群生命周期的发展过程中，通常会出现加速、巩固和控制这三个拐点（分别对应于图6-3中的 A 点、B 点和 C 点），这几个拐点是产业集群生命周期发展过程中少数的几个特殊、关键时期。三个拐点 A 点、B 点和 C 点上，集群都面临着相反的两种命运。（1）加速点 A 可能诞生集群并沿着实线方向迅速成长，也可能沿着虚线方向就此夭折。（2）巩固点 B 是产业集群进入盛衰两种相反境况的转折点，一种情况是沿着图中虚线方向提早进入衰退阶段甚至消亡。另一种情况是沿着实线向上突破巩固点进入更高一级的成熟期。前者主要是由于集群内发展动力不足，市场不活跃、企业外迁现象严重等各方面的原因导致集群综合竞争力严重下降，进而提早进入衰退阶段。后者则相反，集群内创新活动频繁、企业之间以及与相关支持机构的协作融洽、竞争机制正常运作、市场活跃有序，使集群的整体竞争力有了很大的提高，不过这个时候的发展速度较前一阶段趋缓。（3）控制点 C 是产业集群相反两种命运的转折点，一种是沿着图中虚线的方向进入新的发展阶段（即所谓的涌现、突变现象）。另一种则是沿着实线方向走向衰退期。前者的结果可以出现在 $D-C$ 区间的任一点上而不单单在控制点这一时点。这种结果是集群内企业进行创新活动、制度改革或者其他重大因素出现，使其转型或者升级，从而使集群产生新一次的集聚效应，进入到一个新的发展周期。而后者出现的结果，则是产业集群的集群效应逐渐殆尽，综合竞争力不强，企业大量外迁，集群开始转移进而走向消亡。因此可见，是否能够准确判断出这几个拐点，对判断产业集群所处生命阶段、未来可能出现的走势以及我们采取什么样的对策措施等都具有重要意义。

2. 中小企业集群深度的结构自组织演化

在早期阶段，中小企业集群的结构一般呈现出水平集聚结构。集群由生产或销售类似产品并相互竞争的企业组成，群内企业规模相对比较小，都集中于某一项产品的生产或销售，企业之间的合作关系以平等市场交易为主，各企业以水平联系分工来完成产品的生产或销售。集群内很少存在能在本地供产销方面具有垄断地位的大企业。如诸暨市大唐镇袜业集群、绍兴县柯桥镇轻纺集群等就是典型例子。地理位置优势和外部经济规模效应，对该地区纺织产品批量生产、批量采购和销售的成本降低起到了巨大的作用。但是，产品同构导致产品过多的在价格和成本上进行竞争，也导致了整个市场的产品利润空间下降和产品档次普遍不高以及假冒产品乘虚而入。因此，这类集群面临的最大问题就是集群的转型与升级。如何转型如何升级，首先要改变集群的结构。根据集群演化的一般规律，我国中小企业集群的结构演进可循如图6-4所示的路径进行。

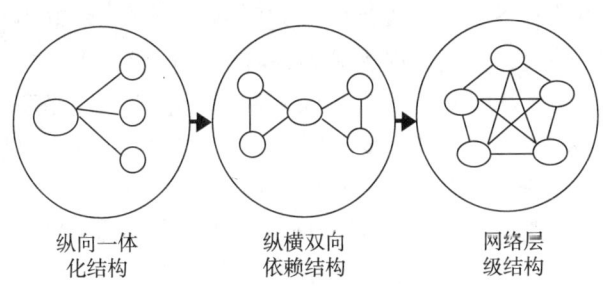

图6-4 集群结构自组织演化

第一阶段，向纵向一体化结构演化。在这个时期，往往少数领军企业在集群中发挥着核心作用，它们利用在行业中的优势地位，不断扩大市场份额，同时由于自身生产能力有限，将一些非核心的简单业务外包给群内其他企业，但这种外包往往只是短期策略，二者之间还只是一种单向合作关系。随着集群核心企业市场份额的进一步扩大，集群核心企业也越来越注重培育自身的核心竞争力，将一些较复杂的非核心业务进一步外包，群内承包企业的专业化程度也随之进一步提升，承接的业务量进一步增加，双方的合作关系进一步稳固，相互依赖程度进一步加深，形成了产业链上业务的分工布局，即纵向一体化结构。

第二阶段，向纵横双向依赖结构演化。在纵向一体化结构演化的基础上，产业集群的不断发展壮大，市场需求也持续扩大，集群分工和专业化程度进一步提升，集群的发展吸引了更多的企业进入，尤其吸引了为集群大型企业配套服务的中小企业进入。供应商为适应集群发展的需要，不断加强与集群核心企业的联系，提升自身的技术水平和管理水平。集群大多数核心企业由于供应商规模的扩大和技术水平的提升，将自身的核心能力重新定位，专注于设计、研发等附加值高的领域，将其他业务部分都外包出去给群内其他中小企业，这样集群核心企业与供应商的合作关系进一步强化，成为一种战略合作关系，使集群纵向依赖结构进一步强化。而集群的发展使得业务量持续增加，部分供应商也开始将部分业务分包给其他供应商，供应商之间的合作不断强化，集群的纵横双向依赖结构开始形成。

第三阶段，向网络层级结构演化。经过纵横双向依赖结构演化，集群的经济一体化程度的加深和信息化的发展，使企业间的合作越来越紧密。集群中大多数核心企业根据自己的能力和供应商的能力对自己的企业边界进行界定或再界定，很多核心企业实现了向研发和信息中心的转变。一些供应商在集群中的地位也不断提升，开始向下级供应商分包业务而成为核心企业的一级供应商，成为核心企业与二级供应商之间的协调者。集群内企业以分享资源、技术、管理经验、信息、观念等为内容的合作意愿进一步加强，通过基于信任的社会联系、基于契约的市场联系和基于联盟的交易联系，集群企业相互影响、相互依赖的关系进一步加强，形成了连通度很高的网络层级结构。

3. 中小企业集群深度的功能自组织演化

在集群自组织过程中，随着集群结构发生演替，集群的功能不断升级。集群的功能升级是指通过加强集群内部主体间业务合作网络和社会关系网络，提高集群科技创新能力，通过外联机制，嵌入全球价值链，实现集群产品、工艺、流程和产业链条等的全面升级，以增强集群竞争力，达到集群可持续发展目标的具有阶段性特点的活动。集群的功能升级是集群与外界环境、集群结构和群内各主体综合作用的结果。集群功能升级的作用机理模型如图6-5所示。

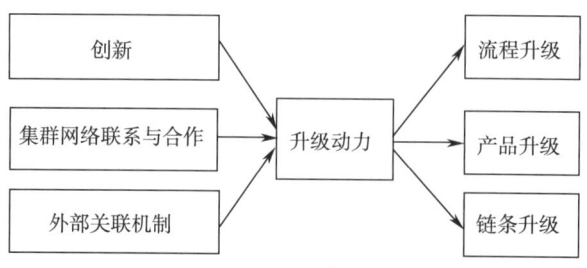

图6-5　集群功能升级的作用机理模型

集群功能升级的动力因素主要有：集群创新、集群网络联系与合作和集群外部关联机制。(1)集群创新能力。集群自主创新能力的增强是集群功能升级的核心，而一个集群的持续创新能力来源于集群创新网络。集群创新网络的构建需要以具有研发及核心专长的集群企业为核心，以高校、科研机构、政府和中介机构等组织为支撑，完善集群治理机制，把握好培育创新网络的一些关键环节，创造促进创新网络的形成和发展的环境，培育集群持续创新能力。(2)集群网络联系和合作的加强。群内主体间经济社会交往和联系的加强，经济业务合作程度和专业化程度的进一步加深，促进了群内企业和集群整体效率的提高。同时，群内社会网络资本的强化，提高了集群网络的地域根植性和文化根植性，增强了集群关系的稳定性，促进了集群主体间的合作、信息交流和知识分享，加快了知识溢出。(3)强化集群外部关联机制。要实现集群系统功能升级，仅仅依靠群内创新和集群内联系与合作是远远不够的，必须加强集群与外部环境间的联系，主动嵌入全球价值链，防止集群陷入技术和关系锁定的危险。加强集群与外部联系，可以了解新信息、吸收新技术，使群内的中小企业能够团结一致共同应对挑战，合作创新，共同实现本地集群在全球价值链上的升级。

虽然推动集群升级的因素相似，但由于集群所处的行业、发展阶段、集群社会资本网络、技术水平等诸多因素的差异，集群功能升级的形式和路径也不尽相同。一般来说，集群功能升级主要有以下几种。一是流程升级。通过对生产流程及生产工艺的创新、改进、再造和重组，提升生产效率和集群投入产出水平。这种升级方式通常是处于价值链底端的一些产业集群。二是产品升级。通过新产品的研发、生产采用更先进的产品线、比竞争对手更快的市场响应速度和产品质量的进一步提升，不断增强集群品牌号召力，不断增强市场开拓能力。三是链条升级。就是从一条价值链跨越到另一条价值量更高的相关产业的价值链，企业把从一个产业获得的能力应用到另一个新的产业，或转向一个新的全球价值链中。链条的升级可以是原有价值基础上向相关产业链的延伸，也可以是转移到新的、价值量更高的价值链，从而获取更高的收益。

一般情况下，按照集群功能升级的演化过程，不同阶段会出现不同功能型的集群形态，整个演化过程可先后形成四种产业集群形态（如图6-6所示），即要素集聚型集群、价值链型集群、社会网络型集群和创新体系型集群。

其中，要素集聚型集群对应于集群生命周期的形成阶段，价值链型集群对应于集群生命周期的成长阶段，社会网络型集群对应于集群生命周期的成

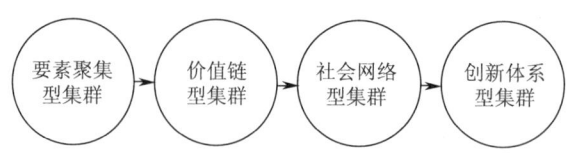

图 6-6 基于功能升级的集群形态

熟阶段，创新体系型集群对应于集群生命周期的成熟阶段和衰退（新生）阶段。

三、不同集群广度深度组合状态下的集群融资模式及其自组织演进路径

从复杂适应系统（CAS）的角度，产业集群（中小企业集群）涌现性是集群结构与功能增值的结果，产业集群的涌现性表现为宏观性、动态性、无法预测性与隐现性。涌现性的不同规律会导致不同的产业集群自组织系统，所以产业集群内在机理取决于产业集群的涌现性机理。产业集群的涌现性是集群的深度与广度二者相互作用的结果。产业集群深而广，集群涌现性就突出；产业集群深而窄或者浅而广，集群涌现性就强；产业集群浅而窄，集群涌现性就弱。

那么，中小企业集群融资模式的自组织演进，也可以从集群广度和集群深度两个维度的涌现性来刻画。其中，集群广度主要决定中小企业集群融资的边界大小，集群深度主要决定中小企业集群融资模式、融资制度和融资机制的涌现（跨越式创新）和运行程度。

根据集群广度（是大还是小）与集群深度（是深还是浅）的不同组合变化，中小企业集群融资模式的自组织动态演化可以得到以下四种组合类型（如图 6-7 所示）：

Ⅰ. 集群广度小—集群深度浅状态下缺乏涌现性的非正式融资安排；

Ⅱ. 集群广度大—集群深度浅状态下群内强涌现性的融资中介组织创新；

Ⅲ. 集群广度大—集群深度深状态下涌现性非常突出的正式金融市场；

Ⅳ. 集群广度小—集群深度深状态下涌现性显著的正式与非正式机制的混合融资。

1. 集群广度小—集群深度浅状态下的集群融资模式

在图 6-7 中的第Ⅰ象限，集群处于集群广度小—集群深度浅的状态。不仅中小企业集群的规模小，而且群内的中小企业规模也较小，集群交易范围

第六章　中小企业集群融资的新模式(二)：动态的理论视角

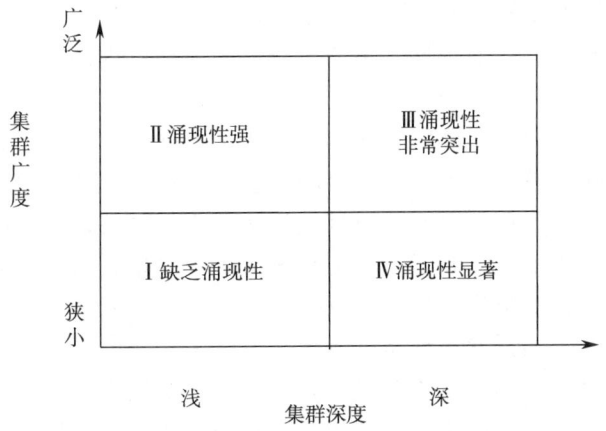

图6-7　中小企业集群融资模式的自组织演化理论分析模型

有限，集群处于相对封闭状态，在封闭状态下，强化了集群的社会资本效应，导致外部正式金融供给十分缺乏即正式金融融资模式涌现性缺乏。同时，中小企业集群的深度浅，集群的结构形态、功能作用不太完善，集群企业对非正式融资制度的需求十分强烈。因此，在集群广度小—集群深度浅状态下，集群及群内企业融资模式的涌现性比较缺乏且只限于非正式融资，群内中小企业主要通过非正式市场融资。这种情况，一般对应于集群生命周期的形成阶段。

适应于此时的中小企业集群融资的具体模式主要是第一类集群融资新模式：准内源性融资模式。如，集群内部信贷市场融资模式、集群内部资本市场直接融资模式等（详参第五章第一节和本章第三节相关内容）。

2. 集群广度大—集群深度浅状态下的集群融资模式

在图6-7的第Ⅱ象限，集群处于集群广度大—集群深度浅的状态。集群规模的扩大导致交易网络向外延伸，集群与外部的资源流动增强，集群环境由封闭转为开放，群内企业个体的社会效应变小，群内中小企业提供非正式融资安排的能力下降，集群企业形成了对正式融资安排的制度需求。同时，企业规模的扩大导致企业的资金需求难以在非正式制度框架内得到满足，这进一步加强了集群企业对外部正式融资制度安排的需求即正式金融融资模式涌现性增强。但集群深度较浅，集群存在着结构与功能等方面的限制，严重地影响了外部正式金融供给（涌现性融资模式）的增加。在这种情况下，中小企业集群中的行动主体（中小企业或中小企业集群组织）便进行制度创新活动，在集群内部建立了正式的融资中介组织（如集群财务公司），充当集群企业与外部正规资本市场的桥梁,帮助群内中小企业获得群外正规金融供给。此时,集群融资具有集群的涌现性,集群企业更多地通过内部融资中介组织融资。

适应于此时的中小企业集群融资的具体模式主要是第二类集群融资新模式:准外源性间接融资模式和第三类集群融资新模式:准外源性股权直接融资模式中的部分模式。如集群向银行或其他机构的中长期关系融资模式、集合(或团体)融资模式和集群风险投资融资模式、集群信托融资模式、集群租赁融资模式等等(详参第五章第二节和本章第三节相关内容)。

3. **集群广度大—集群深度深状态下的集群融资模式**

在图6-7中的第Ⅲ象限,集群处于集群广度大—集群深度深的状态。随着中小企业集群的发展,集群规模与群内企业规模都扩大,集群与外部市场的资源流动进一步增强,集群内部融资中介组织的融资能力难以满足企业持续的资金需要,企业迫切需要更大规模地进入外部正规金融市场融资(即更强的外部涌现性融资模式需求)。集群结构与功能的深化使得集群企业的内部正规金融供给增加(即更强的内部涌现性融资供给),而开放集群环境中的集群外部效应也有助于提高外部正规金融供给的效率,降低融资风险,集群内部融资中介组织的部分功能会被外部正规金融市场所替代,企业更自由地采取非常丰富的涌现性融资模式进入外部正式金融市场融资。

适应于此时的中小企业集群融资的具体模式主要是第三类集群融资新模式:准外源性股权直接融资模式中的部分模式和第四类集群融资新模式:准外源性债权直接融资模式。如集群产业基金融资模式、集群集合债券融资模式、集群担保债权融资模式等,更多的金融衍生工具在集群融资模式创新中被应用(详参第五章第三、四节和本章第三节相关内容)。

4. **集群广度小—集群深度深状态下的集群融资模式**

在图6-7中的第Ⅳ象限,集群处于集群广度小—集群深度深的状态。中小企业集群规模较小,但集群的专业化程度很高、集群结构形态很先进、集群功能升化程度也很高,正式和非正式融资安排(群内外融资模式的涌现性比较显著)在集群企业融资过程中均扮演了重要角色,集群融资模式和集群融资机制体现为正式和非正式制度的混合。这时的具体融资模式可根据群内中小企业或集群财务公司的需要,在上述所述中小企业集群融资模式体系中择机选择。

5. **不同集群广度深度组合状态下集群融资模式的自组织演进路径**

动态地看,随着集群广度和集群深度的变化,上述四种状态类型存在着一个演进的过程。这种演进以集群融资模式涌现性由弱到强的顺序来展开。

Ⅰ类型是这种演进的起点。以Ⅰ阶段的Ⅰ类型为起点的集群企业融资模式和融资机制的自组织动态演化可能会有三条路径,如图6-8所示。

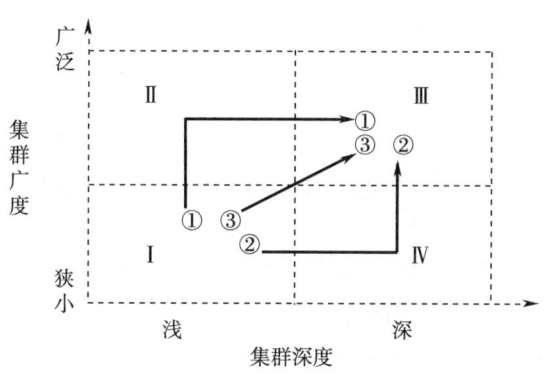

图6-8 中小企业集群融资模式自组织演进路径

路径①：Ⅰ→Ⅱ→Ⅲ。其中Ⅰ→Ⅱ的转变反映的是集群广度从狭小到广泛而集群深度没有变化状态下的集群融资模式的演进。随着集群广度从狭小到广泛,集群规模越来越多大,集群中的社会资本效应上升,群内非正式融资活动减少,集群企业对正式融资安排的需求增强。但集群深度仍处于较浅层次,如果外部正规金融供给不足,集群内部的行为主体（包括集群企业和集群组织）便逼迫进行较低级层次的正式群内融资制度的创新,建立集群融资中介组织（如集群财务公司、集群融资会等）,创新融资顺序中靠前的一些融资模式,帮助群内企业在群内进行正式融资,并帮助群内企业进入外部正规金融市场融资。Ⅱ→Ⅲ的转变反映的是在集群广度从狭小到广泛、集群深度也由较浅变得较深状态下的集群融资模式的进一步演进。集群深度加强使得集群的结构与功能提升而导致集群内部金融创新（涌现）加快,集群内部正规金融供给增加,集群内部融资中介组织（如集群财务公司）的功能相应地发生变化,群内企业更容易以更丰富的融资模式直接在群内融资或直接进入外部正规金融市场融资。

路径②：Ⅰ→Ⅳ→Ⅲ。其中Ⅰ→Ⅳ的转变反映的是集群广度未变而集群深度由浅变深状态下的集群融资模式的演进。这种转变在非正式融资供给不变的情况下,带来了集群高级层次的正式融资供给（融资涌现性增强）的增加。但集群不可能在较小的规模情况下取得发展。伴随着集群成长、要素流动的加快、交易活动的频繁,必然会导致集群规模不断的扩大,这就形成了

Ⅳ→Ⅲ的转变。这时，集群融资具有非常强的创新性，群内外的正式融资供给能力都很强，极大地满足了集群企业旺盛的融资需求。

路径③：Ⅰ→Ⅲ。这种转变反映的是集群广度和集群深度同时得到突飞猛进的扩大，集群融资涌现性出现了跳空式跨越，集群融资模式和融资机制发生了跳跃性（或者跃升式）的变迁，由最低级形式直接跃升到高级形式。

三条演进路径的共同之处在于：它们演进的目标指向或最终结果都是一样的Ⅲ；演进的动力都源自于集群内部；演进的方式都是自组织推动。不同之处在于：它们演进的路线不同，路径①和路径②都经过了一个中间环节而路径③则没有这个中间环节；演进的方式也不同，路径①和路径②是渐进式的演进，而路径③则是激进式的演进。

另外，中小企业集群（产业集群）融资模式的涌现性，除了受集群广度与深度决定的自组织演化涌现性外，还取决于集群与环境的关系即集群他组织演化的涌现性。外部环境为集群融资模式的涌现性提供资源，但有些资源是集群内部单个企业无法得到的。同时，集群必须涌现出适应环境的融资特征、融资结构与融资模式才能存在下去。

第三节 他组织动态演化的中小企业集群融资模式

中小企业集群的演进是从集群中企业的成长需求出发，融合了集群内外发展环境的集群升级。中小企业集群的演化都与内外环境息息相关。随着集群内部微观环境和外部宏观制度环境的变化，中小企业集群融资的模式也应随之调整。

本部分在一个新制度经济学变迁的"需求—供给"框架内，从宏观环境、集群环境和企业规模三个层面来分析中小企业集群在不同内外环境下的不同融资模式选择，以揭示环境因素在集群融资中的作用和融资新模式的演化机制。依据宏观金融环境（是金融抑制还是金融深化）与集群环境不同状态（是封闭还是开放）的不同组合变化，中小企业集群融资模式的动态演化可以得到以下四种组合类型（如图6-9所示）：

  Ⅰ.金融抑制—集群封闭情境下的非正式融资安排；
  Ⅱ.金融抑制—集群开放情境下的集群内部融资中介组织创新；
  Ⅲ.金融深化—集群开放情境下的正式金融市场融资；
  Ⅳ.金融深化—集群封闭情境下的正式、非正式机制的混合。

第六章 中小企业集群融资的新模式(二):动态的理论视角

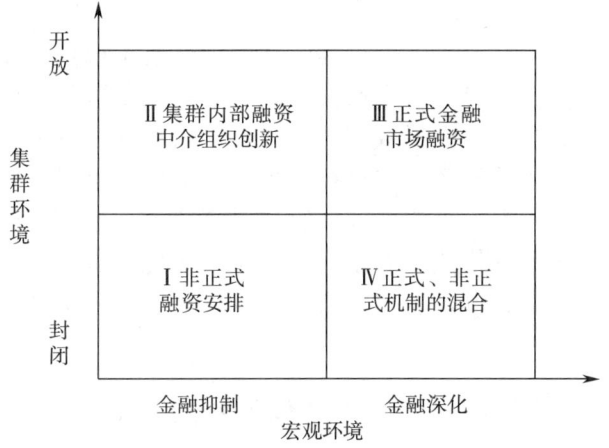

图 6-9 中小企业集群融资模式的他组织动态演化理论分析模型

一、金融抑制—集群封闭情境下的集群融资模式

在图 6-9 中的第 I 象限,集群企业融资面临的是集群封闭与金融抑制情境。中小企业集群及集群内企业发展的宏观环境中存在着严重的金融抑制,群内企业规模普遍较小,导致外部正式金融供给十分缺乏,群内企业融资存在巨大的供给缺口。群内中小企业在不能改变外部融资供给制度的情况下,只能把目标转向群内,对群内正式和非正式融资制度的需求十分强烈。同时,中小企业集群的规模较小,交易范围有限,集群处于相对封闭状态。在封闭状态下,中小企业集群环境强化了个体的社会资本效应,微观经济主体即群内中小企业通过社会关系网络提供了一系列正式和非正式融资安排。因此,在集群封闭与金融抑制这种集群情境下,群内中小企业主要通过非正式资本市场融资(Ⅰ类型集群融资模式)。

适应于此时的中小企业集群融资的具体模式主要是第一类集群融资新模式:准内源性融资模式。

1. 集群内部信贷市场融资模式

这是指集群内中小企业采取什么样的模式向集群财务公司获取短、中、长期信贷资金,或者是集群财务公司开发什么样的信贷品种来满足群内中小企业的短、中、长期信贷需求。这种集群内部资本市场间接融资模式,既不同于企业外部资本市场的外源性间接融资模式,也不同于企业内部资本市场内源性间接融资模式,而是内生于中小企业集群的、准内源性间接融资模式。如群内互助会、集群财务公司贷款等融资模式。

2. 集群内部资本市场直接融资模式

在一些企业集团存在着内部资本市场，这些内部资本市场为企业集团将资金配置到最有效的地方提供了方便。虽然中小企业集群的组织方式与企业集团不同，但如果有一个融资载体的话，集群内为数众多的中小企业也能够创造一个能力巨大的内部资本市场。集群内部资本市场直接融资模式，既不同于企业外部资本市场的外源性直接融资模式，也不同于企业内部资本市场内源性直接融资模式，而是内生于中小企业集群的、准内源性直接融资模式。如中小企业群内发债、股权群内转让、群内信托租赁等融资模式。

二、金融抑制—集群开放情境下的集群融资模式

在图6-9的第Ⅱ象限，集群企业融资面临的是集群开放与金融抑制情境。集群规模的扩大导致交易网络向外延伸，集群与外部的资源流动增强，集群环境由封闭转为开放，群内企业个体的社会效应变小，微观经济主体即群内中小企业提供非正式融资安排的能力下降，集群企业形成了对正式融资安排的制度需求。同时，企业规模的扩大导致企业的资金需求难以在非正式制度框架内得到满足，这进一步加强了集群企业对外部正式融资制度安排的需求。但宏观金融环境中存在着金融抑制，严重的金融抑制限制了外部正式金融供给的增加。在这种情况下，中小企业集群中的行动主体（中小企业或中小企业集群组织）便进行制度创新活动，在集群内部建立了正式的融资中介组织（如集群财务公司），充当集群企业与外部正规资本市场的桥梁，帮助群内中小企业获得群外正规金融供给。而开放集群环境中日益增强的集群外部效应有助于提高上述融资制度创新的效率，降低其融资风险，集群企业更多地通过内部融资中介组织融资（Ⅱ类型集群融资模式）。

适应于此时的中小企业集群融资的具体模式主要是第二类集群融资新模式：准外源性间接融资模式和第三类集群融资新模式：准外源性股权直接融资模式中的部分模式。

1. 集群向银行或其他机构的中长期关系融资模式

中小企业集群融资的优势在于集群整体的力量，因此，中小企业集群如果采取外源性间接融资，在战略上应采取关系型融资模式，在策略上应充分发挥整体融资优势，但其关键在于二者的有效结合。集群财务公司是能充分发挥其内生性需求和外在化表现的有效组织载体，集群财务公司采取向银行或其他机构的中长期关系融资模式能充分体现这种关系融资优势和整体融资优势的双重优势。

2. 集合（或团体）融资模式

群内中小企业应凭借集群的整体力量，采取集合（或团体）融资模式向银行或其他金融机构融资。中小企业集群内的中小企业应彻底改变向商业银行融资的模式，放弃"单打独斗"式的单个融资策略，而应充分发挥中小企业集群的整体融资优势和"小狗群经济"的力量，采取"集体行动"的整体融资策略，建立中小企业集群的"集合融资"新模式，并通过集群财务公司集合群内中小企业的融资需求，统一向商业银行进行融资，再把所获得的融资总额分配到有融资需求计划的各个中小企业。

以上两种模式属于第二类集群融资新模式：准外源性间接融资模式。

3. 集群风险投资融资模式

一般的风险投资（VC）都有共同之处：第一，风险投资是把资本投向蕴藏着失败风险的高新技术及其产品的研究开发领域，旨在促使高新技术成果尽快商品化、产业化，以取得高资本收益的一种投资过程。第二，风险投资是指由专业化人才管理下的投资中介向特别具有潜能的高新技术企业投入风险资本的过程，这个运作过程包括融资、投资、管理、退出四个阶段。但是，如果把中小企业集群财务公司作为一个风险投资基金（孵化器），那么，上述VC的性质和运作等都要发生变化。作为孵化器的集群财务公司如何向群内企业提供风险投资融资、如何运作以及如何促进群内高新技术企业成长可参见第五章第三节相关内容。

此外，适合此情境的集群融资模式还有集群信托融资模式、集群租赁融资模式等，这些集群融资模式与上述集群风险投资融资模式都属于第三类集群融资新模式：准外源性股权直接融资模式。

三、金融深化——集群开放情境下的集群融资模式

在图 6-9 中的第Ⅲ象限，集群企业融资面临的是集群开放与金融深化情境。随着中小企业集群的发展，企业规模的扩大，集群与外部市场的资源流动进一步增强，集群内部融资中介组织的融资能力难以满足企业持续的资金需要，企业迫切需要更大规模地进入外部正规金融市场融资。宏观经济环境中的金融深化使得集群企业的外部正规金融供给增加，而开放集群环境中的集群外部效应也有助于提高外部正规金融供给的效率，降低融资风险，集群内部融资中介组织的部分功能会被外部正规金融市场所替代，企业更自由地进入外部正式金融市场融资（Ⅲ类型集群融资模式）。

适应于此时的中小企业集群融资的具体模式主要是第三类集群融资新模式：准外源性股权直接融资模式中的部分模式和第四类集群融资新模式：准

外源性债权直接融资模式。

1. 集群产业基金融资模式

产业投资基金作为一种新的融资模式，在我国逐渐发展起来了，如"渤海产业投资基金"、"海峡西岸产业投资基金"、"文化的产业投资基金"、"农业产业投资基金"等。产业投资基金是通过商业的方式募集民间资本从事特定投资的有效方法。它是由一定机构如产业基金管理公司、其他投资公司发起向特定对象募集资本形成基金用于预期的项目建设或投资活动，以此形成的投资收益回报给投资者。仿照此办法，中小企业集群也可以成立"集群产业投资基金"。该基金如何成立、如何为中小企业融资、如何运作、如何管理另有具体研究。

2. 集群集合债券融资模式

关于集合债券融资方式，目前国内已经存在，取得了一定成效，但也存在不少问题。中小企业集合债券是指若干个分别符合企业债券发行条件的中小企业作为债券联合发行主体，采取统一组织、统一冠名、统一评级、统一发行的企业债券。中小企业集合债券作为中小企业融资模式的一种创新，除了具备传统的单独发行企业债券的优势之外，在提高信用评级、分散投资者风险方面也有独特之处。目前，我国的中小企业集合债券基本上都是由政府部门统一组织的，如"03高新债"由科学技术部作牵头、"07中关村债"由中关村科技园区管委会推动发行、"07深中小债"由深圳市贸易工业局作为牵头人、"09大连中小债"由中国中小企业联合会、大连市政府组织协调等，这实际上是一种外生性机构，协调难度较大。对于中小企业集群来说，借鉴这种集合发债的方式，由集群财务公司统一组织、政府机构作为担保，采取准外源性模式，发行中小企业集群集合债券，不失为一种较好的集群直接融资新模式，其具体内容详参第五章第四节相关内容。

3. 集群担保债权融资模式

集群担保债权融资模式与集群集合债券不同，它不是由众多的符合企业债券发行条件的中小企业分别申请；不是各参与中小企业作为联合债券发行主体，确定债券发行额度，形成集合债券，使用统一的债券名称，形成一个总发行额度，集合发行；也不是各参与中小企业对应自己的发行额度分别负债。而是一种基于"路衢模式"而改良创新的中小企业集群融资新模式，是CDO金融衍生工具在集群融资中的运用。此模式中涉及多方融资供给主体，其中中小企业集群财务公司在该创新性融资模式中起关键作用。它不仅仅在中小企业集群担保债权融资模式中充当集群信托基金发起人的角色，而且更重要的是它还兼负担保机构、风险投资者的重任,与商业担保机构和商业风险投资者一道,组成联合担保机构和联合风险投资者,共同负责集群担保债权融资模式中中小企业的融资担保和融资期权买卖。这与路衢模式相比,信托基金的发起人由外生者(路衢模式中的政府)变成了内生者(集群担保债权融资模式中的集群财务公司),避免了政府的介入可能会损害市场效率,杜绝滋生腐败、寻租行为和防范更大的潜在财政风险,其具体内容详参第五章第四节。

四、金融深化——集群封闭情境下的集群融资模式

在图6-9中的第Ⅳ象限,集群企业融资面临的是集群封闭与金融深化情境。中小企业集群环境处于封闭状态,但金融深化程度很高,正式和非正式融资安排在集群企业融资过程中均扮演了重要角色,集群企业的融资机制体现为正式和非正式制度的混合(Ⅳ类型集群融资模式)。这时的具体融资模式可根据群内中小企业或集群财务公司的需要,在上述所述中小企业集群融资模式体系中择机选择。

五、不同集群内外环境组合情境下集群融资模式的他组织演进路径

动态地看,随着宏观金融环境和集群环境的变化,上述四种状态类型存在着一个演进的过程。Ⅰ类型是这种演进的逻辑与历史相统一的起点。从逻辑角度看,在Ⅰ阶段,集群处于封闭状态,金融抑制比较严重,群内企业主要采取自我积累和非正式机制融资,这是集群发展最低级的状态,集群采取的融资模式也是最初级的形式,这时,集群内外条件的任何改善都有助于改善群内企业的融资处境。从历史角度看,Ⅰ类型描绘了大多数发展中国家产业集群形成和发展的初始状态,特别是中国中小企业集群发展的起步状态。随着市场的扩展和集群规模的变化,其环境类型必将发生变化,集群融资模式也必将随之演进。

根据图6-10所示,以Ⅰ阶段的Ⅰ类型为起点的集群企业融资模式和融资机制的动态演化可能会有三条路径。

路径①:Ⅰ→Ⅱ→Ⅲ。其中Ⅰ→Ⅱ类型的转变反映的是集群环境从封闭走向开放而宏观金融环境没有变化情境下的集群融资模式的演进。随着集群环境从封闭走向开放,集群中的社会资本效应下降,非正式融资活动减少,集群企业对正式融资安排的需求增强。但宏观环境仍处于金融抑制状态,外部正规金融供给不足,集群内部的行为主体(包括集群企业和集群组织)便

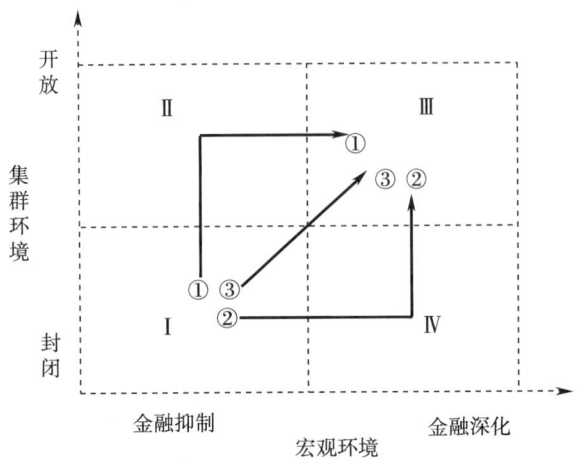

图6-10 中小企业集群融资模式他组织演进路径

逼迫进行正式融资制度创新,建立融资中介组织(如集群财务公司、集群融资会等),创新融资模式,帮助群内企业进入外部正规金融市场融资。而集群环境中日益增强的集聚外部效应提高了集群内部融资模式与融资制度创新的效率,有助于集群内部融资中介组织的成功运行。Ⅱ→Ⅲ类型的转变反映的是在集群环境已经并保持开放、宏观金融环境也由金融抑制走向金融深化情境下的集群融资模式的进一步演进。金融深化使得集群企业面临的外部正规金融供给增加,集群内部融资中介组织的功能相应地发生变化,群内企业更容易以更丰富的融资模式直接进入外部正规金融市场融资。

路径②:Ⅰ→Ⅳ→Ⅲ。其中Ⅰ→Ⅳ类型的转变反映的是宏观金融环境从金融抑制走向金融深化而集群环境没有变化情境下的集群融资模式的演进。这种转变在非正式融资供给不变的情况下,带来了集群企业外部正式融资供给的增加,但集群不可能在封闭的状态下取得发展。伴随着集群成长的要素流动必然会导致集群环境变得更加开放,这就形成了Ⅳ→Ⅲ的转变。这时,集群内部和外部的正式融资创新非常活跃,融资供给大量增加,能很好地满足群内企业的融资需求。

路径③:Ⅰ→Ⅲ。这种转变反映的是集群环境和宏观金融环境同时得到改善,集群融资模式和融资机制发生了跳跃性(或者跃升式)的变迁,由最低级形式直接跃升到高级形式。

三条演进路径的共同之处在于:它们演进的目标指向或最终结果都是一样的Ⅲ;演进的动力都源自于集群外部;演进的方式都是他组织推动。不同之处在于:它们演进的路线不同,路径①和路径②都经过了一个中间环节,而路径③则没有这个中间环节；演进的方式也不同，路径①和路径②是渐进式的演进，而路径③则是激进式的演进。

在我国，渐进式市场化经济体制改革和渐进式金融体制改革的基本特征，以及我国中小企业集群发展的初级状态，决定了我国集群融资模式、集群融资制度和集群融资机制的变迁演化也要走渐进式道路，按照路径①即Ⅰ→Ⅱ→Ⅲ的轨迹进行。实际上，直到目前，我国已经经历了前两个阶段，现在初步进入第Ⅲ阶段。

第七章
中小企业集群融资的新模式(三):
行业的案例视角

中小企业集群可以分为农业集群、加工制造业集群、流通商贸业集群、高科技产业集群、服务业集群等多种类型。各个行业的产业集群其性质和特点是不一样的，应从这些行业集群的不同性质和特点出发，分析、总结和研究出来适合各自性质和特点的行业集群融资新模式。选择我国具有代表性的加工制造业集群、流通商贸业集群和文化创意业集群为例，对其各自的特殊融资模式进行研究，能够从不同侧面揭示中小企业集群融资模式在具体行业的适应机制。

第一节 加工制造业集群融资新模式

以产业的技术水平、价值含量以及优势特点等为据可以将加工制造业集群分为传统加工制造业集群、先进制造业集群和高端制造业集群三个层次。传统加工制造业集群主要是以劳动、资源密集型为特点的制造业行业集群，而先进、高端制造业集群主要是依托高新技术而发展起来的制造业行业集群。

一、中国加工制造业集群的发展概况

从20世纪80年代开始，中小企业集群首先在广东、浙江等地区出现，随后不断发展并向周边地区和更大的产业范围扩展。

（一）中国加工制造业集群的总况

目前，我国已形成一批典型的产业集群或"准集群"，达到数百个之多，其中有相当一部分在国内市场甚至是国际市场占有较高的比重，已经成为推动当地产业发展、提升国际竞争力和加速地区经济增长的主要动力和重要力量，也为落后地区发展提供了更明确的方向和手段。2013年度《中国城市竞争力报告》（倪鹏飞，2013）中列举的全国主要的产业集群，共有736个以上。其中仅经专家学者实地考察并研究过的、具有代表性的产业集群就有几十个，表7-1列出了其中的一部分。从中可以看出，我国的中小企业集群绝大多数都是加工制造业集群，涉及的地区主要广泛分布于东南沿海地区，行业多种多样。

表7-1　　　　　中国部分地区代表性产业集群

省份	地区	产业集群	省份	地区	产业集群
北京	中关村	信息产业	浙江	余姚市	模具
河北	辛集市	皮革		永嘉县	纽扣
	清河县	羊绒		平阳县	塑料编织
江苏	苏州市	电子、服装		苍南县	标牌
	昆山市	电子		瑞安市	摩托车配件
	吴江市	电子		乐清市	低压电器
浙江	萧山市	化纤		海宁市	皮革
	宁波市	服装		平湖市	箱包
	鄞县	服装		桐乡市	羊毛衫

续表

省份	地区	产业集群	省份	地区	产业集群
浙江	温州	鞋革、服装	江西	景德镇	陶瓷
	湖州市	童装	山东	寿光市	水果、蔬菜
	安吉县	竹制品	广东	潮阳市	针织
	绍兴县	印染、制造		澄海市	玩具
	嵊县	领带		佛山市	陶瓷
	诸暨市	袜业、衬衫		顺德市	家用电器
	义乌市	小商品		南海市	布绒玩具
	永康市	五金		江门市	摩托车配件
	衢州市	羽毛球		新会市	不锈钢器具
	临海市	彩灯		深圳—东莞—惠州	计算机配件
福建	晋江市	服装、旅游鞋			

（二）中国加工制造业集群的特征

1. 产业集群地区特征

我国产业集群的地区分布极不均匀，表现在国内不同跨区、不同省份和不同城乡之间。

在区域分布上，我国的产业集群表现出从沿海到内地不断扩展的态势。由于良好的区位条件、经济基础和资源禀赋等，沿海地区经济在改革开放过程中率先得到发展，专业镇、专业村不断涌现，块状经济十分活跃，形成各种产业集群或者说"准集群"。但是，随着国内经济发展格局的变化，产业集群快速发展的势头也呈现出从珠江三角洲到长江三角洲，再到环渤海地区逐步北上的发展轨迹。广大中西部地区产业集群也有所发展。

在省市分布上，目前，我国的产业集群主要分布在广东、浙江、江苏、福建、山东等省份。这五个省的产业集群数量占到了全国总数的很大比重。例如，中国纺织工业协会至今为止授牌批准设立的前六批纺织产业集群试点地区，绝大部分都集中在广东、浙江、江苏、福建、山东等沿海省份。科技部设立的国家火炬计划特色产业基地也主要分布在广东、浙江、江苏、山东等省份。

在城乡分布上，我国产业集群地区的内部，往往也不是均匀分布的，产业集群更多出现在一些边缘地区、城市周边地区。除北京中关村电子信息产业集群等少量集群外，中国绝大多数产业集群都是在农村和小城镇兴起的，分布在城市周边地区，而不是人口和产业更为密集的城市中心区。例如，目前全国授牌的纺织产业特色城（镇）中绝大多数都是以镇为单位；在广东珠江三角洲的404个建制镇中，具有产业集群特征的专业镇占了1/4；浙江省"一乡一品、一县一业"的产业集群几乎都在乡镇。

2. 产业集群产业特征

我国中小企业集群的产业构成以传统产业、低附加值生产活动为主。目前，产业集群覆盖了从纺织、制衣、五金机械等传统产业到医药、电子等现代产业，既有中间产品生产也有最终产品生产，既有有形产品生产也有无形产品生产。但主要集中于传统产业，主要依靠低廉劳动力来获取竞争优势，而高技术产业集群和资本与技术结合型产业集群的发育还非常滞后。产业集群集中在轻工产业领域中的化纤纺织、丝绸纺织、制衣、制鞋、塑料、汽摩配件、五金制品等几个产业。大多数集群的产品为与居民生活紧密相关的纺织最终消费品。在重工业领域，只有交通运输设备产业集群的特点比较明显，而在其他大中型机械设备制造业和能源行业中，产业集群则出现较少。高新技术产业集群主要分布在几个高科技园区，规模数量十分有限。少数电子信息等高科技产业集群主要集中于北京、上海、广东、江苏等个别地区。

我国各地的产业集群在产品价值链上大都呈现出一种"中间大、两头小"的菱形组织结构，即盈利较少的生产制造环节能力较强，而利润丰厚的研发、设计以及市场营销、品牌等环节较弱。这说明，目前我国产业集群的竞争优势还局限于中低档生产制造环节，仍处于产品价值链的低端部分。由于众多的小企业在生产制造环节过度竞争造成量增价降，大规模产业集聚造成的要素成本上升，导致利润摊薄，大量企业处于微利甚至亏损的边缘。

3. 产业集群组织特征

我国中小企业集群的组织结构以非国有中小企业为主。我国的产业集群几乎全部是中小企业群生型，而没有像美国和日本那样形成许多大中小企业共生型产业集群。中国产业集群中不仅绝大多数都是中小企业，而且大部分为个体、私营企业。如在广东珠三角产业集群和浙江省产业集群中，由于这些产业集群形成之初的企业投资基本上来源于外资与本地私人资金，决定了这些集群内的企业基本上都是由非公有制企业构成。

4. 产业集群资本特征

我国制造业集群与外商直接投资密切相关，形成了互动发展格局。外商直接投资相对集中于制造业。2005年，我国制造业外商直接投资占全部外商直接投资的70.4%。外资主要流向长三角、珠三角、闽东南和环渤海地区。同年，长三角和珠三角外商直接投资额为378亿美元，占全国的59.3%。双三角地区形成了大量的外源型制造业集群，如东莞、顺德、苏州等地的服装、电子电器、玩具等产业集群。外商投资企业是产业集群对外联系的重要载体，对集群内部的分工协作、研发和区域创新网络的形成提供支持，外商直接投资与产业集群之间形成相辅相成的互动关系。

（三）中国加工制造业集群发展存在的问题

1. 产业集群发展不足

众所周知，我国有 960 万平方公里的陆地面积、13 亿多人口，有 34 个省市区、几百个地市、几千个县市，但目前产业集群的发展还主要集中于中国的部分地区，东南沿海地区的产业集群也基本集中在东莞、惠州、晋江、温州、宁波等少数地区，这充分反映出中国大部分地区产业集群发展的不足。这是由于体制、政策等多种原因造成中国发达的大中城市地区产业没有形成集群化发展的趋势。中国各大中城市虽然集聚了诸多大中型国有企业，但过去这些企业一般都是"大而全"、"小而全"的全能企业，各种经济活动和生产链条全部"内部化"了，由此限制了产业的集群化，这一点在中西部地区表现更为突出。

2. 处于产业链低端

我国产业集群的竞争优势主要来自低廉的劳动力和土地所带来的成本优势，生产活动主要集中于传统行业，大多处于产业链和价值链的低端。这种分工结果的出现，一方面是由中国在国际分工中的比较优势决定的。在劳动力成本低廉的情况下，发展服装、鞋帽、小商品、小五金、针织品等劳动密集型的传统产业是市场机制下的自然选择。另一方面也与中国产业集群的发展特点有关。我国产业集群所在的这些行业，市场放开早、非公有制经济进入门槛低、小企业比较有竞争优势，产业集群容易在这些行业形成。但是，这种分工地位和竞争优势来源也为我国产业集群的发展带来了隐患。由于处于国际产业分工体系的末端，中国的产业集群更易受上游企业和国际市场环境的影响。低要素成本带来的竞争优势往往是难以为继的，随着经济的发展，这一比较优势必然会逐渐消失。

3. 缺乏自主创新能力

目前，我国这些传统产业集群并非是以创新为基础的，集群内企业基本都缺乏自主创新能力，集群发展存在着"大而不强"的隐患。各地集群的企业大多没有自己的核心技术和知识产权。我国的产业集群之所以缺乏自主创新能力，是由于多方面原因引起的，比如创新和合作意识淡薄、自主创新投入不足、缺乏良好的创新环境和合适的创新平台、创新人才高度缺乏、不重视知识产权保护和品牌开发力度不够等等。目前我国产业集群内绝大部分企业的技术开发经费占销售收入的比例均低于 3% 的基本要求，有相当一部分企业甚至还不足 1%。

4. 产业集群发育不成熟

我国的产业集群绝大部分还没有发展成熟，许多萌芽性的产业集群面临着发展困难。产业集群的发展关键在于其内部机制的形成与完善，而这一点正是我国产业集群发展最滞后之处。比如东莞的 IT 产业集群，国外企业的分支机构虽然比较多，但根植性问题没有得到根本解决，有相当一部分是不稳定的游弋性（Loose-foot）企业，已经有向苏州转移的趋势。中关村的高科技产业集群虽然形成一定规模，但是其发展远没有达到硅谷的水平，缺乏核心的产品和技术，不能有效利用知识集聚的优势，能真正发挥集聚经济效应的仅仅是其作为国内较大的电子产品集散地的市场功能。

5. 受行政和地域限制严重

我国产业集群大多受行政区划的限制，规模的扩大和水平的提高都受到很大制约。如前所述，我国产业集群虽有相当的发展，但这些产业集群大多处于大城市边缘地带或者中小城镇，受地域经济条块分割的影响依然非常严重。结果导致产业集群多以镇、乡或"园区"为单位，覆盖的地域范围往往较小，在地区经济中的作用不能得到充分发挥，对相关产业的带动能力还比较弱。直到今天，不少企业的产权关系还很模糊，对政府部门的依赖还很严重，根本谈不上企业的自由迁移和集聚发展。我国的市场经济建设也很不完善，国内市场不发达，地方割据现象非常严重，资本流动、劳动力迁移、土地流转等方面至今依然存在制度约束，这些都严重制约了产业集群的形成和发展。

正是这些问题的存在，制约了产业集群的进一步发展和发挥更大作用的可能，甚至可能产生一些负面效应。

二、中国传统制造业集群融资的状况

（一）传统制造业集群融资的现状

根据前述分析，集群企业融资与单个游离企业融资相比，具有多种独特的优势，集群内浓厚的产业氛围、密集的关系网络，使得中小企业的融资活动在更为融洽的环境和更为广泛的范围内展开。从实际调研结果来看，我国集群内小微企业的融资活动相对于集群外部企业表现出优越性。据对东莞和苏州两地的调研表明，两地约 82.90% 集群内小微企业表示集群给融资活动带来便利。但是我国制造业集群内小微企业受到产业形态、金融体制等方面的宏观约束以及适合集群特点的集群融资模式的缺乏，集群所带来的融资便利程度相对有限，资金短缺大、融资成本高的状况在一定范围内普遍存在。在人民银行广州分行 2011 年上半年的一份调查中显示，67% 的中小企业中存在资金缺口，而江苏 71.7% 的企业同样表示融资困难较大。相对于中小企业，小微企业面临的融资瓶颈更为突出，调研显示，东莞和苏州两地 83.41% 的企业表示存在不同程度的融资缺口。融资便利程度在集群中也表现出较为显著的差异化特征，38.69% 的企业表示集群显著改进企业的融资状况；43.21% 的企业表示集群带来一定程度的融资便利，但影响程度有限；剩余的 17.10% 则表示集群未给企业融资带来显著的便利。

集群内中小企业的融资结构表现出内源融资为主、外源正式融资与非正式融资相互交融的融资结构特征。群内自有资金仍是集群内中小企业发展的基础性资金来源，其形式主要包括：集群企业的内源融资即自有资金积累、企业之间货款相互拖欠即利用商业信用和集群内部企业之间的相互借贷；银行信贷依旧在中小企业集群的外源融资中占据最重要的地位；民间借贷与群内集资仍在集群内企业融资中发挥着积极作用。

（二）传统制造业集群融资存在的问题

1. 为集群服务的金融机构发展不足

集群内的中小企业大多是民营企业，而我国的商业银行大多数是服务于国有企业和大型项目的大中型国有或国家控股商业银行。虽然集群具有便利中小企业间接融资的效应，不良贷款率较低，在一定程度上增加了这些银行对企业集群信贷的倾向，也实施了一些创新型信贷业务。但不能彻底改变国有或国家控股商业银行的贷款不是以盈利和市场而是以政策和政治为导向的局面，对集群企业的贷款还是很有限，且银行的金融服务创新跟不上集群的发展。同时，金融系统没有能够像"第三意大利"产业群那样，和中小企业紧密合作，因而降低了对集群的资金供给，成为集群发展的一个制约瓶颈。

民间金融或民营银行是中小企业资金的重要来源，在温州金融改革试点之前，我国民间融资如个人、家庭和企业的地下融资等非正规金融是非法的，在国家属限制、打击和取缔之列，使得这一最原始的中小企业融资方式受到限制，在中小企业集群区域充盈的民间资本不能得到充分利用。与中小企业集群匹配的民营中小银行的成长严重滞后，集群中小企业"短"、"急"、"频"等特点的融资需求没有更多的相适应的中小金融机构来满足。

国家设置比较高的金融租赁公司的准入门槛，致使这一适合中小企业融资服务的金融租赁业发展缓慢，直接影响了金融租赁业务对中小企业融资作用的发挥。

此外，也是很重要的一点，我国广泛而众多的中小企业集群表现出十分庞大的融资需求，且具有与单个游离中小企业完全不同的融资特征，在客观上需要与之相适应的、内生性的中小企业集群融资机构为其服务，但是至今，我国还没有为中小企业集群自身服务的集群自己的融资机构（比如前述提到的集群财务公司或类似的集群融资组织）。

2. 中小企业集群资本市场融资渠道不畅

中国的资本市场从它产生的那天起，股票发行额度和上市公司选择就有比较高的门槛，这些硬性条件是现阶段中小企业达不到的，中小企业根本不可能到沪深两大主板市场融资。虽然国家已经在沪深两大主板市场开辟了二板市场、创业板市场，但对于绝大多数缺乏资金的中小企业来说，门槛依然很高，众多的中小企业难以在证券交易所上市。

3. 集群中小企业融资合作氛围差

企业集群集聚是依靠产业间的关联性及支撑企业、相应支撑机构，如供应商、客商、行业协会、金融部门，甚至教育部门等在空间上的集聚。这种关联性具有横向和纵向的产业联系，可以提高企业集群的竞争优势。但目前，企业集群中这种关联性程度较低，而且多侧重于横向关联，产业结构趋同。集群内企业间的协作程度偏低，缺乏专业化分工，没有建立起联合生产网络，妨碍了企业集群对中小企业融资效应的发挥。

在融资方面，企业间有意识的发展集群融资的合作文化氛围相对缺乏，企业间的联系仅仅简单的停留在货物或原材料赊销（购），民间借贷也不成规模，互助担保也只是几家企业的简单合作，担保数额有限，不能形成规模。

4. 集群自身建设落后制约着集群融资

与国内外发达国家的中小企业集群相比，一方面技术创新尚未成为我国中小企业集群成长和盈利的主要手段。而技术创新既是企业集群发展的动力，也是使集群获得持续竞争优势的基础。在集群缺失持续发展动力和竞争优势下，集群融资更是无从谈起。另一方面，品牌效应的缺失，同样制约着中小企业集群融资。目前我国的企业集群中，只有为数不多的品牌，有些群内龙头企业，在本地内的影响力都不足，更无法辐射到周边省市，未达到为企业集群融资增加砝码的作用。

5. 集群信用服务机构发展滞后

首先，集群融资担保体系建设滞后。一是资金来源单一，大部分地区的中小企业担保基金以政府财政资金注入为主，数量有限，很难满足众多中小企业的需求；二是中小企业信用担保组织形式单一，以政府主导为主，开展直接担保业务的中小企业互助担保机构和商业担保机构所占比例很小；三是担保资金规模小，没有起到应有的放大作用；四是担保机构的风险防范方式，如不仅要求必须提供抵押、质押或第三方担保的反担保，而且要求受保企业的注册资本和营业额达到一定的额度,这限制了解决中小企业融资难的作用,背离了信用担保的宗旨;五是担保组织提供的担保形式过于单一,一般只为中小企业的短期资金需求提供担保。这些问题限制了中小企业信用担保在中小企业融资方面作用的发挥。

其次,集群融资中介机构相对缺乏。服务于中小企业的咨询机构、会计师事务所、律师事务所、科研机构等在集群内普遍相对缺乏,且与企业的关系不够紧密,这些都阻碍了中小企业集群融资效应的发挥。

三、中国制造业集群融资模式的再创新

在我国的现实经济中,已经出现了一些制造业中小企业集群融资的实践模式,如前述章节所提到的集群企业互助担保融资、中小企业集群信用联合体、集合债券、集合票据等融资模式,但这些少之又少的中小企业集群初级融资模式,还远远不能满足多元化的、旺盛的集群中小企业的融资需求。因此,需要进一步加快制造业中小企业集群融资模式的创新。

(一)"权"押融资模式

1. "权"押融资模式的含义

"权"押融资模式就是集群中小企业法人以自有货权或生产经营权作为质押,向银行进行融资,银行向企业提供用于满足企业生产经营配套流动资金的一种集群信贷业务形式。"权"押融资包括货权质押融资和生产经营权质押融资。

前者质押的是集群企业已经生产但还没有出售出去(即处在工厂仓储环节)的合格成品的货权,一旦这种货权被抵押,该企业的这批货物就始终处于银行或其代理人(如集群组织)的全程监管下,直到还清贷款为止。如果在还清贷款之前,集群借款企业出现违约或风险,授信银行就立即主张自己的权利,处置该批抵押货物,挽回经济利益。

后者质押的是集群企业未来的生产经营权利,如果集群借款企业违约或有风险,授信银行就立即主张自己的权利,取得借款企业的生产经营权,以该企业生产并销售获得的利润来偿还贷款,直到还清贷款。集群借款企业还清银行贷款后,收回生产经营权利。

2. "权"押融资模式的特点

第一,"权"押融资与特定生产经营活动相联系,是一种自偿性贷款。一般贷款随着贷款的顺利归还为结束。贷款银行行权以集群借款违约或有风险为前提,以权利偿清为终止。

第二,适用范围广。"权"押融资不仅适用于各种生产企业,还适用于商

贸企业。能够有效地解决中小企业融资担保难的问题。当集群中小企业缺乏合适的不动产作为抵押，又难以找到合适的担保单位时，就可以利用自有存货或生产经营权作为质押申请贷款。

第三，质押物受限程度低。与不动产抵押贷款不同，质押项下货物受限控制程度较低，货物允许周转，对企业生产经营的影响较小。

第四，要求授信银行有较高的风险监控能力和较高的操作技能。"权"押融资中，抵押物的管理和控制或生产经营管理非常重要，由于授信银行不具有对实物商品和企业生产经营的专业管理能力，就需要选择有实力、信誉高的专业公司企业进行合作，最好是选择集群组织，如集群商会、集群财务公司等。

3. "权"押融资模式的优点

第一，对融资企业的作用。在没有其他抵押物或保证担保的情况下，通过"权"押获得融资，解决了中小企业缺乏不动产作抵押、担保难的问题，盘活了存货资金或提现了未来收益（生产经营权质押），有助于集群企业获得银行贷款的支持。存货资金的盘活，使集群企业的存货周转速度加快，有助于企业获得采购主动权，同时能够使企业增加销售客户，扩大市场份额，节约经营资金。通过提现未来收益的方式向银行融资，不仅能够解决当前资金紧张问题，而且还能够为后续的融资活动奠定良好的基础。

第二，对银行的作用。通过银行、集群企业和集群组织的三方合作，解决了仓储货物或未来生产经营权难监管的问题，集群组织对群内"权"押融资企业进行监管、保证，有助于实现信贷风险控制的目标、扩大业务范围、增加客户规模。"权"押融资与信用融资相比，对融资企业来说在获得银行贷款的同时是一种压力、一种约束，督促其只有守信才能对本企业负责，因而降低银行信贷资金风险，银行在获得贷款收益之外，还可以获得包括结算、汇差等其他业务收入。

(二) 区域品牌担保信用融资模式

1. 区域品牌是集群融资的重要资源

所谓区域品牌，就是以一个区域为品牌主体，依托这个区域的特色形成的并足以代表这个区域的品牌。或者说，区域品牌是把一个区域和某类产品或产业联系在一起，形成具有一定区域特征的产业品牌。区域品牌的基本构成要素主要包括区域特征、品牌内涵和视觉标识等。区域品牌具有群体性、规模性、综合性、共享性和易传性等优势特点。

区域品牌是相关产品或产业在特定的地方经济社会发展中形成的，与区域存在的独特资源、地理、经济、文化、生活习惯等密切相关，是区域独特的生产要素在产业发展中的综合体现,反映了具有区域属性的产品、服务和形象所具有的知名度,这种知名度已达到可以将特定产业和所在区域名称等同,用产业符号将该区域同其他区域区别开来的地步。狭义地看,区域品牌特指某个地区的特色产业集群,它既是区域产业集群的代表,又是一个识别系统,还在法律上表现为证明商标或集体商标。如"意大利皮鞋"、"法国香水"、"瑞士手表"、"端州砚台"、"景德镇瓷器"、"西湖龙井茶"、"金华火腿"、"海宁皮革"、"义乌小商品"等。

区域品牌也是一种资源,与矿产、水力等自然资源,人文景观一样,同样具有担保产业集群融资、支撑区域经济发展的强大功能。我国区域经济发展状况表明,经济发达的地区也正是区域品牌发展相对较好的区域,区域品牌建设对产业集群的升级及区域经济发展都具有重要意义。集群内的许多企业,特别是民营中小企业一般不依靠自己的商标、品牌和企业知名度去扩大融资、去拓展市场,更主要的是依靠区域市场和区域品牌的知名度去参与市场的竞争。区域品牌的竞争力是区域产业集群竞争力在市场上的物化和商品化的外在表现,产业集群中现有的任何核心竞争力优势,如资源优势、技术优势、人才优势、管理优势、营销优势最终都应转化表现为区域品牌竞争力优势,只有这样,广大民营中小企业才能在激烈的市场经济竞争环境中取得可持续生存和发展。

区域品牌不仅是某一产业核心竞争力的体现,也是一个地区经济综合实力的重要标志,它既能托起一种产品,也能带动区域经济的迅速发展。首先,区域品牌能够为区域经济的发展提供公共品牌效应;其次,为区域经济的发展提供集聚效应,其独特的区域特点能够吸引相关的资源、资金和人才等生产要素,为区域经济的发展创造条件;最后,能够提高当地政府、行业协会或商会以及企业发展区域经济的积极性。

2. 构建区域品牌担保信用融资模式的思路

区域品牌担保信用融资模式,是指一个区域内的产业集群融资组织(如集群财务公司)以本区域的区域品牌作为担保标的物,向银行等金融机构担保,为群内中小企业获得信用贷款的一种融资模式。

在这里,区域品牌作为一种担保物,与普通不动产或动产担保物不同。第一,不动产或动产担保物是有形物品,看得见,摸得着,价值较小或不太大,容易估值,也容易变现;而区域品牌虽然包括范围广泛但是无形资产资源,看不见,摸不着,价值或许极大,但不容易评估,也很不容易变现。第二,不动产或动产担保物一般是属于个体企业的,即使融资企业还款出现困难,银行拍卖处置担保物,受影响的一般是单个企业,对产业集群影响不大;

而区域品牌担保物一般是属于集群全体企业的，当融资企业还款困难时，银行很难拍卖处置区域品牌，但受影响的不仅是银行的权益得不到很好的保障，而且本集群所在的区域品牌效应和价值也会大打折扣。第三，不动产或动产担保融资情境下，融资企业有压力去加强生产经营管理，以保证按期如数归还银行贷款；而在区域品牌担保融资情境下，集群融资组织（如集群财务公司）更有压力去督促和帮助融资企业认真履行其自身的职责。正是集群的多种优势，尤其是集体惩罚不守信企业的规则，迫使融资企业不得不按期归还贷款。所以，区域品牌作为集群的一种重要的资源资本，成为集群融资担保物是可靠可行的。

区域品牌要成为一种融资担保物，必须具备几个条件：第一，一个地区或区域至少要有一个相对成熟的专业化产业集群，而且这个产业集群在一定的范围内要有较大的影响力和知名度；第二，要把这个产业集群转化上升为区域品牌，这个特定的区域品牌（如"嵊州领带"、"温州鞋业"等具体的区域品牌）要符合一般意义上区域品牌的构成要素（区域特征、品牌内涵、视觉标识和商标权证等），尤其是该区域品牌必须是合理合法的注册商标，必须能让社会公众识别、熟知、公认、赞赏和拥护；第三，该区域的产业集群要有一个专门的组织机构来建设和维护该区域品牌，如果没有这个机构，即使已经建立起来的区域品牌，也会由于多种原因如融资不守信、贷款违约等而遭到破坏甚至倒牌，就会影响到产业集群的快速持续发展。

（三）区域品牌使用权租赁融资模式

区域品牌使用权租赁融资模式，是指区域品牌所在的产业集群组织为了扩大融资的渠道，尤其是吸引民间资本和民营企业资金，将本区域品牌作为一种租赁物出租给想利用该区域品牌扩大生产经营规模、提高竞争能力和知名度的生产经营与集群企业同类产品的企业，从而获得租赁费（融资额）的一种集群融资模式。

该集群融资模式与区域品牌担保信用融资模式相比，不同之处在于：第一，融资方式不同，前者是直接融资，即租赁融资，后者是间接融资，即金融机构融资。第二，融资渠道和对象不同。前者的融资渠道是非正规的金融机构，融资对象是民间资本和民营企业，后者的融资渠道是正规的金融机构，融资对象是银行、保险、财务公司等。第三，融资保证标的不同。前者的融资保证标的物是区域品牌的使用权，后者的融资保证标的物是区域品牌的信誉。

该集群融资模式的有效运行，需要注意几个问题：一是承租企业的选择。集群组织要认真甄选合格的、符合集群要求、能融入集群文化、遵守集群规则的好企业作为区域品牌的出租对象企业即承租企业。第二，区域品牌使用权的租赁期限。集群组织要合理把握区域品牌使用权的租赁期限，不能太长，也不能太短。第三，区域品牌的监管维护。集群组织不能对区域品牌一租了之，相反，要更加重视区域品牌的监管和维护工作，尤其是要加强对承租企业在区域品牌使用情况方面的监督管理，绝不允许损害区域品牌的行为出现。

四、中国制造业集群融资模式创新的促进措施

(一) 政府层面的促进措施

政府及其有关部门应从规划引导、政策支持、资金支持等方面加强对企业集群建设的支持力度，增强集群的核心竞争力，为集群融资创造良好的制度环境。

1. 加强对集群建设的政策引导

第一，以科学发展观为指导，制定集群发展规划，实施制造业集群升级战略。政府在研究制定产业集群发展规划中，要以科学发展观为指导，从促进集群数量扩张转变为注重结构优化和质量提升，从无为而治或直接干预转变为间接政策引导；要在深入分析地方制造业集群发展阶段、驱动模式、治理结构和战略环节的基础上，制定区域集群升级战略和促进政策，以"规划、扶持、提升、带动"为原则，实行分类指导，引导制造业集群选择科学、有效的升级路径和升级战略；要注重突出行业优势和行业特色，围绕特色产业和主导产业，培育名牌产品和龙头企业，提高产业集中度和综合配套功能，不断促进产业升级，提高产品竞争力。

第二，建立适合集群成长的税收政策。政府应该在公平税负的前提下，针对集群内的企业特别是技术创新活动，建立扶持集群企业发展的相关税收政策，为集群融资提供便利。通过税收减免、优惠税率、退税等税收优惠政策让利于企业，增强企业内源融资能力，增加企业现金流。

第三，引导和促进产业集群成长的其他政策。一是加强技术创新，加大创新基础资源投入力度，扶持企业研发创新，完善集群创新的激励、决策和运行等机制，构建制造业集群的创新网络系统；二是发展生产性服务业，实施优惠政策，大力发展现代物流、金融服务、信息服务和商务服务等生产性服务业，促进生产性服务业的专业化、外包化和集聚化发展，建立和完善集群公共服务体系，建立支撑制造业集群升级的服务平台；三是推进产业整合，鼓励制造业集群以兼并、收购、合并、联合、合作、联盟等方式进行企业间资产重新配置，形成具有产业链控制实力的主导型企业为核心、与中小企业长期分工合作的集群组织结构，提高制造业集群的市场组织化程度，提升集群参与全球价值链竞争的能力。

2. 加大对集群的资金支持力度

在产业集群发展初期，集群内的基础设施不够完善，企业间的合作意识尚不够成熟，集群的经济效应尚未充分发挥，地方政府可以通过加大资金支持力度，完善集群内的基础设施建设，吸引优质企业加入集群，为企业的集聚和产业集群发展创造和提供良好的基础环境。地方政府要持续扩大基础设施覆盖范围，重点完善对外联系通道、环保设施、供电设施，加强质检、信息、物流等公共服务平台建设，增强对产业发展的支撑能力。

3. 构建为集群服务的多层次金融体系

政府应积极发展区域性中小金融机构，适应中小企业融资所需；拓展民营金融机构的经营范围，增强综合实力；积极创造条件，建立和发展适合集群融资的直接融资渠道，如多层次的资本市场体系。同时，加快发展集群内生的金融机构，如集群财务公司、集群内融资租赁、集群内债券、信托投资公司等金融服务机构的建设和发展，拓宽中小企业集群融资的渠道。

（二）金融机构层面的改进措施

金融机构应该尝试不断地创新适合集群特点的融资产品和融资模式（如前面作者设计的"权"押融资模式、区域品牌担保信用融资模式等），拓宽融资渠道，丰富直接融资方式。集群内企业相互关联、相互依赖，形成较为完整的产业链。金融机构应抓住产业集群发展的特点规律，创新对骨干企业的金融服务，大力发展供应链金融，增强核心企业对配套企业的凝聚力和辐射力，围绕核心企业加大对产业链上下游中小企业的支持力度，依托核心企业向上下游产业链延伸，加强对资金流和物流的跟踪分析，弱化对抵押担保物的要求。如由浦发银行牵头承销的上海首单科技型中小企业集合票据——上海浦东新区2011年度第一期"张江科技型中小企业"集合票据的成功发行，就是一个典型的案例。

（三）中介机构层面的服务措施

集群内中介机构为集群融资在提供服务、信息方面发挥了重要作用。中介机构作为中小企业集群融资的重要利益相关者，可以充分利用自身的信息优势、专业优势和渠道优势，为集群内企业、银行、资本市场的投资者等提供专业周到的各种融资便利服务、准确即时的信息和各种必要的其他服务，帮助利益相关者及时掌握集群内企业的经营情况，提升企业的信用度，防范和破解可能存在的风险。

（四）集群企业自身的加强措施

制造业集群内的企业，一方面，要加强自身的管理，规范自身的日常成本管理和财务收支，定期分析以便采取相应的风险控制措施。健全内部治理结构，提高管理水平。强化内部财务管理，规范经营，提高企业生产经营的透明度，保证会计信息的真实性和合法性。增强信用意识，提高自觉还贷意识和行为，取信于金融机构，获得银行信贷评估和行业协会自信评估部门的高评价。另一方面，要依靠集群的集体力量，发挥集群的整体优势，积极配合集群融资组织（如集群财务公司），采取集群融资模式融资，能够大大提高融资的可得性和融资收益，也大大降低融资的成本和风险。

总之，加工制造业集群融资建设是一个复杂的系统工程，需要政府、金融机构、产业集群组织、群内企业、中介机构等各方的共同参与和努力，为企业集群开辟和疏通间接融资、直接融资和介于二者之间的第一个第三类融资（即准间接融资或准直接融资），以及内源性融资、外源性融资和介于二者之间的第二个第三类融资（即准内源性融资或准外源性融资）等两个三位一体的全方位融资渠道，并不断创新其相应的融资模式和融资产品，才能切实缓解加工制造业集群中小企业融资难的困境。

第二节 流通商贸业集群融资新模式

商贸业集群的行业性质和经营特点，与制造业集群和高科技产业集群等行业集群有着显著的不同。最突出差别就是商贸业集群中企业之间没有或很少有纵向的物质技术联系，系统性特征远不如成熟的工业集群明显。虽然商贸业集群中的企业之间虽然也有强烈的外部共生协作关系，但这种关系主要是以无形的、非物质性的信息方式存在。这些都决定了商贸业集群有其独特的集聚优势（商圈）来源和风险，因此，商贸业集群融资新模式的研究应据此展开。

一、流通商贸业集群的相关概念

（一）商贸企业集群、市场集群与商业集群

1. 商贸企业集群

商贸企业集群是集聚于一定地域或产业领域内稳定的、具有持续竞争力和辐射影响的商贸企业集合体，表现为单一组织形态或单一业态的集贸市场、批发或零售商品交易市场、商业街区、商贸服务业聚集区、物流园区等的商贸企业群体。这类群体往往由许多同质化竞争或异质化互补的主体构成。如果这类集群的主体绝大多数都是中小规模经营者甚至零售店或摊位主的话，这就是中小商贸企业集群。目前，我国的商贸业集群绝大多数都属于中小商

贸企业集群。

2. 市场集群

市场集群与商贸企业集群不同，是指商品交易市场在一定地理空间上的集聚现象，是一群市场彼此既相互独立、又相互依存、具有特殊关系的市场群体，即是多个商贸企业集群的合集。市场集群的类型很多，以商品交易市场主导的义乌小商品市场集群就是其中之一。经过改革开放 30 年的发展，义乌已形成以中国小商品城（国际商贸城市场、宾王市场、篁园市场）为核心，10 多个专业市场、30 多条专业街相支撑，运输、产权、劳动力等要素市场相配套的，义乌市内各市场、国内分市场与海外市场等各地域市场联通的市场体系。

3. 商业集群

商业集群则是指在一定的地域范围内，依托一定的社会经济环境，由多个各种类型的商业组织和商业业态聚集在一定的地域空间上，以其协同效应提供多样性的商品和服务，为满足顾客（包括消费者和企业采购人员）消费和采购需要的市场形态。从集贸市场到各类批发市场、从小商品市场到专业市场及市场集群，从购物中心、商业街到 CBD 商业集群等，都是商业集聚的地方。

在国内，尽管学者们对商贸企业集群、市场集群和商业集群概念的界定存在着不同的解释，但对其定义的描述均包括了"商业企业在地理空间上位置的相对集中"这一表现形式，所不同的只是集群范围的大小和所包含的商业组织形态的多少而已。

（二）商圈、集群商圈及区域商圈

1. 商圈

商圈又称"商业圈"或"商势圈"，传统意义上，是指一个商贸企业经营能力所覆盖的空间范围，或者说是商贸企业吸引顾客可能来店购物的顾客分布的地理区域，具有圈层性、重叠性、不规则性和动态性等特点。

2. 集群商圈

如前所述，中小企业集群包括农业集群、加工制造业集群、流通商贸业集群、高科技产业集群、服务业集群等多种类型。仅流通商贸业集群就又有中小商贸企业集群、市场集群和商业集群等，不管哪一类集群都有商圈。所谓集群商圈就是指一个集群的生产经营营销能力所覆盖的空间范围，或者说是一个集群吸引顾客可能来店购物的顾客分布的地理区域。其本质，除了具有传统商圈所具有的有圈层性、重叠性、不规则性和动态性等特点以外，还具有聚集性、规模性、便利性、共享性和自组织性等特点。最常见的集群商圈有商品交易市场、商业街区、物流园区、商贸服务业功能聚集区，以及包括上下游交易链条的供应链集群等。

3. 区域商圈

（1）区域商圈的含义

区域商圈是指一个区域（或地区）的竞争力、营销力和影响力所覆盖的空间范围，或者说是一个区域（或地区）吸引顾客可能来本地购物的顾客分布的地理区域，是现代商圈的一类典型代表。在此，仅以"义乌商圈"为例来阐释区域商圈的含义。

"义乌商圈"是指国内外所有与义乌小商品市场或企业有着紧密经济联系的经济主体和区域，既包括前向的产品销售区域，也包括后向的产业支撑区域，以及由此形成的跨区域分工协作网络。"义乌商圈"由其市场体系、支撑产业、商人群体和物流网络等要素构成，并具有交易客体以小商品为主、中小商贸企业集群先导型演化、商贸业与工业联动发展、分工协作网络向国际拓展、网状非圈层结构等特征。

"义乌商圈"源于传统商圈，它在继承和吸收传统商圈基本方面的同时，与传统商圈又有着根本性的区别。传统商圈的覆盖范围主要是商贸企业吸引顾客的区域范围以及商贸业中客流的合理安排，并未涉及更多前后向的经济联系。而"义乌商圈"的内涵特征、构成要素、涉及领域等都比传统商圈和一般产业集群更广，在微观上从生产、流通、服务等领域拓展到价值链的前后向各个企业和产业（包括市场集群、产业集群），在宏观上把与其有紧密经济关联的区域（包括本地区域、本省其他区域、国内区域、国外区域）和政府也纳入其中，在形态上除前述的实体商圈外，还拓展到了各类关联的网络商城、社区、网络交易平台等虚拟商圈。同时，"义乌商圈"更突出地显示了其作为一个整体，实现内部不同主体相互之间作用与配合的功能。①

总之，"义乌商圈"是建立在义乌区域经济发展基础之上的一种抽象的经济体系，是一个复杂而又高级形态的现代"大商圈"或现代"巨商圈"。

（2）区域商圈与商贸企业集群商圈的关系

尽管"义乌商圈"是个特定的概念，但它又具有普遍意义，代表了一类新型商圈。通过"义乌商圈"结构图（图7-1），我们可以形象地看清中小商贸企业集群（义乌小商品市场）与区域商圈（"义乌商圈"）之间的良性互动关系。

一方面，中小商贸企业集群是区域商圈最基础、最核心的表现形式。在

---

① 陆立军：《义乌商圈》，14~35页，杭州，浙江人民出版社，2006。

"义乌商圈"结构中,处在核心地位的是中小商贸企业集群(如义乌小商品市场的代表国际商贸城福田市场),它也是"义乌商圈"形成的源头与动力,其最初的影响力主要限于义乌小商品市场内部,也就是图7-1中最里面的小圈。随着市场规模不断扩大,市场分化重构形成了不同市场聚集的专业市场集群(图7-1中从里到外的第二圈层),其规模报酬递增效应凸显,并且大大降低了交易费用,使得大量产业集群(图7-1中从里到外的第三圈层)在周边地区一个较大的范围内聚集。同时,由于有了这些产业支撑,市场的辐射能力进一步得到增强,从而通过输出商品和信息,向市场、产业所在区域的其他相关区域进行辐射(图7-1中从里到外的第四圈层),形成了一个范围更广的分工协作网络(即"义乌商圈")。

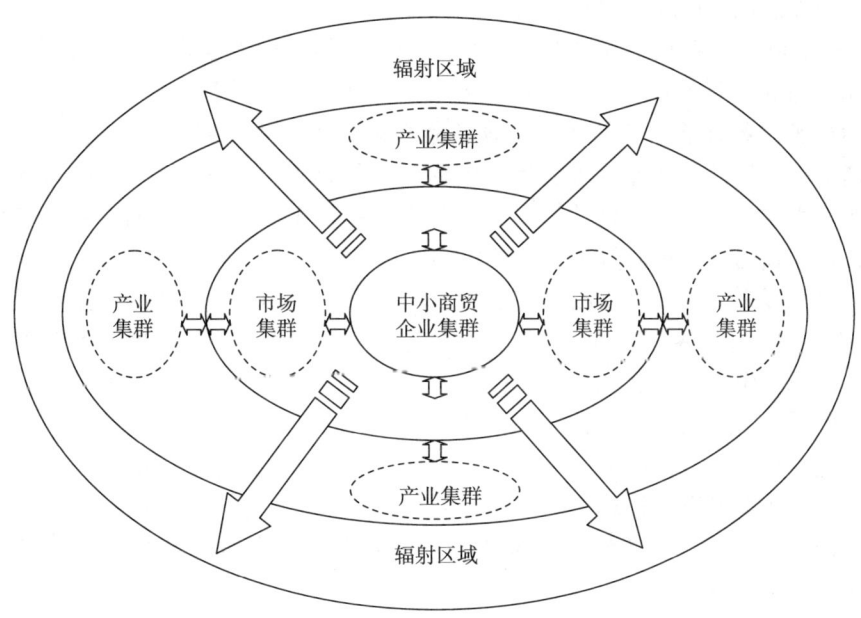

图7-1 "义乌商圈"结构图

另一方面,区域商圈为中小商贸企业集群提供了生态环境和生存支撑。"义乌商圈"形成后,其辐射范围越来越广。现在,义乌小商品市场上销售的商品源于全国所有的省、市、自治区以及国外,为国内外众多企业拓展市场空间搭建了销售平台,对周边及国内其他地区发展特色优势产业发挥了拉动作用,成为国内外企业接轨国际、开拓国际市场的重要窗口。同时,义乌小商品市场已成为国内外的小商品采购中心,国内上千家知名商场和流通企业每年直接到该市场采购的商品达数十亿元,来自世界100多个国家和地区的

8 000多名外商常驻义乌从事小商品采购等业务。可见,义乌小商品市场的发展对国内外诸多相关地区经济的发展产生了巨大的拉动作用,反过来,其他地区也以各种形式的经济交流与合作,支持着义乌中小商贸企业集群和义乌小商品市场以及义乌经济社会的快速发展。

二、中国流通商贸企业集群的发展及其融资状况

(一)商贸企业集群发展:中小商贸企业集群已成为经济发展不可或缺的重要力量

长期以来,我国商贸业经营主体的平均规模较小,分散程度较高,非企业的自然人及个体商户占了绝大多数。这些特点导致商贸业总体环境较差,生存与发展的空间受到严重制约。

但近年来,我国商贸业集群发展迅速,单体规模不断扩大,已成为组织商品流通的重要力量,在助推产业发展、加快城市化进程、提供就业机会等方面也发挥着日益重要的作用。以商品交易市场、商业街区、物流园区、电子商务平台等商贸集群为主要形式的商圈发展迅速,已成为我国中小商贸服务企业生存与发展的重要载体。据商务部市场秩序司不完全统计,截至2010年5月,我国有中小商贸企业2 600万户,占商贸企业总数的99%以上。全国现有亿元以上交易额的商品交易市场达4 500多个。100亿元以上的商贸业集群91个,其中商品交易市场75个,年交易额16 799亿元,实现税收近80亿元,总体融资需求超过800亿元;物流园区16个,年交易额3 045亿元,实现税收约71亿元,总体融资需求超过140亿元。已建、在建和规划中的物流园区近600个。规模以上电子商务平台约2.3万家。随着发展壮大,全国各类商贸业集群融资需求越来越十分巨大。仅据江苏省商务厅对省内87个大市场的调查,融资需求就高达2 286亿元。据此估计,全国各类商贸业集群的总体融资需求至少在万亿元以上。

(二)商贸企业集群优势:商业集聚理论在现实中的主要表现

1. 聚集效应形成整体竞争力

集群内的众多商贸主体可以共享市场提供的基础服务设施、客户资源;可以利用市场内丰富的交易信息资源,大大减少信息搜集成本,增加交易机会,提高经营效率;在金融支持、技术开发、产品设计、市场营销、物流配送等方面,商贸业集群的条件优于其他形态集群。金融部门、设计研发机构、物流配送企业往往入驻在市场里,互相了解程度高,交易成功的几率大;同时,小型商贸企业、小商户也容易通过联合采购、联购分销等方式,提高价格谈判地位、降低进货成本,形成群体竞争优势。

2. 区域品牌效应提升地区影响力

目前，一些商贸企业集群已成为区域品牌，凸显了集群的比较竞争优势，不仅有利于经营主体借助品牌之名开拓市场，也有利于提高该集群在全国商贸流通业中的行业地位，并提升整个地区的形象，为招商引资和未来发展创造有利条件。如江苏盛泽东方丝绸市场、天津稀有金属市场、浙江柯桥中国轻纺城和义乌小商品城都是中小商贸经营者集聚的市场，已成为我国重要的生产资料和消费品集散中心、价格中心和信息发布中心，更是产品价格和市场行情的重要风向标。

3. 产业整合效应带动经济发展

商贸企业集群一般都发挥着整合价值链，聚合商流、物流、信息流、资金流的作用，从而带来产业关联度的提高和整个供应链的优化，对促进产业结构调整和升级、提升产业竞争力、带动区域经济发展发挥了重要作用。如广东省佛山市乐从镇利用区位优势发展商品交易市场，2010年钢铁、家具、塑料三大市场销售总额653.9亿元，税收19亿元。2011年广西各类亿元以上商品交易市场实现成交额1 071.55亿元，比上年增长11.5%；湖南各类亿元以上商品交易市场实现成交额2 488.6亿元，比上年增长20%。这些市场交易规模大、辐射功能强，带动了交通、旅游、服务等相关产业的兴旺，提供了大量的就业岗位，社会综合经济效益巨大。

（三）商贸企业集群融资：中小商贸企业集群内经营主体普遍存在融资难问题

由于商贸企业集群内多是中小企业，经济实力弱，在发展中面临诸多共性问题，当前最为突出的仍是融资难问题。据商务部2010年调查，群内中小商贸企业融资存在的困境主要有：

1. 融资门槛高

中小商贸企业流动资金占比较大，对流动资金的需求具有"短、小、频、急"的特点。与中小工业企业相比中小商贸企业的资产规模更小，分散度高，有的还是租赁的经营场所，可抵押物甚少，因此告贷时被拒之门外的几率比生产企业高得多。即使银行同意贷款，其约束性条款也往往多于工业企业。如河北省很多商贸企业因缺少抵押而被拒贷，总拒贷率超过56%；四川省遂宁市近两年有80%的商贸企业贷不到款，达州市70%的商贸企业有贷款困难、20%的企业贷不到款。

2. 融资成本高

其一，群内中小商贸企业普遍规模小、行业集中度、集聚度低，银行获取信息难度大，融资信息成本高。其二，中小商贸企业多数没有健全的信用信息记录,银行的融资条件苛刻,收费昂贵,审查严格,周期漫长。中小商贸企业除了要承担基准利率上浮10%~100%外,还要负担财产评估、审计、公证等费用,多数情况下还要附加购买银行理财产品、缴纳保证金、开展担保等条件。而其他体制内融资途径的成本负担则更为沉重,甚至有的地方农村信用社对商贸企业贷款利率是商业银行的2~5倍。其三,商贸行业的业种繁多,业态各异,地域性强,增加了金融机构设计产品的难度和成本。

3. 融资渠道少

同样,群内中小商贸企业直接融资渠道也基本被堵塞。我国私募股权融资、创业板融资、中小企业板融资和债权融资等直接融资渠道主要是为高科技、高成长性的科技企业或工业企业服务的,商贸企业一般很难成为受益对象。因此,在别无选择的情况下,很多商贸企业为解决资金急需,不得不进行地下融资或民间高利贷借款。这种体制外的融资往往利率极高,有的甚至高过同期商业毛利率。江西省宜春贸易广场每年需发展资金10亿元以上,但银行融资不足3亿元,70%以上靠民间资金周转。

4. 融资信用低

目前我国的第三方增信服务机构(如担保、保险、信用调查和评价机构等),普遍存在风险基金来源少、风险补偿机制不健全、坏账核销机制不完善、信用交易信息不完备、信用状况难以评估等问题,使得贷款保全难度较大。因此,在中小商贸企业贷款风险系数高,而又没有有效的风险防范机制来降低和分担信贷风险的情况下,银行就会产生"恐贷"和"惜贷"心理。调查发现,与中小工业企业相比,担保保险机构为中小商贸企业融资"铺路搭桥"的作用有限,中小商贸企业得到的信用服务和增信服务要少得多,这也客观上造成了银行与有融资需求的中小商贸企业之间不能有效实现融资的连通。

三、中国流通商贸企业集群融资模式的实践创新

在上述商贸企业集群的发展背景和融资困境情况下,为缓解中小商贸企业融资难题,深化银商合作,搞活流通,促进经济发展,商务部、银监会已于2011年8月出台了《关于支持商圈融资发展的指导意见》(商秩发[2011]253号),强调发展商圈融资是缓解中小商贸企业融资困难的重大举措,明确提出要推广和创新适合商圈特点的商圈融资模式。目前我国一些地方已经开始"试水"商圈融资模式,其中最有代表性的商圈融资模式是商圈担保融资、供应链融资和商铺经营权质押融资。

（一）商贸企业集群商圈融资的具体模式

1. 商圈担保融资模式

商圈担保融资模式就是商圈管委会或管理公司对入驻商圈的中小商贸企业进行筛选，众多中小企业"抱团团购"，相互联保，再配备担保公司的担保，通过担保公司为其中的合格者担保获取银行贷款。该模式一般出现在资金需求较固定且拥有相对完善的管理和担保体系的生产资料交易市场，其中商圈管委会至关重要。由于商圈管委会对市场内的商贸企业非常了解，并通过协议和日常管理对其拥有一定的控制力，在中小商贸企业融资过程中其不仅发挥着信用识别的重要作用，而且在担保公司面前有着很好的公信力，因此，所推荐的企业得到担保融资的成功率很高。如，浙江省杭州湾钢贸城担保公司已帮助200多家入驻企业获得担保融资，总金额累计超过30亿元，较好地满足了入驻商贸企业的融资需求。

另有一种商圈担保融资，即采用集群信用共同体的形式。如江西省上饶市佳利商贸城经过农信社、商会、担保公司三方联合筛选，将247家商户列为商贸城信用共同体会员，三家共同帮助会员申请贷款，从而获得当地农信社整体授信1.1亿元。

2. 供应链融资模式

供应链融资模式就是商贸企业将存货、应收账款、现金流等置于第三方机构（银行或物流企业）的有效监管之下（包括货权质押、保单质押等方式），并通过供应链中有实力和信誉的核心企业对其增信，从银行获取融资。这种模式一般需要具备物流、商流和信息流监控力的物流企业参与其中，多出现于物流企业主导的上下游企业共同组成的供应链集群。在该模式中，物流企业的参与至关重要，特别是在为集群上下游企业融资的过程中，物流企业发挥着风险识别、风险监管及链主增信等重要功能。2009年，全国性大型综合物流企业中储发展股份有限公司，与银行合作帮助1 000多家供应链客户获得供应链融资超过500亿元，其中30%的客户是商贸类企业。浙江稠州商业银行探索推出的"1 + N"供应链贷款，不仅解决了配套中小企业的资金需求，也保证了龙头企业的配件供应，使企业之间、银企之间呈现出"三赢"的局面。

3. 商铺经营权质押融资模式

商铺经营权质押融资模式就是个体工商户将商铺的经营权、优先续租权这些无形资产向银行质押获取融资。该模式一般出现在融资规模较小、期限较短、需求更为灵活的生活资料交易市场。此类市场中的经营主体多为个体商户，即非企业法人，不仅没有会计报表，担保手段和抵押物也更缺乏，因此权利质押便成为有效的融资途径。与分散的商铺相比，位于交易市场内的商铺经营更加规范，商铺经营权的价值不仅更高，也更容易做出准确评估，因此银行更愿意接受此类经营权质押。该模式更直接解决了中小企业融资要素欠缺的难题。

据商务部市场秩序司统计，2009年，江苏常熟服装城的商户，通过商铺经营权和优先续租权质押获得银行贷款2 203笔，总额达到20亿元，大大缓解了服装销售企业的融资困难。又如从2008年5月到2009年末，义乌中国小商品城就有累计3 991个商户向浙江稠州商业银行办理"商位使用权抵押贷款"，累计金额24亿元。

（二）商贸企业集群商圈融资的主要益处

第一，发展商圈融资有助于增强中小商贸经营主体的融资能力，缓解融资困难，促进中小商贸企业健康发展。

第二，发展商圈融资有助于促进商圈发展，增强经营主体集聚力，提升产业关联度，整合产业价值链，推进商贸服务业结构调整和升级，从而带动税收、就业增长和区域经济发展，实现搞活流通、扩大消费的战略目标。

第三，发展商圈融资有助于银行业金融机构和融资性担保机构等培养长期稳定的优质客户群体，扩大授信规模，降低融资风险。

第四，发展商圈融资有助于引入信用调查和评价、商账管理、咨询培训等信用服务机构，有利于降低征信成本。商圈融资不仅使商圈内经营主体得到有力的信用支持、放大单个企业的信用、增强其融资能力，而且也降低了金融机构的征信成本，提高其为中小商贸企业服务的积极性。

（三）商贸企业集群商圈融资存在的问题

尽管近年来商贸企业集群融资发展较快，但在实际操作中仍然存在着一些问题，制约和阻碍着商贸业集群融资的发展。

其一是部分商品交易市场没有专门的担保机构，无法实现商圈担保融资功能；大部分市场未建立内部征信信息系统，融资企业的信用信息记录不全，不能较好地发挥集群的信息优势；供应链融资缺乏对参与各方的风险补偿。

其二是在货权质押融资过程中，物流企业不仅要负责质押物监管，还要承担连带清偿责任，从而面临较大风险；在保单融资过程中，保险公司承担了银行、企业、市场等三方面风险，而无任何反担保和抵质押措施，风险相对较高。这大大降低了物流企业和金融机构开展供应链融资的积极性。

其三是目前商铺经营权质押融资尚存在法律问题。由于《物权法》和《担保法》均未将商铺经营权和优先续租权列入法定权利质押标的物范围，因此，商铺经营权质押融资方式存在合法性的问题，可能随时被叫停。另外，各地权利质押登记系统还存在不完善、操作不规范等问题，这使得银行开展商铺经营权质押融资也存在着较大的风险。

四、中国流通商贸企业集群融资模式再创新的思考

根据现代商圈的特点，我们可以进行更多的现代商圈融资模式创新和设计。

（一）商圈商誉信用融资模式

商圈商誉信用融资模式就是商圈内的中小商贸企业利用商圈商誉，无须抵押或担保，只需商圈管委会提供身份资信证明，就可以从商业银行申请获得信用贷款的融资模式。商圈商誉是商圈内企业长期规范经营，通过良好的质量、周到的服务积累起来的良好声誉，是商圈内全部商业企业共有的品牌。商圈的整体商誉能够为圈内所有企业带来效益，有利于企业提高声望，不仅能扩大产品销售，而且还能提高信用等级。良好的商圈商誉建立起来后，处于该链条上的所有厂商的边际信誉度被提高到同一水平，即中小商贸企业与大型商贸企业的边际信誉度处于同等水平，从而使中小商贸企业的信用水平提高到了与大型商贸企业一样的等级，中小商贸企业就可以比较顺利地获取信用贷款。该模式一般适合于商圈内中小商贸企业短期的、数额较小的流动资金融资贷款。

（二）商圈关联拆借融资模式

关联拆借融资模式就是商圈内有一定关联（产品链、价值链或供应链等关联）的中小商贸企业相互出借资金，即资金短缺的中小商贸企业向资金富裕的中小商贸企业进行的融资。从经济学的角度看，这与企业间的商业信用一样，是一种比较低级而又容易实现的融资模式。但从目前我国法律规定的角度看，拆借仅限于金融机构间的同业拆借，普通企业间的拆借被视为非法或违法。所以，该模式的运行需要法律上将企业间的拆借予以合法化。企业间的资金拆借，是市场经济条件下的必然产物，是企业间的一种互助互利行为，有利于实现企业间资金互通有无、减少资金流通环节、降低资金交易成本、提高资金交易效率。商圈内的地方政府不应一律禁止中小商贸企业间的关联拆借，而应在积极争取国家相关法规、政策允许或特许的前提下适当放开。

（三）商圈虚实货币兑换融资模式

虚实货币兑换融资模式就是商圈内从事电子商务类业务的中小商贸企业，以其所拥有的网络虚拟货币量为基数，按照一定的兑换比例，折合成一定量的现实实体货币（人民币）数额，并按这个折合出的人民币数额为融资额度，

向金融机构进行融资。努力拓展和发展商圈，积极探索和创新虚拟商圈融资模式，就必然涉及虚拟货币问题。随着互联网技术的迅猛发展，网络经济中出现了一类新的支付工具和交易媒介——网络虚拟货币，如Q币、比特币、百度币、新浪U币、人大经济论坛币等。进入21世纪后的短短几年来，网络虚拟货币不仅经历了从单一功能到复合功能的发展过程，而且开始出现了用网络虚拟货币换取传统实物商品的现象。迅猛发展的网络虚拟货币，对商品购买、金融支付、电子商务、货币流通、融资方式等社会经济活动产生了广泛而深刻的影响。因此，该模式完全有条件也很有必要在商圈内的电子商务企业的融资活动中实现。

（四）集群商会联盟融资模式

集群商会联盟融资模式就是区域商圈内的不同业态的集群（如图7-1所包含的商贸企业集群、市场集群、产业集群等）各自从本集群的互助金（或集群发展基金）中拿出一部分资金，构成一个流通商贸业集群融资的"资金池"，这个"资金池"作为专项贷款专门用于商贸企业集群内的中小企业贷款。该模式实际上扩大了商贸企业集群融资的范围，由本级集群商圈，扩大到了市场集群商圈，继而又扩大到了产业集群商圈以及更大的区域商圈，融资商圈扩大了，融资机会就会增加，融资额度也会增大，也就大大地缓解商贸企业集群内的中小企业融资难的矛盾。

该模式适用于存在多种业态的区域商圈。它的有效运行需要具备三个条件：(1) 不同业态的集群各自都有健全的集群组织（如集群商会、集群财务公司等）；(2) 不同业态的集群各自都构建了自给自足的群内互助金或集群发展基金等融资资本；(3) 不同业态的集群有能力也愿意通过平等协商、共同出资、齐心协力为解决群内商贸企业融资难而精诚合作。

（五）商圈政府信用融资模式

一般地，企业信用高于个人信用，银行信用高于企业信用，政府信用高于银行信用。据此，信贷风险大小的排序应该说政府信用的信贷风险最低，银行信贷的信贷风险较低，企业信用的信贷风险较大，个人信用的信贷风险最大。区域商圈是一个地方的软件基础设施或软性公共产品，因此，区域商圈的建设和完善，当地地方政府责无旁贷。地方政府建设完善区域商圈的措施比较多，其中地方政府提供政府信用融资就是一种很好的建设完善区域商圈的方式。

商圈政府信用融资模式就是商圈所在地政府为了缓解本地商圈内企业融资难的问题，以政府信用向国内外各种经济主体融资，然后作为专项融资提供给本地商圈，再由商圈融资组织按需分配融资额给商圈群内企业使用的政府信用融资模式。该模式的运作要以强大的区域商圈为前提,其具体的融资方式有:(1)商圈地方政府信用借款,即商圈地方政府向国内外金融机构进行信用借款,并将所借得的资金提供给本地商圈集群企业;(2)商圈地方政府发债,即以商圈地方政府的名义,向社会公开发行地方债券,并将所借得的资金提供给本地商圈集群企业;(3)商圈地方政府投融资平台,即商圈地方政府直接组建商圈投融资经济主体,建设地方政府商圈投融资平台,通过投资、注资、入股等形式直接参与到本地商圈的融资行为当中去,从而对区域商圈的发展起到投资融资和监管调控的双重作用。

五、中国流通商贸企业集群融资模式创新的促进措施

(一)加强商圈组织建设,搭建商圈融资平台

发展商圈融资首先需要建设好商圈组织,搭建商圈融资平台。一是要加强商圈组织建设。积极引导商圈市场管理部门或投资商、相关协会等组织建立覆盖范围广泛的联保体系,建立利益共享机制,吸引广大商贸主体积极参与商圈融资担保和业务创新,努力改进依靠商户自发开展贷款联保的状况和贷款产品缺乏的问题,扩大联户担保和业务覆盖面;二是要明晰商圈参与者权责利益。充分发挥市场经营同质性集群优势,明确债务代偿后追索权的行使、资产的承接、损失的补偿等措施,在提高银行贷款风险缓释效果的同时,做好对融资各方当事人的利益保护,夯实商圈融资基础,提高商圈融资效率。

(二)积极探索和开展多种模式的商圈融资创新,以适应客户的融资需求

在已有的商圈担保融资、供应链融资和商铺经营权质押融资模式的基础上,针对不同类型的商贸集群有区别的开展和创新业务。如对聚集于一定地域内的商品交易市场和商贸企业聚集区,继续扩大推广担保授信或是有选择的进行商铺经营权抵押授信;对聚集于一定产业内的上中下游企业所组成的供应链,进一步进行供应链授信。除此之外,开发适合商贸企业集群特点的其他融资模式,如商圈信誉融资、商圈拆借融资、商圈租赁融资"打包"贷款、"捆绑"贷款、"集中采购融资"、"1+N"互助担保、"资金池"等多种形式融资模式,拓宽商贸集群企业融资渠道。

(三)设计并使用好商贸企业商圈融资的扶持政策

充分发挥政府财政资金的引导作用。用扶持政策鼓励开展信用销售,培育市场开拓能力;丰富和完善融资担保补助、贷款贴息、动产和票据质押融资补助等信贷支持手段,建立政府、银行、企业三方的融资风险共担机制,解决商贸企业融资困难;建立交易信息共享机制,提高商贸企业市场识别交

易风险的能力,提高金融机构获取相关信息的能力,用信息化带动商贸业环境的改善。

(四)完善商圈融资的信用支持体系

一是提升集群内商贸企业的综合管理水平,加强商贸企业信用制度建设,建立规范的财务制度、交易记录和风险管理机制,彻底改变商贸企业财务制度不完善、会计报表不健全、信用记录不完备、销售记录不真实以及盈利模式不固定等状况,提升自身经营的透明度和稳健性。二是积极推动银、保、商合作的联合担保模式,完善商圈融资担保体系。三是完善信用中介服务,发挥信用担保、信用保险、信用调查和评价等信用支持手段的作用,使群内商贸企业得到信用中介的有力支持,促进商业信用向金融信用的转化,提高商贸企业在银行等金融机构的信用等级,搭起商贸企业获得银行正常融资的桥梁。四是修改完善《物权法》和《担保法》等有关法律法规,将商铺经营权和优先续租权等列入法定权利质押标的物范围。

(五)集群管委会、银行和政府主动沟通交流,加强"商圈"融资的战略管理

商贸集群所在的管委会对其所辖的各个经营主体有较多的了解,对其信用状况和经营效益都较银行了解更多,银行及其他部门可以借助管委会的力量对放贷企业进行贷前调查和摸清底细,贷后进行有效监督与管理。另外,鉴于商圈集群客户经营同质性强,市场风险波动一致且具有一定传染性的实际,集群管委会、银行和地方政府等机构要多方联合进一步加强商圈融资的战略管理,重视对不同类型商圈融资的同步推进,做好行业集中度风险控制。

第三节 文化创意业集群融资新模式

一、中国文化创意产业集群的发展

(一)文化创意产业及文化创意产业集群的诠释

1. 文化创意产业的概念

创意产业的概念最早兴起于英国。1998年英国政府出台的《英国创意产业路径文件》中明确提出"创意产业"这一概念。所谓"创意产业"是指那些源自个人的创造力、技能和天分,通过知识产权的开发和运用,具有创造财富和就业潜力的行业。文化创意产业这一概念集合了文化创意和创意产这两个概念于一身,涵盖了更为广阔的文化经济活动,将抽象的文化直接转化为高度的经济价值,将知识的原创性与变化性融入具有丰富内涵的文化之中,使它与经济结合起来,发挥出产业的功能。

需要注意的是,在包括我国在内的大部分国家和地区认为,文化创意产业与创意产业基本是等同的概念,本书采用文化创意产业的提法。

2. 文化创意产业集群及文化创意产业园区的含义

文化创意产业集群是产业集群的新成员,是指一定时间内生存和坐落于特定区域或环境内的各种文化创意产业实体所形成的空间聚合体。文化创意产业集群化发展是文化创意产业发展的基本方式,对发展文化创意产业具有重要意义。

文化创意产业园区是文化创意产业集群的重要载体,是文化创意产业集群发展的重要表现和途径。文化创意产业园区是一种介于政府、市场与企业之间的新型社会经济组织和企业发展平台,它通过提供一系列创意企业所需要的管理支持和资源网络,帮助企业独立运作和健康成长。优秀的文化创意产业园区将成为一个城市的名片,对提升区域的对外形象发挥着重大作用。如北京的 798 艺术区就是北京的城市名片和独特的创意地标。

(二) 中国文化创意产业集群的发展概况

近几年来,我国文化创意产业发展迅速,取得较大成就。2004—2008 年,我国文化产业年均增速为 22%,比同期服务业年均增速高出 2.6 个百分点。就文化创意产业的具体行业来说,2008 年,中国电影产量达到 406 部,跻身世界前三名;电影票房攀升到创纪录的 42.15 亿元,同比增长 8.88 亿元,首次进入全球电影市场前 10 名;出版物印刷业销售产值 976.9 亿元,企业利润总额已达 50.2 亿元;网游产业实现销售收入 183.8 亿元,比 2007 年增长了 76.6%,同时还为电信、IT 等行业带来高达 478.4 亿元的直接收入。2010 年,我国文化创意产业更是呈现出爆发式增长,增长率超过 32.8%,远远高于 8.7% 的 GDP 增长水平。尤其是 2011 年十七届六中全会通过的《关于深化文化体制改革推动社会主义文化大发展大繁荣若干重大问题的决定》,把文化强国提到最高战略,为文化产业大发展成为国民经济的支柱性产业,提供了更大的契机。2012 年,我国文化产业总产值突破 4 万亿元,占 GDP 比重达 8.5%,总额和比重都得到进一步提升。

受英、美、澳、日等国文化创意产业思潮的影响,从 2005 年起,我国一些城市文化创意产业呈现出集群发展。集聚化、集群化是我国文化创意产业发展的一大特征。在北京、上海建立其文化创意产业集聚区后,其他城市纷纷效仿,各类文化创意产业园区如雨后春笋般出现。目前,我国已形成了以北京为主的首都创意产业集群，以上海为主辐射南京、杭州、苏州等地的长三角创意产业集群，以广州深圳为中心的珠三角创意产业集群，以昆明大理丽水为主的滇海创意产业集群，以西安、重庆、成都为首的川陕创意产业集群及以长沙为核心的中部创意产业集群六大文化创意产业集群，它们有力地促进了我国文化创意产业的发展。

我国文化创意产业六大产业集群的发展速度和产业特色不尽相同，总体实力上呈现出东高西低的态势。东部沿海城市由于占有科学技术、信息、国际交流和人才等方面的巨大优势，在创意产业发展方面明显要领先于中西部城市。据有关数据显示，东部地区除了文化产业单位数量、从业人员数和拥有资产所占比例远高于中西部地区外，东部地区文化产业的营业收入已占到全国的82%。

我国文化创意产业集聚发展的重要依托和载体是文化创意产业园区。目前，在我国六大文化创意产业集群中，都建立了数目众多、发展模式不尽相同的文化创意产业园区。我国文化创意产业园区的主要构成有相关文化创意设计方面的企业，有提供高科技技术支持的企业，有国际化的策划推广和信息咨询等中介机构，还有从事文化创意产品生产的企业和在文化经营方面富有经验的经纪公司等。这种相互接驳的企业集群，构成立体的多重交织的产业链环，对创建文化创意产业孵化器，推动文化创意产业的快速发展，促进资源的综合多样利用，形成可持续发展的文化创意产业格局等都有重要意义。从文化创意产业园区形成的原动力及其功能来看，目前国内文化创意产业园区的发展模式主要有政策导向型、艺术家主导型、开发商主导型、资源依赖型、成本导向型及环境导向型六种。这六种类型有时并不是独立存在的，它们互相交叉和转换形成复合式的园区发展模式。

但是，我国文化创意产业的发展还处于起步阶段，文化创意企业规模较小，应对竞争和风险的能力较弱。同样，我国文化创意产业集群的发展虽然具有了磁吸与集聚、整合与互助、优化与改革、抵抗与竞争等多种功能，但我国的文化创意产业集群的发展仍然存在不少不足之处，如把发展文化创意产业园区作为文化创意产业集群发展的唯一模式、文化创意产业集群区域发展不平衡、文化创意产业集群的功能与定位不清导致的重复建设严重、文化创意产业集群内的企业融资困难等。

二、中国文化创意产业集群融资的现状

（一）中国文化创意产业集群融资难的问题

在目前我国文化创意产业快速的发展中，大部分文化创意产业的企业和

集群都存在融资困难的问题。融资难问题作为产业症结的"三座大山"[①] 之一，已成为制约文化创意产业发展的主要瓶颈。

从目前我国文化创意产业的融资情况来看，主要存在着以下问题：

1. 投融资渠道相对狭窄

目前，我国文化创意产业的投资融资渠道总体上可以分为政府、民间、机构和外商。政府不可能解决文化创意产业中投融资的所有问题，其只占有部分比率。民间资本进入文化创意产业存在诸多的限制，社会上的闲散资金很难向文化创意产业投资，相应地迫切需要资本支持的文化创意项目又无法顺畅地吸收民间资金。而本应是主渠道的金融机构和外商也因文化创意产业"轻资产、重创意、大风险"的产业特性不愿意对其更多的投资。投资渠道中的各种沟壑导致资金的供求调节很难顺利实现，阻碍了文化产业更快发展。

2. 融资方式相当匮乏

我国金融介入文化创意产业的程度较低，在融资手段上还比较初级，主要以信贷方式为主。现代化的融资方式如股票、债券等方式在文化产业发展中的作用还有待进一步提高。至于相对更加复杂的资产证券化、产权交易、期货、集群融资等融资方式目前在文化创意产业发展中的作用还很微弱。而在其他行业热情的天使基金等投资机制在文化产业中尚未放开拳脚。文化创意产业的市场化投资方式还需更加以多样化，还需注入更多的新的元素来丰富和完善融资手段，以促进金融市场和文化创意产业的有效衔接。

3. 产业特性成为融资障碍

文化创意企业（包括文化创意产业集群内的企业）大多不存在或较少有房产、土地等固定资产，其所拥有的财产大多是版权、专利、商业秘密等知识产权，无形资产所占的比重较大，有的甚至只是初步的创意，不具有知识产权客体的资格。由于创意产业领域的投资在其建设、创作、培养周期和成长周期等方面都比较长，投资的不确定性更多，风险系数相对较高，大大增加了融资的难度。可见，产业特性造成了自身融资的障碍。因此，只有提高文化创意产业的内在价值，才能真正吸引更多的投资者。

4. 融资制度约束明显

商业银行是我国现行金融体系中为文化创意产业供给资金的主要融资渠道，而现行的商业银行信贷制度在很大程度上制约了文化创意产业的顺利融

[①] 文化创意产业的"三座大山"：目前，我国文化创意产业存在的症结为"资金匮乏"、"人才瓶颈"、"环境阻碍"等。这三个关键不利因素严重制约了全国各地创意文化企业的快速健康发展。有的学者将其比喻成"三座大山"。

资。商业银行出于对资产盈利性、流动性和安全性的考虑，贷款条件比较严格，但是大多数文化创意企业（包括文化创意产业集群内的企业）受自身经济实力和产业特性的限制很难达到银行规定的贷款标准。同时，文化创意产业是以知识产权的运营和交易为核心，文化创意产品以知识产权为基础，具有独特性，其价值却不易被评定，商业银行很难判断其未来市场的走向，因此，其经常不被列为商业银行的贷款质押物。

另外，我国文化创意产业的融资还存在融资规模小、融资成本高、融资风险大等问题。

总之，目前我国文化创意产业普遍存在的融资问题可以用十二字来概括，即"轻资产、重创意、抵押难、融资难"。

（二）中国文化创意产业集群融资的实践新模式

我国文化产业大发展大繁荣离不开文化创意产业的快速健康发展，而要使文化创意产业的快速健康发展，就必须得解决影响或阻碍其快速健康发展的资金匮乏问题。在中国人民银行的积极引导下，一些金融机构根据文化产业的发展特点，在原有金融支持中小企业发展的经验和方法基础上进行了改造和创新，摸索出了多种金融支持文化产业发展的融资模式模式，值得在创新文化创意中小企业集群融资新模式时借鉴。

1. 文化产业发展"金种子"基金模式

人民银行通化市中心支行与通化市委宣传部、市财政局和吉林省农村信用联社通化办事处共同签署合作协议，成立了通化市"金种子"文化产业发展扶持基金。由通化市财政每年列支100万元注入基金之中，对符合产业发展规划、已获商业银行贷款的文化创意企业给予贷款贴息支持，包括全额贴息、部分贴息等多种方式，引导银行信贷资金进入文化产业。同时，与吉林省农村信用联社通化办事处签订了授信协议书，以基金为担保，以1∶10的比例放大贷款金额，搭建文化领域政、银、企合作平台。截至2011年末，通过"金种子"文化产业扶持基金平台，已累计发放贷款33笔，总金额为1 115万元。而通过"金种子"文化产业扶持基金带动的社会资本进入文化产业项目建设，达到了2.3亿元。

该模式从财政专项资金中安排专款财政资金通过贷款贴息、项目补贴、补充资本金、风险补偿等方式，支持文化产业，开辟了金融支持文化产业新途径，有力地支持了地方文化产业的发展和繁荣。

2. 中小文化企业版权保证贷款模式

2007年11月，交通银行北京分行通过产品创新，面向文化产业，在全市首先推出了版权保证贷款，帮助文化创意中小企业以自主版权实现融资，主要解决文化创意中小企业融资需求。首笔贷款发放给天星际影视文化传播有限公司，授信额度为 600 万元，虽然数额不大，却是雪中送炭之举。截至 2007 年底，已发放版权保证贷款 1 000 余万元。交行北京分行要求，申请该项贷款的企业原则上应在北京文化创意产业集聚区内注册。版权保证贷款主要针对影视业、出版业、演出业、艺术品经营业、动漫与网络游戏业这 6 个北京市政府重点支持的行业。在风险控制方面，交行通过和担保公司联合，一定程度上抵御了相关的贷款风险。

版权保证贷款改变了目前文化创意产业中小企业主要依赖成本高、纠纷多和民间融资的现状，改变了文化创意中小企业的自主版权无法实现其资本价值，甚至企业被迫放弃版权，无法实现其持续性发展的现状，帮助中小企业实现了自主版权融资，有效降低了文化创意企业融资成本。

3. 中小文化企业"创意贷"模式

吉林银行针对中小文化企业客户可抵押资产少、传统信贷产品难以适用于文化产业的实际，开发了"中小企业文化创意贷款"。"创意贷"允许"从事文化产业的小企业客户，可以依其自有的知识产权、收费权等无形资产作质押向吉林银行申请贷款"。该产品从担保方式上对传统担保方式进行了创新，降低了文化企业授信准入门槛，部分解决了文化产业小企业融资难的问题。通过"创意贷"方式，3 年来给予长影世纪城有限公司 2 亿元无抵押贷款，支持长影世纪城建设发展，使其成为吉林省内最大的游乐园；向吉视传媒的授信额度已达 2.7 亿元，有力地支持了该企业的经营发展。截至 2011 年末，吉林银行对文化企业发放贷款余额已达 5.77 亿元。

4. 文化产业融资服务"对接平台"模式

人民银行白山市中心支行依托中小企业信用信息档案和个人信用信息基础数据库信息，搭建"文化企业——担保公司——金融机构"三方的沟通联系平台，实现融资信息共享，为文化产业发展提供全方位的信用信息服务，有效解决了文化企业融资信息与金融服务之间无法实现快速对接的问题。同时，通过组织召开金融机构联席会议、金融支持文化产业座谈会等方式，向金融机构推荐文化产业发展的重点投资领域，让金融机构适度参与文化产业项目的前期考察、规划乃至后期开发的全过程，对重点文化项目的开发建设进行调研、论证，寻求最佳支持方案。

三、中国文化创意产业集群融资模式的创新

文化创意产业是将抽象的文化直接转化为具有高度经济价值的、知识创意密集型的"精致新兴产业"，文化创意产业"重创意、轻资产"的特性决

定了它与传统产业不同，文化创意产业的核心要素是文化创意而不是生产设备，文化创意产业具有知识创意优势。寻找文化创意的过程却需要耗费巨大的资源，需要投入巨大的时间、精力和金钱成本。文化创意生产是可遇而不可求的浪漫邂逅之旅，文化创意投资则属于大浪淘沙的选秀甄别，而二者的巧遇更是难上加难，这也正是目前文化创意产业融资的困境所在。但是如果抓住二者都重视的市场优势和市场潜力以及集群力量，那么问题就会变得简单。集群文化创意企业的融资潜力往往可以通过知识产权的优势、文化创意产业集群优势和集群融资模式体现，而投资商看重的盈利能力也可以通过知识产权的优势、文化创意产业集群优势和商业价值与融资模式间接体现。因此，围绕创新的集群知识产权融资模式搭建、组建知识产权组合融资平台往往成为集群文化创意企业融资成功与否的关键。

（一）集群知识产权质押融资模式

集群知识产权质押融资指文化创意产业集群企业以合法拥有的专利权、商标权、著作权中的财产权经评估后作为质押物，经文化创意产业集群的保证及代理，向银行申请取得贷款的融资模式（如图7-2所示）。文化创意企业的核心资产是创意、知识，这些可以形成知识产权，利用它并由集群的整体力量保证向银行贷款，为文化创意企业获得所需的资金。

对于单个游离状态的文化创意企业的这种质押方式一直以来难以在金融机构推广，其原因有二：一是知识产权尤其是创意的价值计量和评估困难；二是知识产权尤其是创意质押融资的风险难以控制。金融机构不了解这些知识产权和创意的商业价值，而文化创意企业规模一般较小，知识产权拥有者又不懂如何融资，导致知识产权质押融资难以实行。当务之急，信贷双方的信息要透明，彼此对知识产权质押贷款的流程有清晰的思路，要对风险进行有效的分解和控制，使得知识产权质押融资的流程更科学。

但是，当文化创意产业集群参加进来以后，这种单个游离状态的文化创意企业融资模式推广难的局面将会有很多的改变。文化创意产业集群管理组织或融资组织（如集群财务公司）在该融资模式中发挥重要角色，文化创意产业集群财务公司不仅对群内的企业了如指掌，并利用集群社会资本关系网络治理和监督群内企业，而且也非常熟悉各种现代融资理论和融资技术，具有很强的融资专业优势，由其组织、担保、代理和监督群内企业向金融机构融资，一方面可以消除单个文化创意企业融资时的信息不对称问题，大大增强信贷双方的信息透明度，大大提高群内文化创意企业融资的成功率和大大降低贷款金融机构的放贷风险和成本。

根据图7-2设计的集群文化创意企业融资流程，金融机构的风险分级控

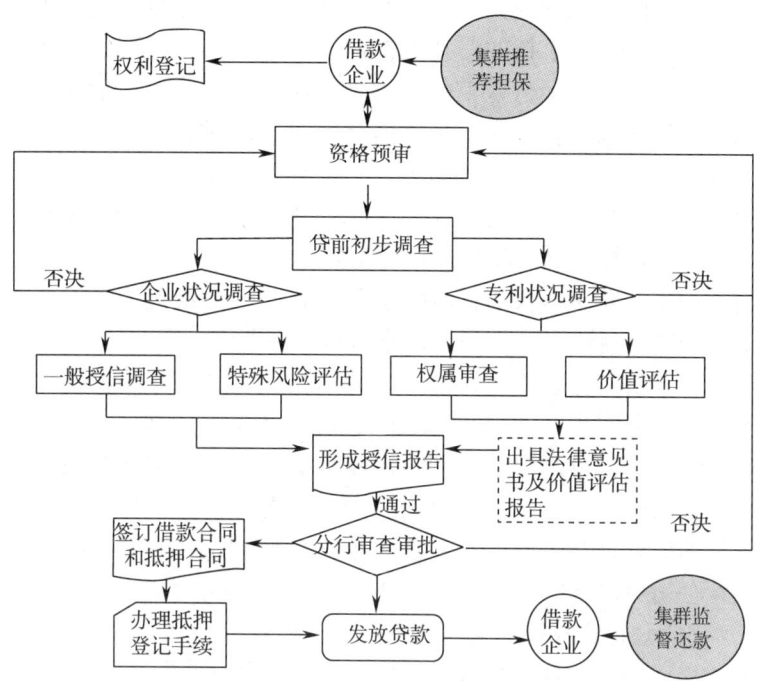

图 7-2　集群知识产权质押融资流程

制有三个环节：第一个环节是集群文化创意企业在创意等知识产权合法登记的基础上，由文化创意产业集群财务公司组织、担保和代理群内企业的融资；第二个环节是金融机构内部的详细的风险评估和审查；第三环节是发放贷款后除金融机构对融资企业的跟踪监管外，文化创意产业集群财务公司也对群内融资企业的行为进行实时监控，保证按时足额还款。在该融资模式中融资风险被逐级分散和控制，很大程度上解决了文化创意产业"轻资产、重创意、难抵押、大风险"的产业融资难题，使知识产权质押融资向前迈进了一大步。

（二）集群知识产权信托融资模式

信托是一种财产关系，知识产权等无形财产权也可以作为信托财产。集群知识产权信托是指文化创意产业集群内的企业（委托人）基于对本地集群财务公司和银行或信托公司（信托人）的信任，将其知识产权及其相应的衍生权利，转移给信托人，由信托人以自己的名义，为受益人（委托人或第三人）的利益而经营管理、运用或处分该知识产权的一种法律关系。

集群知识产权信托与一般信托的不同之处在于：第一，信托对象不同。一般信托的信托对象是企业工厂、机器设备、产品物资等有形财产权，而集群知识产权信托的信托对象的是专利权、商标权、著作权等无形财产权。第二，信托人不同。一般信托的信托人是商业银行或信托公司，而集群知识产权信托的信托人除商业银行或信托公司外，还有文化创意产业集群。在这种集群知识产权信托融资模式中，文化创意产业集群财务公司既可以作为唯一的信托人接受群内文化创意企业的委托，也可以与商业银行或信托公司联合接受群内文化创意企业的委托或通过文化创意产业集群的推介担保，再由商业银行或信托公司接受群内文化创意企业的委托。

在西方国家，知识产权信托融资这种方式已经广泛运用于电影拍摄、动画制作等短期需要流动资金的创意企业的资金筹措。

集群知识产权信托融资模式适合于我国文化创意产业集群中大多数中小文化创意企业资金需求具有的"短、频、快"特点。集群中小文化创意企业在创意投入制作时，可以与文化创意产业集群和银行或信托公司签订信托构思阶段新作品著作权的合同，文化创意产业集群和银行或信托公司向投资方介绍新作品的构思，并向投资方出售作品未来部分收益的"信托收益权"，集群文化创意公司再以筹措到的资金再投入新作品的创作。

（三）集群知识产权证券化融资模式

知识产权证券化就是以知识产权的未来许可使用费（包括预期的知识产权许可使用费和已签署的许可合同保证支付的使用费）所产生的现金流为支撑，发行资产支持证券进行融资的方式。它具有融资成本低、实施难度小、不影响知识产权权属等优点。

从国外的实践来看，知识产权证券化的基础资产范围已经由最初的音乐版权扩展到游戏、电影、主题公园、品牌、商标等与创意产业密切关联的知识产权。尤其是进入知识经济时代，无形资产在企业资产价值中的比重在近20年中从20%上升到70%左右，知识资产逐渐取代传统的实物资产而成为企业核心竞争力所在。这就要求企业应该将融资的重点从实物资产转向知识资产。知识产权证券化正是顺应了这种历史潮流，为知识产权的所有者提供了以知识产权为依托的全新的融资途径。由此可见，知识产权证券化的前景是非常广阔的，在未来肯定会成为资产证券化领域的主力军。

而集群知识产权证券化融资模式是指发起人（群内文化创意企业）将其拥有的知识产权或其衍生债权（如授权的权利金），移转到特设载体（Special Purpose Vehicle，SPV）。在这里指文化创意产业集群财务公司或其联合机构），再由此特设载体以该资产作担保，经过重新包装、信用评级，以及信用增强后发行在市场上供投资者购买的可流通证券（集群ABS），借以为发起人进行融资的金融操作过程。其基本交易结构如图7-3所示。

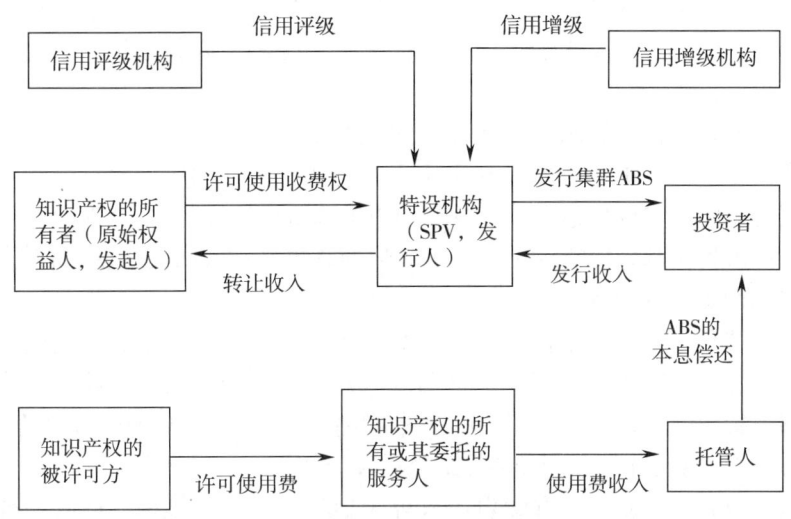

图 7-3　知识产权证券化的交易结构图

该模式的显著特点是在不影响知识产权权属的前提下，群内企业（或发起人即知识产权原始权益人）将其缺乏流动性但能产生可预测的现金收入流的收益权，转移给一个特设载体，由后者发行一种以该收益权所产生的现金流为支撑的、可以出售和流通的证券。

集群知识产权证券化融资模式将知识资本和金融资本有效的融合，作为一种重要的金融创新，它不仅为产权拥有者（文化创意产业集群内企业）提供了全新的融资途径，而且对于我国建设多层次金融市场、发展自主知识产权具有重要意义。

此外，我国文化创意产业集群还可以采取集群企业创意"打包"贷款融资模式、集群文化创意风险投资融资模式、文化创意集群基金融资模式和文化创意产业集群与金融产业资本融合模式等模式进行全方位、立体式的融资。

四、中国文化创意产业集群融资模式创新的举措

（一）改善文化创意产业集群融资的经营环境

政府明确自己的角色定位，从前期的主导地位撤出，由直接的创业投资形式转向引导性的角色，致力于为文化创意产业集群搭建一个综合化的融资服务平台。

政府出台优惠政策，如税收优惠等，扶持文化创意产业集群发展；设立文化创意产业集群发展专项资金，用于支持重大文化创意产业项目，并通过

贴息、补助、奖励等多种形式，鼓励引导社会资本兴办文化创意事业，发展文化创意产业；建立文化创意产业集群融资担保和风险补偿机制，为信贷资金介入提供保障。

完善知识产权保护制度，合理的知识产权保护制度是发展文化创意产业集群的必备条件。主要是解决好文化创意的非排他性问题，通过知识产权保护制度构筑起技术或信息壁垒，保护文化创意的回报；建立合理的投入收益率，发挥市场机制，使资源主动寻求文化创意集群；鼓励文化创意有偿扩散，加大文化创意的应用范围。

建立"创意性社会结构"（Social Structure of Creativity），即完善的经济开放度、贸易运输能力、信用信息透明度、物价水平稳定程度、政府效率、金融体系完善程度等，支撑与其他产业关联度高的文化创意产业集群化的发展。

（二）完善文化创意产业的评估体系和方法

整合资源，建立第三方知识产权等无形资产的评估机构，形成一整套科学的知识产权评估机制，增强知识产权等无形资产评估的可信度，特别要改进其评估方法。由于知识产权无形资产的独特性及价值的难以确定，传统的评估方法难以客观计量其价值，可以将实物期权定价法引入到知识产权评估体系中。实物期权是金融期权理论的扩展，是期权概念定义的现实选择权，考虑了不确定性，对资产的机会价值能做出预测。文化创意企业集群的创意、知识产权等无形资产未来收益具有很大的不确定性，可将其视为一种选择权，在文化创意等无形资产知识产权的实际评估中，将传统方法和实物期权法结合起来，视情况的变化对实物期权定价模型进行调整。

（三）拓宽文化创意产业集群的融资渠道

除了继续加大政策性金融机构对文化创意产业集群的投资扶持力度，鼓励商业性金融机构和金融市场大力进行金融创新，转换对文化创意产业集群的信贷管理机制和改变观念外，还应充分调动民间资本投资文化创意产业集群的积极性。随着文化创意产业集群的进一步发展，应该有更多的民间资本逐步投入到文化创意产业集群中来。各级地方政府应拓宽文化创意产业的融资渠道，放宽市场准入标准，鼓励民间资本可通过独资、合资等多种方式进入文化创意产业集群，在民间资本投资文化创意产业集群的过程中提供更加完善的公共服务体系，如规范文化市场秩序、完善企业产权与股权交易市场、加强对文化知识产权的保护力度等，以降低民营资本投资文化创意产业集群的风险，提高其参与文化创意产业集群投资的积极性。

此外，需要加强国际合作，吸引外资流入文化创意产业集群。我国文化创意产业集群除了通过货币市场、资本市场和民间资金融资外，还应直接利用外国投资。可以通过吸引外资进行绿地投资、大型文化项目投资。还可通过引导外资对我国文化创意产业进行并购或股权互换的方式进入文化创意产业集群。引入外资不单单是为了使用其资金，更重要的是借鉴其先进的文化管理理念和模式，从而提高我国的文化创意集群企业管理水平，进而增强我国文化创意产业集群的竞争力。

（四）丰富文化创意产业集群的融资方式

积极发展文化创意产业集群融资的股票、债券等直接融资方式。对具备主板上市条件的群内文化创意企业应积极申请上市，对尚不具备主板上市条件却又符合中小企业板、创业板上市条件的群内文化创意企业应主动申请在中小企业板和创业板上市。对具备债券发行条件的群内文化创意企业可通过发行企业债、中小企业集合票据等方式进行融资。也鼓励区域性低层次资本市场（包括文化创意产业集群内部资本市场）的建设，为群内文化创意产业企业的直接融资开拓新的途径。

大力推进文化创意产业集群基金融资方式。通过文化创意产业集群的风险投资基金、私募股权基金、集群实业基金等的发展，来促进权益性融资对文化创意产业集群的支持力度。文化创意产业集群与金融行业的融合不仅是贷款融资，更多的是需要文化产业基金、保险公司、担保公司、风险投资基金等各类金融机构之间的协同。为扶持文化创意产业集群的进一步发展，政府也应成立相应的文化创意产业基金，并制定相应的优惠政策鼓励各种资本进入文化产业投资基金，从而实现集群企业与社会资本的结合共赢。

积极开辟文化创意产业集群的中小企业并购融资方式。我国大多数文化创意企业的资产规模较小、科技含量较低、品牌的影响力度也较弱。建立健全包括文化创意产业集群的内部并购重组市场和外部并购重组市场在内的文化创意产业中小企业并购重组市场，鼓励文化创意产业集群中的中小企业通过并购重组来增强自身的实力。文化创意产业需要有先锋力量起带头作用，从而促进合理的融资市场格局的形成，而文化创意产业集群在其中就起这种先锋带头力量。当然，群内文化创意中小企业应首先着眼于建立现代化的企业制度，并通过市场化的方式进行资产重组。资产重组有助于扩大文化创意中小企业的融资规模，提升文化创意中小企业的信用等级，提高文化创意中小企业的资产质量。

第八章
中小企业集群融资的影响环境

中小企业集群融资新模式的选择要受到集群内外环境的影响。中小企业集群融资本身与其影响环境构成了一个典型的复杂适应系统。中小企业集群融资新模式的选择既要考虑集群内部的环境，也要考虑集群外部的环境，尤其要考虑政府和金融机构的行为对集群融资模式选择的影响。

第一节 影响中小企业集群融资的内部环境

一、集群状态环境

1. 集群的规模

中小企业集群规模的大小对集群融资产生直接影响，适度的扩大集群规模有利于集群融资的顺利展开。中小企业集群的规模可以从成员数量、市场占有率和生产规模等方面来衡量。随着集群内中小企业数量的增加，集群可以把生产过程分解为不同的环节以进行劳动的分工协作，可以采用专有的设备和工具来实现专业化生产，扩大生产规模，提高市场占有率，降低单位投入的平均成本，实现集群内企业和集群整体效率。同时，一定数量的中小企业集群聚集一起，开展集群创新活动必将发挥单个企业无法比拟的竞争优势。可见，在规模经济的条件下，凡是不能把规模扩大到足够大的中小企业集群，生产和创新的成本难免较高，在竞争中就处于不利地位。反过来说，只有把集群的规模提高到一定水平的中小企业集群才能生存与发展。另外，集群规模也是形成区域品牌的重要影响因素，随着集群规模的不断扩大，以该集群为基础的区域品牌也会不断成长起来。

2. 集群的结构

广义地看，企业集群的结构一般包含构成集群"钻石模型"五大类相互作用的机构，即供应商、成品商、客商、服务机构和规制管理机构等。狭义地看，企业集群的结构主要界定在供应商和成品商基础之上，可分为简单型和复杂型两类。其中简单型是指从成品商到供应商之间只有 2～4 层产业链的企业集群，复杂型是指从成品商到供应商之间有 5 层以上产业链的企业集群。

作为一个开放复杂的系统，企业集群组成的结构平衡是非常重要的。如果各个组成部分能够协调发展，企业集群就会发展得比较完备，集群内会形成竞争与合作并存的内部网络关系和文化的认同感，增进各组成部分之间的交流并创建一套共同的行为规范，从而也有利于集群融资活动的顺利进行。而在行为规范的指导和约束下会加速信息交流和知识的传播，增加集群内企业间的交易机会，节约交易时间和降低交易成本。如果集群内某一类组成数量非常有限，组成结构不合理，功能较弱，又缺乏外部环境的支持和资源的补充，企业集群将无法保持平衡，其竞争力必然受到影响，集群难以持续发展，集群融资就更是难上加难。

3. 群内的关系

动态地看，中小企业集群内部存在着竞合博弈关系。竞争和合作都是集群内企业获取长期竞争优势的一种行为方式。一方面，集群重塑了竞争形态，把竞争从单个企业之间提升到了更大的群体之间。集群企业的内部竞争"嵌入"在更大的竞争之中，集群内企业对于大竞争的需求可以减弱内部摩擦，即集群间的竞争容易加强集群内部的合作。另一方面，合作并非意味着缺乏竞争。群内企业对于集群竞争的依赖性的存在，个性企业所有者关心的仍然是企业自身的利益得失，而非集群的总利益。并且在集群中，由于地理空间上的接近性，企业对于竞争压力的感受也更为直接，集群内企业总是有足够的竞争动机。企业对于集群整体竞争优势的依赖以及寻求自身发展的压力使得集群内企业处于不断的竞合博弈中，形成了新型的竞合关系。在竞合博弈的网络化成长中寻找单个企业的发展，以及在这一竞合过程中影响整体的竞争优势是集群中这种新型竞合关系的基本情况。企业集群也正是在这种竞合博弈关系中达到一种动态的平衡，这种竞合关系处理不当将会严重影响企业集群的融资和发展。

二、集群内部治理环境

中小企业集群的内部治理环境应体现企业集群组织有别于其他经济单位的特殊性。中小企业集群主要通过集群资源共享机制、集群社会资本网络、集群创新网络系统等集群机制来进行自治。

1. 集群资源共享机制

企业集群共享性资源是企业集群所拥有的由集群成员共同贡献的能够影响集群竞争优势、被集群成员所共享但不被任何一个成员企业独占的资源，以及存在于集群内部、集群成员之间的基于成员间资源互动和企业集群特性而产生的产业集群特有资源。

企业集群共享资源作为留存于集群的"公共区域"，其来源可以是外生性存在，也可以是内生性产生。外生性存在指企业集群所有成员企业所依赖的自然资源，如公路。内生性产生来源于企业集群成员企业所有自愿贡献或公开的资源，也包括由于集群的组织邻近性、组织间网络关系以及协同和溢出效应等特性所产生的集群特有的难以模仿、难以替代的异质性资源，如企业集群品牌、文化、制度环境等。企业集群共享资源由自然资源、社会关系资源、知识性资源、合作性资源、经济资源（包括金融资源）等构成。其中，企业集群在长期发展运营过程中形成的稀缺的、难以模仿的、能作为集群竞争力主要来源的战略性资源，是企业集群重点关注的内容，其主要包括：

(1) 声誉资源和集群品牌;(2) 成员间资源交换渠道;(3) 成员间的高度信任关系;(4) 成员间紧密有序的竞合氛围。

本质上讲,这种共享性资源建立在企业集群中成员企业之间合作关系的基础上,体现成员之间"关系性资源"的价值。企业集群组建的目的之一就是为了实现资源共享,资源共享是企业集群实现资源协同、获取竞争优势的有效途径。共享性资源成为成员企业选择加入企业集群的动力和获取竞争优势的重要来源。因此,激励成员企业自愿共享资源,增加企业集群共享性资源的存量,对于提升企业集群及其成员企业的竞争力和融资能力有重要意义。

共享资源的产生是企业集群各种特性共同作用的结果。在这样的综合作用下,企业集群共享资源是无法被模仿和替代的,它将成为集群核心资源的一部分,并借此获得竞争优势。获取所需的共享性资源并非企业集群资源共享的最终目的,集群成员企业还必须运用获取的共享资源创造价值,这才是资源共享的最终目标。要达到这一目标,就必须通过建立健全企业集群资源共享激励机制来实现。企业集群资源共享激励机制是指通过集群资源的合理配置以及资源管理方法的优化,激励企业集群中成员企业自愿进行资源共享的一系列有效规范或措施。企业集群资源共享激励机制,不仅有利于实现企业集群资源共享并以此实现资源价值再创造,而且有利于提升企业集群资源协同能力和竞争优势、扩大集群经济规模和融资规模、加速企业集群健康成长。

2. 集群社会资本网络

产业集群是一种聚集形态的企业网络。那么,产业集群社会网络是指群内行为主体,包括企业、大学、科研机构、政府机构等,在业务合作、交换资源、传递信息活动过程中发生联系时有选择的建立的各种关系的总和。在集群网络组织中,每个节点之间都以平等身份保持着互动式联系。如果集群社会网络被人们加以工具性利用并产生各种形式的价值,集群社会网络就已经资本化了而成为社会资本。

集群社会资本网络不同于依靠市场建立的标准交易关系,也有别于同一正式组织中的层级关系。集群社会资本网络是企业间以经济交流为基础,包括文化、技术、制度、政治等各方面的交流。社会资本的价值是通过社会网络来实现的。拥有社会资本的行为主体能够在对应的社会网络中取得自己所需的利益或价值。社会资本通过关系网络将个人的忠诚、制度角色的履行以及物质利益这些异质而又重要的因素联系起来。在组织的层次上,社会资本的产生有赖于组织内网络的结构特征、组织成员之间的信任和以共同目标作为行动导向的水平,它通过成功的集体行动来创造价值。

社会资本网络奠定了中小企业集群融资的环境基础。社会资本是一种"声誉机制",能够为企业之间的合作创造条件。"声誉机制"也有利于促进企业社会资本的积累,社会资本的无形力量最终会给企业融资带来积极意义。中小企业在融资过程中,社会资本往往扮演着特殊角色。规模受到限制的中小企业,若要获得更多资金支持,需要社会资本无形力量的手来推进。集群内的中小企业发展中需要依靠专业化集群的技术优势、专业环境优势和本地环境根植性优势。集群内的中小企业如果能够聚集特有的人缘、地缘和亲缘关系,就可以利用这些社会资本,在融资过程中享受到很多便捷的服务。集群化操作产生的信息机制、信任机制、声誉机制、社会惩罚机制等,不仅可以改善企业融资的内在效应,而且还通过社会资本来进一步提升中小企业的融资优势,提升中小企业的竞争优势。因此,要积极造就集群社会资本网络的融资环境。在集群内部应建立专门针对集群中小企业的信用评估机构,解决信息不对称问题。要充分发挥行业协会、商会等的积极作用,建立企业间的融资合作组织,打破中小企业融资瓶颈。

3. 集群创新网络系统

创新是区域发展最根本的内在动力,但是由于创新活动的复杂性,企业很难单独开展创新活动,往往需要多个相关企业及科研部门的共同参与,创新才可能获得成功,这一要求恰好为产业集群的网络特性所体现。集群创新不仅是中小企业集群升级的动力,而且是区域创新系统的一种重要实现方式。集群创新一般采取创新网络系统演进的形式。所谓集群创新网络是指在某一产业集群中,各个行为主体(企业、大学、科研机构、中介服务机构和地方政府)共同参与组成的以技术创新和制度创新为导向、在长期正式或非正式的合作与交流的基础上所形成的促进知识在集群内部创造、储存、转移和应用的各种活动和关系的总和。

在产业集群内部,会形成集群创新网络的创新机制。集群内部集聚着数量众多的相关生产企业、科研机构、商会、协会、中介机构等,在产生较强的专业知识、生产技能、市场信息等方面的累积效应的同时,大量生产企业也时刻面临同行竞争的压力,这一方面为企业提供了实现创新的重要来源以及所需的物质基础,另一方面也使集群内的企业时刻保持创新的动力。另外,群内企业之间紧密的网络关系,使得生产企业和相关机构之间更容易形成一个相互学习的整体,推动了集体学习的进程,降低了学习成本,促进更多有创新价值的活动发生。

培育集群创新网络是促进集群升级的有效途径,集群创新网络有利于提高集群综合竞争力,有利于规避集群的网络风险和结构风险,有利于集群社会资本的积累和升级,有利于增强产业集群的根植性。总之,集群创新网络影响力的日益增强将会对产业集群升级产生积极作用,使集群内部的每一个生产要素都强化或改变其他要素的表现,形成高效率的协同效应,推动集群系统向高效率的创新网络演进。这一网络为集群吸引区域外的经济资源(包括金融资源)在该区域内聚集、发展,形成竞争优势和集群的全面发展提供了动力。

三、集群信用评级与管理环境

(一)集群信用评级

信用评价是金融行业判断企业信用风险的主要工具之一,关系着企业能否获得资金及获取资金成本的高低。信用评级作为有效地进行信用风险控制的第一道把关,在近百年来间隔不断的经济和金融大危机袭击中,人们越来越认识到它的重要性。

随着经济的发展,经济体受行业、区域经济的影响越来越大。信用风险宏观化趋势明显,即信用风险往往会表现为整个行业、整个区域或整体企业集群的信用风险。企业集群是介于企业与市场间的一种经济主体,相比一般企业评级,在集群企业评级过程中要综合更多的要素,在对集群融资进行评估时,有时要以中小企业集群整体作为评级对象。如何有效地度量"集群化"的信用风险是信用评级亟待解决的问题,也是充分发挥集群融资优势的重要途径。

1. 集群信用评级的方法

信用评级方法可以分为要素法和模型法。要素法是目前国内评级机构主要使用的方法。其基本思想是对影响信用的各种定量和定性因素设置一定的权重,利用这些给定的权重计算出来的分数来表示一定的信用风险水平,并转换为一定的信用等级来表示。理论上探讨的信用要素主要包括"5C"、"5P"、"LAPP"、"3F"、"6A"、"CAMEL"等。

模型法是信用分析的高级阶段,人们一般采用信用风险模型来度量相关的信用风险,如 Z – score 信用风险评价模型、KMV 信用风险评价模型、CreditMetrics 信用风险评价模型、神经网络模型等。这些模型计算出来的结果更多地用来计算违约概率,并通过建立违约概率与信用等级的对应关系,将计算结果转化为一定的信用等级。

2. 集群信用级别的确定

如果利用要素分析法的思路,在借鉴波特对产业集群竞争力理论研究成果及现有评级理论的基础上,可以确定企业集群信用评级的风险因素。企业集群信用评级的风险因素主要有:(1)宏观环境(又包括宏观经济的发展和集群整体发展状况）；（2）企业集群的竞争能力、竞争能力持久度和企业集群的稳定性（又包括企业战略、结构、同业竞争，生产要素和相关支持 4 个二级因素）；（3）集群的财务状况；（4）集群企业的信誉。每一大因素又包括若干二级因素和三级因素。

通过对影响企业集群的四大因素进行评分，并赋予不同的权重，依据最终的评分结果来判定集群信用级别。如 $M = \alpha(\beta C_1 + \gamma C_2 + \delta C_3)$。其中，$M$ 表示最终的得分，α 表示宏观经济及行业发展前景状况，值越高代表宏观方面发展越好；C_1、C_2、C_3 分别表示该企业集群在竞争能力、财务实力及信誉方面的评分，值越高代表状况越好；β、γ、δ 分别表示三者的权重。具体值的确定在一定程度上依靠数据的积累，依据一定的统计规律。这样就可以有效识别企业集群的系统性风险，可以为集合贷款、集合债券信用评级提供参考，有助于解决中小企业集群融资中所遇到的风险识别问题。

3. 集群信用评级的流程

对企业集群及其成员信用等级的评定主要分为收集数据、整理数据、评价、根据评价结果划分信用等级、评级结果入库存储等五个主要阶段：（1）数据收集。是信用评级前的准备阶段，根据风险因子对数据来源进行分析，获取各项数据。其中包括①从成员信息库中调取成员基本信息、财务状况、各类报表、报告等；②通过企业集群投融资服务平台发放调查问卷，获取的相关信息；③通过集群外部，如银行、税务、公安等部门，调取的相关数据。（2）数据整理。将以上获取的各项数据，存储至"信用评级库"的子数据库——"信用资料数据库"中，并通过数据库进行数据的归类、整理。（3）信用评价。首先将经过整理的"信用资料数据库"数据导入到"信用评价指标库"中；根据被评价主体的行业性质，从指标库中选择评级指标，并设置相应权重；最后利用计算机程序进行信用评价。（4）划分信用等级。根据被评价对象，选择信用等级划分的标准，并将评价结果划分为相应信用等级。（5）信用评级结果的保存与公示。集群及其成员信用评级的结果将被存储在"信用评级库"子数据库——"信用评级结果库"中。并在企业集群投融资服务平台上定期公示。集群成员也可以向服务平台索取成员信用等级状况的数据。当集群及其成员数据发生变化，数据库会及时更新，并根据更新后的数据重新评定该成员的信用等级。

（二）集群信用管理

1. 集群信用危机的根源

尽管中小企业集群融资具有信用优势，但群内也不可避免的会出现信用危机，其根源大体有：（1）集体行动的"搭便车"行为。信用危机具有外部性，集群中的企业不守信用产生从众效应。当多数集群中的企业不守信用就会导致集群信用的危机；(2) 恶劣的生存环境。中小企业自身规模小，设备、技术落后，管理水平低，政府扶持以及相配套的法律、法规缺乏，在和同类大型企业竞争过程中因资金、技术、人才等短缺的制约，经营管理模式滞后，这些都导致中小企业生存环境异常恶劣，成为了其不守信用的温床；(3) 对信用缺失企业的惩罚力度不到位。在稽查力量十分有限的态势下，对于大多数不守信企业不仅存在极大的逃脱机会主义，而且对其惩处不到位，主要是以罚为主，罚没也并没有使他们倾家荡产；(4) 地方保护主义和部分官员存在不正确的政绩意识，对于所属区域企业恶意造假行为，千方百计予以包庇保护，甚至为其出谋划策；(5) 整个社会道德水准滑坡。由于整个社会道德水准下滑，企业道德错位，在经营活动中坑蒙拐骗、尔虞我诈、竞价销售、抢注商标、偷税漏税、假破产真逃债等损害消费者利益、其他企业利益和国家利益的行为，严重地损害了企业的形象。

2. 集群信用管理的办法

中小企业集群信用危机的危害是严重的，不仅影响到集群自身及内部企业的生存与发展，而且对我国社会经济生活产生更为严重的不利影响。所以说，要坚持不断地加强中小企业集群的信用管理，采取相应的解决中小企业集群信用危机的对策。(1) 宏观层面：加强全社会道德体系建设，为培育良好的信用关系提供思想基础；加强诚信信息网络建设，为企业间的重复博弈创造条件；完善法律法规，健全市场运行机制，创建良好的信用环境；发挥各级政府及其他组织的主导作用，为创造良好的信用环境提供优良服务和有力保障。(2) 中观层面：加强企业联合，实现联合企业的主导作用；发挥集群商会等中介组织的作用，实现对企业的选择性激励。(3) 微观层面：强化企业家群体的自律垂范作用，企业家群体应率先执行企业经营的诚信准则；培养企业的诚信文化，通过诚信文化的建设，明确企业的社会使命、社会责任和诚信理念；建立企业的诚信奖惩机制，用一整套公平合理、赏罚分明的制度体系规范企业行为，在企业内部形成一种良好经营的诚信环境。

第二节 影响中小企业集群融资的外部环境

一、集群与集群联动环境

集群与集群之间的联动会对中小企业集群融资产生影响。联动是指若干个相关联的事物，当其中一个运动或变化时，其他的也跟着运动或变化。不仅仅集群内部企业会相互作用，不同集群之间也相互影响。中小企业集群的融资，不仅应发挥群内融资优势和本集群整体优势，而且应发挥多个集群联动的优势。

中小企业集群联动的主要模式有以下几种。

（一）竞合联动模式

竞合联动模式即竞争与合作并存的模式。一个企业集群可以通过竞合战略与其他企业集群合作来获得企业集群更大的竞争优势。竞合战略就是在竞争中求合作，在合作中有竞争。竞争与合作是不可分割的整体，通过合作中的竞争和竞争中的合作，实现集群间的共存共荣，共享共进。竞合的着眼点在于把产业蛋糕做大，在做大蛋糕的基础上各集群都有可能得到比以前更多的份额，从而使集群企业能在一个较小风险、相对稳定、渐进变化的环境中获得较为稳定的利润。竞合的实质是实现企业集群优势的互补，增强竞争双方的实力和融资能力，从而促成双方建立和巩固各自的市场竞争地位。

（二）供应链联动模式

供应链是指产品生产和流通过程中所涉及的原材料供应商、生产商、分销商、零售商以及最终消费者等成员通过与上游、下游成员的连接组成的网络结构。也即是由物料获取、物料加工、并将成品送到用户手中这一过程所涉及的企业和企业部门组成的一个网络。处于供应链不同环节的中小企业集群如果联合起来，就不仅是一条连接供应商到用户的物流链、信息链、资金链、融资链，而且是一条增值链，物料在供应链上因加工、包装、运输等过程而增加其价值，给相关企业和集群带来利益。如制造业以外包的形式与物流业结成供应链"竞合联动模式"以及电子商务集群与其他集群间的联动关系，这种竞合模式体现在"供"与"需"方面，也体现在"唇齿相依"的依赖关系上。长三角、珠三角、环渤海等我国沿海发达地区许多集群在规模扩大后开始重视培养配套功能、集群联动等优势。

（三）战略联盟联动模式

战略联盟一般指两个或两个以上的企业或跨国公司为了达到共同的战略目标而采取的相互合作、共担风险、共享利益的联合行动。不同集群组建战略联盟，就能产生协同效应，即"$1+1>2$"的效应，对于双方提高融资效率、降低融资成本、规避融资风险等都具有重要意义。

（四）社会分工联动模式

社会分工联动模式是指超越一个经济单位的社会范围的生产分工模式。随着科学技术的进步和社会分工的细化，不同集群的边界将越来越清晰，企业集群专业化程度也会越来越高,这就要求不同集群要紧跟时代步伐,在专注本集群的核心分工发展的同时,要与本集群相关的其他分工集群联合,通过相互的专业力、吸引力、融资力、影响力促进关联集群的可持续发展。

（五）委托代理联动模式

委托代理是随着代理方的代理权根据被代理方的委托授权行为而产生的。集群发展到一定程度后,各自形成更为专业化的集团,将自身原有的部分业务逐步委托给其他专业化集团代理,而专注于自身主要方面的发展,只对委托代理方进行有效的监控。委托代理各方可以通过各种形式形成融资合作。

二、政府政策环境

政府政策对中小企业集群融资的干预与影响是直接的、巨大的、深远的。

（一）国家法律法规的影响

完善金融法律体系是中小企业集群融资的有力保障。中小企业集群财务公司作为理性融资"经纪人",集群内中小企业作为理性融资"主体人",都具有趋利性特征,没有严格的法律规范加以监督和制约,要使所有的中小企业都自觉地遵守市场信用、自律行为是不现实的。因此政府需根据区域产业集群的实际情况建立相应的法律法规体系,为中小企业集群融资提供法律保障和规范。在完善相关金融法律体系的同时,还要加强执法力度,保障中小企业集群式融资的安全运行。

（二）国家政策的影响

国家政策尤其是财税政策、金融政策、产业政策和科技政策等对集群的发展至关重要,政策对资源的分配起导向作用。由于集群内企业众多,外部性强,政府为产业集群提供良好配套政策支持,就会使得产业集群的社会效益更为突出。产业集群往往具有小规模、大群体优势,产业分工和协作关系紧密,企业之间上下游产业链层次分明的特点,所以,国家政策对集群企业的影响也是很大的。如果政策有利于集群和集群内企业的发展,那么,在整个集群和集群内的企业都将获得很好的政策支持,就将使其进入一个快速发展的阶段。如果国家政策是起到制约性作用,那么,集群内所有发展将会受到严重的制约,部分企业可能会面临倒闭的风险。与此同时,由于国家的政策和措施覆盖范围广,受此政策影响的集群和企业将是全国性的。因此,集群必须根据国家的政策来制定相应的发展战略和策略,其中包括集群融资战略和策略。

（三）区域金融政策的影响

地方政府制定面向中小企业集群融资的区域金融政策,在本质上是一个以金融市场化改革为导向，多层次、多领域的金融创新活动，涉及区域金融组织体系、区域金融调控体系和区域金融服务体系等多个方面，其意义不仅仅在于一系列促进中小企业集群融资政策的出台，更在于以推进中小企业集群融资为契机，带动区域金融改革，促进金融市场化发展，在推进金融深化的过程中，实现区域经济全面、协调、可持续发展。

1. 政府的区域金融组织体系建设对企业集群融资的影响

政府通过建立健全完善的区域金融组织体系，可以达到两个目的：第一，实现政策性金融和商业性金融的有效配置。政策性金融主要功能在于以较少资金推动更多资金投入到国家和地区需要重点扶持的领域和项目，对逆向资源配置、资金流向引导、落后地区开发等特殊领域具有巨大的支持作用。商业性金融投资多倾向于地理优越、经济发达地区，资金配置由低收益地区流向高收益地区的"弃低就高"效应十分明显。鉴于政策性金融和商业性金融的巨大差异，在我国当前发展环境下，政府加大政策性金融投入力度，缩小区域发展差距，这不仅对中小企业集群的融资有了可靠保证，还可以提高金融机构资金的使用效率。第二，拓展集群融资渠道，缓解中小企业集群的资金供求矛盾。在一些经济欠发达地区，国有商业银行普遍存在经营效率低下、金融资产总量不足、金融服务功能严重缺失等问题，难以满足中小企业集群的融资需求。因此，政府的区域金融组织体系建设可以起到积极鼓励和支持地方中小金融机构发展的作用，在区域金融组织体系不断完善的进程中，中小金融机构的建设得到了很好的发展，从而更好地满足企业的发展需要。

2. 政府的区域金融调控体系建设对企业集群融资的影响

第一，宏观金融管理机制的完善对企业集群融资的影响。受地区间发展水平差异影响，区域间非均衡增长与中央银行高度统一、相对独立的货币金融政策之间存在较大矛盾，货币政策的区域性绩效差异十分显著，引发了宏观金融目标与区域经济波动的严重背离，在很大程度上削弱了中央银行货币政策的调控能力，这也直接或者间接的影响到了企业集群融资方式或者是企业的融资效率。

第二，利率市场化改革对企业集群融资的影响。目前，我国资本利率的形成机制仍以中央计划干预为主导，存贷款利率、同业拆借利率、债券利率的浮动范围十分有限，灵活性相对乏力，客观上造成了利率波动对区域间货币需求的不同影响。一方面，国家对储蓄存款在全国范围内实行统一利率政策；另一方面，由于我国不同区域的资产贡献率存在较大差异，致使持有货币的机会成本存在差别。在此情况下，如果存款利率下调，东部地区居民便会因持币机会成本提高而不再储蓄，同时，由于东部地区边际资本利润率高于中、西部地区,也会导致东部地区贷款需求上升。

3. 政府的区域金融服务体系建设对企业集群融资的影响

在当前经济建设的大环境下,面向中小企业集群融资的区域金融服务体系建设,就是在宏观金融政策体系下,各地区结合自身经济增长特点、金融发展实力和区内中小企业集群发展程度,以区域金融政策总体框架为基础,充分发挥多种金融工具的综合配套作用,实现有效服务中小企业集群融资需求的一系列政策体系的有机整体。而这对中小企业集群融资方式的影响主要有两个方面:

第一,对中小企业集群间接融资的影响。政府通过在企业集群内组建中小企业信贷担保机构等融资中介组织,以信用担保方式,放大企业集群融资的能力,增强了金融机构对企业集群的信贷投入几率,也降低了金融机构对中小企业集群的信贷资金利率。

第二,对中小企业集群直接融资的影响。地方政府制定的一些有利于企业集群的措施,有利于企业集群吸引境内外直接投资。中小企业集群发达的地区大都经济发展水平较好、集群配套政策相对完善,政府的保障措施也比较健全,因此,这些地区成为境内外资金关注的热点区域。境内外资本的介入,不仅为集群企业提供了更多资本、技术和信息资源,还进一步增加了集群内企业的合作与竞争,增强了集群的发展活力。

三、其他机构行为环境

(一) 金融机构行为的影响

金融机构(包括银行机构、证券机构和保险机构等各类商业性金融机构)是中小企业集群融资的主供给方,它们的理念和行为直接影响着中小企业集群融资需求的满足程度。中小企业集群与单个中小企业的内外环境和各自的特性截然不同。金融机构对中小企业集群融资的理念和行为应该与对单个中小企业融资的有所不同。但目前,大多数人认为,现有的中小企业的信贷融资理论和信贷模式也适合于中小企业集群,用解决单个中小企业融资难问题的老思路和老办法去解决中小企业集群融资的新问题,这显然"药不对症"、"旧药难治新病"。因此,金融机构应该改变思想观念,不断创新适合于中小企业集群融资的产品,拓宽中小企业集群融资的渠道,丰富中小企业集群融资的方式。集群内企业相互关联、相互依赖,形成了较为完整的产业链。金融机构应抓住产业集群发展的特点规律,创新对骨干企业的金融服务,增强骨干企业对配套企业的凝聚力和辐射力,围绕核心企业加大对产业链上下游中小企业的支持力度,依托核心企业向上下游产业链延伸,加强对资金流和物流的跟踪分析，弱化对抵押担保物的要求。

（二）社会中介服务机构行为的影响

社会中介服务机构作为中小集群融资的重要利益相关者，可以充分利用自身掌握的信息优势和专业服务优势，为集群内企业、银行、资本市场的投资者等提供准确即时的信息和便利化专业化的各种服务，帮助利益相关者及时掌握集群内企业的经营情况，提升企业的信用度，防范和破解可能存在的风险。因此，中小企业集群融资需要完善的社会化中介服务系统，或者说中小企业集群式融资离不开社会化服务系统的支持。这种社会化服务系统包括行业协会、企业服务中心、技术发展中心、创新中心、维护和鉴定中心等。还包括大学和研究机构、政府有关部门以及其他为中小企业提供融资、信用评级、担保、咨询、评估、数据、商情信息、会计、法律等服务的机构和企业。通过提高社会服务体系的运作效率和水平，建立健全中小企业信息服务体系，在各种社会服务机构以及希望获得信息和帮助的中小企业之间提供一个便捷的融资联络和通信渠道，以多种方式为中小企业集群融资提供其需要的信息。

第九章
结　语

中小企业集群应采取与单个游离中小企业不同的融资新模式。中小企业集群融资新模式不是唯一的而是多样化的模式体系。中小企业集群融资新模式随着集群内外环境与集群质量的变化而变化和演进。中小企业集群融资新模式既有理论上的一般性，又有实践中的特殊性，不同的行业、不同的集群有各自不同的集群特殊融资新模式。建立健全中小企业集群融资新模式体系，不仅需要地方政府的有力支持，而且更需要国家层面的制度安排。

第九章 结 语　　　　　　　　　　　237

第一节　研究结论

改革开放以来，我国迅速发展起来的中小企业集群，却仍然存在着的两大融资矛盾，即集群中小企业融资存在理论（融资优势）与现实（融资困境）、融资需求（十分旺盛）与供给（严重不足）的两大矛盾问题，本课题组以分析其根源及探寻治本之道作为研究任务与目标，走过了为期三年的"中小企业集群融资新模式"的研究之路。

本课题以浙江等地的中小企业集群为主要现实样本，综合运用了企业融资、企业集群、社会资本网络、复杂系统学等跨学科知识和归纳与演绎、理论与案例、调查与对比、定性与定量等多种方法，在综述了国内外关于中小企业融资和中小企业集群融资等问题的研究文献，列举了近几年来我国实践中已经出现的几种中小企业集群融资新模式的基础上，研究了作为整体性概念的、能充分发挥优势的、内生的中小企业集群融资的概念与内涵、性质与特征、优势与条件及其中小企业集群融资的新机构、新市场和新工具等中小企业集群融资的基础性理论问题，重点创设了静态的、动态的和行业的等多类型多样化的具体的中小企业集群融资新模式体系，分析了集群内外环境对中小企业集群融资新模式选择的影响，从而探索了中小企业集群形成发展和环境变迁过程中融资优势的发挥机制、演化机制、适应机制和影响机制，揭示了我国中小企业集群成长的融资规律，并试图通过这种研究，为创新和丰富中小企业集群融资理论做出积极的努力和积累资料，为解决目前我国中小企业集群扩张与升级过程中的"融资困境"问题，提供新的思路和政策参考。

通过以上的研究，本研究形成的结论主要有以下几个方面：

1. 中小企业集群融资应采取与单个游离中小企业不同的融资新模式

从理论和实践看，中小企业集群环境下的融资显然应该与单个游离状态的中小企业融资不同。在理论推理上，单个游离状态的中小企业融资存在多种融资劣势，而中小企业集群融资比单个中小企业融资具有截然不同的信用优势、信贷优势和集体理性优势等独特融资优势，这是国内外各界公认的看法；从现实情况看，单个游离状态的中小企业融资与其融资劣势相对应，普遍存在融资难的问题，这也是国内外各界没有异议的，但中小企业集群的融资却与其理论上分析的具有多重融资优势相反，不是融资易，而是仍然存在着理论（融资优势）与现实（融资困境）、融资需求（十分旺盛）与供给（严重不足）的双重矛盾。

本课题组认为，中小企业集群融资存在这种双重矛盾的根源在于：一是现有单个游离中小企业融资理论存在的缺陷和不足，不能解释也不适用于中小企业集群，而创新性的、内生的、系统化的中小企业集群融资理论又还没有形成，适用于中小企业集群的融资新模式已初显端倪，但还十分缺乏；二是目前还没有能让中小企业集群融资在理论分析上具有的潜在融资优势转化为现实的融资能力的组织载体和运行机制。也就是说，由于中小企业集群的融资环境与单个游离状态的中小企业融资环境相比发生了很大变化，中小企业集群融资环境发生了变化之后，客观上要求有与之相适应的、不同于单个游离状态中小企业的融资新理论、融资新模式和融资新机制，而目前人们仍然习惯于用旧的方式去思考和解决新问题，即用"旧药"（单个游离中小企业的融资理论和融资模式）治"新病"（中小企业集群融资的特殊性和复杂性），药不对症，所以"药到病难除"。

所以说本课题组研究认为，克解中小企业集群融资面临的双重矛盾的治本之策，是探索研究出与之相适应的、不同于单个游离状态中小企业的中小企业集群融资新理论和融资新模式，组建中小企业集群融资的新机构，形成有利于中小企业集群顺利融资的新机制。

2. 中小企业集群融资新模式不是唯一的，而是多样化的，可以从多角度对其进行创设和构建，从而形成一个不同类型的、多元化的、有效适用的、完善的中小企业集群融资新模式的体系

本课题组所研究的中小企业集群融资模式，是在借鉴现有的单个游离中小企业各类融资方式的基础上，结合中小企业集群的融资环境，针对中小企业集群融资的特征，而提出的"内生于"中小企业集群的具体有效的集群融资新模式。它们是源于单个游离中小企业的融资方式而又不同于单个游离中小企业的内源性与外源性融资方式的"准内源性"融资模式与"准外源性"融资模式。之所以称其为"准内源性"的，是因为集群融资的资金主要来源于中小企业集群内部，而中小企业集群内部的各个企业又是相互独立的法人，所以其融资资金的运用就不能像一个企业的内源性融资一样无偿使用，但与外源性融资相比它又具有内部性和便利性的特征。同理，之所以称其为"准外源性"的，是因为中小企业集群也可以以其整体优势从外部融资，融资所得的资金先进入集群融资组织即集群财务公司的账户，然后集群财务公司对该负债按照群内中小企业的融资需求进行二次信贷配给，并进行全程的监督管理，债务到期后也由集群财务公司集中各中小企业的本息还款，对于群内

中小企业来说，这种外部融资不是本企业自身从外部金融市场获得的，也不是从集群内部金融市场中企业盈余"资金池"获得的，所以具有准外部的特征。

由于单个游离中小企业的融资方式按不同的分类可以有很多种，所以，以此为基础、结合中小企业集群融资特征衍生出来中小企业集群融资新模式应该也有很多种。而中小企业集群的多样性、复杂性和演化性，又使中小企业集群融资的新模式更加丰富多样。因此，课题组得出判断，中小企业集群融资新模式不是唯一的，而是多样化的，可以从多角度对其进行创设和构建，从而形成一个不同类型的、多元化的、有效适用的、完善的中小企业集群融资新模式的体系。

中小企业集群的融资新模式可以分为集群准内源性融资模式和集群准外源性融资模式两类。而中小企业集群的准内源性融资模式又分为集群准内源性债权融资模式（如本研究中提及的集群财务公司信用贷款、群内民间借贷融资、群内发行债券融资和群内融资租赁融资）和集群准内源性股权融资模式（如本研究中提及的群内股权出让融资、群内增资扩股融资、群内产权交易融资等）。同样，中小企业集群的准外源性融资模式也分为集群准外源性间接融资模式（如本研究中提及的集群关系融资模式、集群"团体"融资模式）和集群准外源性直接融资模式，而集群准外源性直接融资模式又分为集群准外源性股权直接融资模式（如本研究中提及的集群风险投资融资模式、集群上市融资模式）和集群准外源性债权直接融资模式（如本研究中提及的集合债券融资模式、集群担保债权融资模式）。

3. 中小企业集群融资新模式不是静止不变的、一劳永逸的，而是随着集群内外环境与集群质量的变化而变化和演进的

中小企业集群是一个典型的复杂适应系统，集群主体之间、集群内外环境之间不断进行着物质、信息和能量的交换，资金、技术、人员、信息、产品、管理经验等系统要素在集群内外进行流动，中小企业集群始终处于一个动态的变化中。中小企业集群主体、集群内外环境之间在不断的运动中发生着复杂的相互作用，正是这种复杂的非线性相互作用，促成了中小企业集群竞争优势的涌现。所以，作为中小企业集群复杂适应系统子系统的中小企业集群融资新模式体系，也不是静止不变的、一劳永逸的，而是随着集群内外环境与集群质量的变化而变化和演进的。

中小企业集群的融资模式通过自组织与他组织相结合的方式动态演化。中小企业集群融资模式的自组织演化是集群广度和集群深度两方面共同演进、相互协调的结果。集群广度主要决定中小企业集群融资的边界大小。集群深

度主要决定集群融资模式的升级与替代即集群融资模式涌现性的强弱。中小企业集群融资模式的他组织演化受宏观环境、集群环境和企业规模三个因素影响。中小企业集群通过自组织与他组织两种力量相互共同作用来实现不同集群融资模式的动态选择。

中小企业集群融资模式的动态演化是企业之间自我组织、互相协同、适应环境、优胜劣汰的结果。集群内部的自组织作用是根本，而外部环境他组织因素是系统有序演化的重要条件，其中政府的积极调控、协调、管理、服务和监督等措施促进了产业集群的高速有效发展。他组织行为必须遵循产业集群自身的发展规律，他组织的推动力通过系统的自组织发挥作用，转化为集群的自觉行动。

4. 中小企业集群融资新模式既有理论上的一般性，又有实践中的特殊性，不同的行业、不同的集群有各自不同的集群特殊融资新模式

本书前述研究相关部分和结论一、结论二所提及的两类多样化的中小企业集群融资新模式，实际上是从理论上勾勒出了中小企业集群融资的一般性模式。虽然，这些中小企业集群融资新模式带有某种共性、综合性和战略性，都很重要，但是，实践中中小企业集群的种类是多种多样的，中小企业集群有农业集群、加工制造业集群、流通商贸业集群、高科技产业集群、服务业集群等多种类型。这些类型的中小企业集群在我国各地以数以百计的单位出现，而且各地各类各行业的中小企业集群又是各自不同的，这就决定了中小企业集群融资新模式又具有行业或地方的特殊性。所以课题组认为，对中小企业集群融资新模式的选择，应在考虑其一般性的同时，更重要的是要从不同行业集群的不同性质和特点出发，分析、总结和研究出来适合各自性质和特点的行业集群融资新模式。

本研究选择了我国具有代表性的加工制造业集群、流通商贸业集群和文化创意业集群三个中小企业集群为例，对其各自的特殊融资新模式进行了研究，试图能够从不同侧面揭示中小企业集群融资新模式在具体行业的适应性。

5. 建立健全中小企业集群融资新模式体系，不仅需要地方政府的有力支持，而且更需要国家层面的制度安排

中小企业集群融资新模式的选择要受到集群内外环境的影响。中小企业集群融资本身与其影响环境构成了一个典型的复杂适应系统。中小企业集群融资新模式的选择既要考虑集群内部的环境，也要考虑集群外部的环境，尤其要考虑政府和金融机构的行为对集群融资模式选择的影响。建立健全中小企业集群融资新模式体系是一项长期艰巨而又复杂的系统工程，既是一个集群财务公司的自组织行为，又是一个集群外其他机构的他组织行为，除了集

群财务公司积极的自主创新以外，还需要各界的大力支持。不仅需要地方政府的有力支持，而且更需要国家层面的制度安排。

中小企业集群所在地的地方政府是建立健全中小企业集群融资新模式体系的直接推动者。中小企业集群是一种介于政府与市场、市场与企业之间的、有效的、新的经济组织方式，对区域经济的贡献巨大，在区域经济的发展中发挥着重要推动作用，有力地提升着区域的整体竞争力。因此，地方政府应该大力支持有利于解决中小企业"融资难"问题的中小企业集群融资新模式体系的建立健全和发展完善。在建立健全中小企业集群融资新模式体系的过程中，地方政府可以从领导重视、转变观念、理论研究、舆论宣传、政策倾斜、人才培养、基础设施、社会服务等各方面，都给予大力的鼓励、支持和引导。

建立健全中小企业集群融资新模式体系，也必须依靠国家宏观层面的制度设计和安排。金融内生于实体经济，反过来，金融又要为实体经济服务。有什么样的实体经济形式，就应该有什么样的金融服务方式与之相对应，金融形式与实体经济形式相适应是客观经济规律的要求。当中小企业集群经济发展壮大起来并成为全社会主要的经济形式时，客观上要求有与之对应的地方金融服务方式。中小企业集群融资新模式体系创新的最好形式是"摸着石头过河"与"顶层设计"相结合，"顶层设计"就是要求国家层面对中小企业集群融资进行积极干预，或更进一步地讲，国家层面对中小企业集群融资做出制度性的设计和安排来，从宏观制度上保障中小企业集群融资新模式体系的建立健全。

地方金融机构是建立健全中小企业集群融资新模式体系的主力军。中小企业集群融资模式中涉及融资供求双方两类主要融资主体，集群融资需求方主体是集群财务公司代表的群内中小企业，集群融资供给主体主要是金融机构。当集群内的中小企业向金融机构融资的方式发生彻底改变，放弃"单打独斗"式的单个融资策略，采取"集体行动"的整体融资策略，运用了规模化、整体化的中小企业集群的"集合融资"或"团体融资"式的新融资模式的时候，金融机构对中小企业集群内的中小企业的贷款也就应该放弃现有的"信贷作坊"式贷款模式，而采用"信贷工厂"式的批量化贷款新模式。从这个角度来说，金融机构面对新的中小企业集群融资需求，所主动采取的应变措施，改变的融资观念，创新的融资模式，提供全面的融资服务，也都在促进中小企业集群融资新模式体系建立健全的过程中发挥着主力军的作用。

第二节 政策建议

1. 积极促进中小企业集群自身的不断升级，为中小企业集群融资模式的创新进一步奠定坚实的经济基础

目前，我国各地政府虽然都已认识到了发展中小企业集群已经成为工业政策的一种新模式，并通过兴建专业镇、产业园、开发区等方式实施中小企业集群战略。但其大多数是集聚而非集群化，并未形成真正意义上的集群体，与发达国家相比差距较大，存在诸如规模小、专业分工协同性较差、抵御市场风险能力与创新能力较弱、集群内存在恶性竞争、群内企业融资难等问题，以致真正达到发展稳定且具有持续竞争力的中小企业集群还比较少见，妨碍了中小企业集群融资效应的发挥。因此，社会各界应培育和创造集群生产要素，寻求集群内各企业互动的"胶合剂"，促进集群内企业从磨合到有机融合，实现从集聚到集群的升级和跨越，促进中小企业集群的可持续发展。

同时，地方政府在中小企业集群发展过程中，应扮演社会服务角色而不是经济角色，除了为其提供一个公平、公正的竞争环境，还应合理规划和布局，尽快出台关于中小企业集群发展的规划指导性意见，整合中小企业集群的产业链，优化升级集群组织结构，支持那些符合市场发展需求和产业升级的中小企业集群优先发展壮大；提高群内中小企业专业化协作程度，避免过度竞争，获得更高的生产效率；建立和完善与中小企业集群融资相配套的服务体系，为中小企业集群融资新模式体系的建立和集群融资优势的发挥奠定基础。

2. 加大对中小企业集群融资新理论及融资新模式的研究与宣传力度，培育群内中小企业集群融资的合作文化

中小企业集群融资作为一个新概念还没有被学术界所普遍接受，作为一种新生事物还没有在实践中生成。就目前现状看，在实践和理论两个层面上，仅有集群融资的萌芽或初级形式。在实践上，我国已经涌现出了互助担保融资、集合债券、团体贷款等多种形式的集群融资模式，但还很缺乏、很不规范、很不全面。在理论上，国际学术界，对集群融资理论研究比较零散，还未形成统一的理论体系。国内学术界更是如此，对集群融资理论的研究是这几年的事情，尽管有越来越多的人们开始关注和研究中小企业集群融资问题，但是中小企业集群融资模式作为区域金融新的表现形式之一和区域金融研究的一个新领域，人们还缺乏认识和了解。因此我们认为，要确保中小企业集

群融资工作的有效进行，必须理论研究和舆论宣传先行。

首先，注重理论的研究，支持大专院校、科研机构结合中小企业集群发展的历史经验，对集群融资理论进行深入细化地剖析，促进研究机构与中小企业集群互动合作，不断探讨新的集群融资的理论、方式和方法，使理论研究在具体实践中不断完善。其次，加大集群理论知识的普及宣传力度，从思想和知识上为中小企业集群融资扫清障碍。通过集群区域的行业协会向企业充分介绍集群资源的共享性，帮助企业正确对待集群内部竞争与合作、分工与协作的互动关系，培养企业的整体意识和全局观念，以此提高企业集群融资合作的意识，加深集群融资合作的程度，促使集群融资效应的发挥。

3. 创造条件组建内生性的集群财务公司和集群基金公司，发展和壮大中小企业集群融资机构

在一些集群经济发展比较集中的地区，地方政府应创造条件，鼓励组建内生性的集群财务公司和集群基金公司。我们认为，拟组建的中小企业集群财务公司是集群中小企业的总融资主体，是一个正规性质的、以集群产业为基础的、为内部成员服务的综合业务型非银行性金融机构，在培育和发展集群金融的过程中处于关键环节。基于中小企业集群而建立的集群财务公司，构造了一个中小企业集群融资的内部金融市场（IFM），它有别于外部金融市场（EFM），是金融市场的一部分。群内企业通过它从事汇集和重新配置企业的剩余资金、筹集资金、集中交易、监督管理、咨询、中介、担保等活动，实现资金资本在群内企业之间的低成本、高效率的配置。依托中小企业集群主导产业而建立的集群财务公司，是产业金融存在和发展的组织载体，其存在和发展的全部意义在于扶持和依托特定产业的发展。集群财务公司作为一种综合型非银行金融机构或地方金融控股公司，其职能定位不能仅仅囿于中国银监会发布的《企业集团财务公司管理办法》（2004）规定的"财务管理服务"，而应该是"提供全面的内部金融服务"，应具备且履行储蓄、融资、投资、投资银行、风险投资、咨询顾问、担保代理等多重职能。

同时，也应加快设立中小企业集群产业发展基金和风险投资基金等其他的为中小企业集群融资服务的平台和机构。中小企业集群内有能力解决融资问题的企业毕竟只是少数，集群财务公司在集群内部金融市场聚集的资金也非常有限，所以必须扩大聚集资金的范围，积极利用地方财政资金的杠杆作用设立集群产业发展基金、集群风险投资基金。对于一些产品有市场销路、生产技术先进、管理运作良好的企业，产业基金要积极支持和资助，使它们尽早扩大生产，抓住市场机遇，快速发展壮大；对于生产工艺落后、急需进行技术改造的家庭作坊式企业，要积极帮助企业申请科技创新基金，促使企

业技术改造；对于高投入、高风险的高科技企业，要积极利用政府的财政和风险投资基金进行投资，提高集群的科技含量。并对集群基金所有资金的使用和管理都必须严格按照程序和规范进行，接受公众的监督，防止徇私及腐败行为。

4. 制定扶持中小企业集群融资新模式体系建立健全的财税政策，发挥政府在弥补集群融资"缺位"方面的作用

为了弥补当前中小企业集群融资在融资组织、市场、方式、产品、制度等方面的"缺失"与"缺位"现象，尽快促使中小企业集群融资新模式体系的生成和走上健康持续发展的轨道，也是为了在中期打造健全的地方金融体系，使地方政府能够初步拥有完备的现代金融机构组织和高效的多层次资本市场，以及为了长期通过财税政策的支持，使地方金融对区域经济增长的作用进一步体现出来，最大限度地为地方经济社会发展作出贡献，反过来，集群融资发展也对地方财政改革与财源建设产生积极影响，财税部门必须运用积极的财税政策支持集群融资的发展。

在支持集群融资机构发展方面，应该重点支持作为地方金融控股公司的集群财务公司的发展和壮大，通过初始资本金注入、税收优惠、财政贴息和参股、政府担保、转移支付、专项补贴、投资补助、支持集群财务公司上市等政策支持和引导，促使集群融资机构利用其内在优势，与大型金融机构错位竞争，为地方经济社会发展作出贡献。

在支持集群融资生态等方面，应重点改善和优化地方金融生态环境，为集群融资走上良性发展的轨道创造地方性金融基础设施。财税部门可以通过加快地方公共财政体制建设与财政管理体制改革、加大对地方各类金融基础设施建设资金投入、开发地方政策性金融和实施公平高效的地方金融税收政策等，来促进既包括财税制度约束、社会信用体系优化等"无形"集群融资基础设施的建设，也包括清算结算体系、金融信息技术设备等"有形"的集群融资基础设施的建设。

此外，在支持集群融资市场培育、集群融资方式与产品创新以及集群融资监控等方面，财税等部门也可以研究制定相应的政策措施，以促进各自与集群经济和集群融资相适应的发展。

5. 招揽和培养集群融资的各类专才，为中小企业集群融资新模式体系的建立健全储备人力资源

中小企业集群融资是一个新的金融领域，中小企业集群融资新模式体系的建立和运作，不仅需要专门的内生性机构，而且需要专门的理论知识和各类人才。中小企业集群财务公司是一个正规性质的、以产业为基础的、为内

部成员服务的综合业务型非银行性金融机构，它既立足于企业集群又面向市场的，在资本、货币市场和企业集群内外部资金供求者之间发挥纽带作用，其职能应该是综合性的或全能型的，其业务范围包括银行、证券、基金、风险投资等业务等，甚至还涉及保险、信托、担保、代理、咨询顾问等业务。可见，中小企业集群财务公司的正常运营需要上述各方面的专门人才，而这些专门人才尤其是高级专业技术人才和高级管理人才比较缺乏，所以我们认为，地方政府和中小企业集群协会（或联合组织）应以战略性眼光，提前联手招揽和培养集群融资的各类专门人才，及早储备中小企业集群财务公司所需的人力资源。

第三节 需要继续讨论和进一步研究的问题

中小企业集群融资是一个新生事物，人们对中小企业集群融资新模式的研究目前还处于初始探索状态，可参考的相关文献资料非常少，同时由于时间和作者水平所限，本著作仍有许多不足，一些相关问题需要继续深入讨论和进一步研究：

1. 中小企业集群融资新模式的进一步细化和深入研究

本研究虽然构建了一个中小企业集群融资新模式的体系，但这只是一个初步的中小企业集群融资新模式体系的框架，远远没有达到"一个不同类型的、多元化的、有效适用的、完善的中小企业集群融资新模式的体系"的目标要求。有一些集群融资新模式，课题组还没有想到；有一些集群融资新模式，课题组想到了但由于考虑还不成熟等原因而没有列出来。虽然课题组尽全力试图对列出的每一种中小企业集群融资新模式进行一番创设和论证，但最终还是没能一一如愿以偿，有的分析不够深入，有的只是略有思考，有的或有谬误。总之，对中小企业集群融资新模式体系的研究还不够全面，比较粗浅，在很多方面有待于进一步细化和深入的研究。

2. 角度转向中小企业集群融资机制的研究

虽然本课题组在设计研究目标时，将中小企业集群融资机制，即把"探索中小企业集群形成和发展过程中市场融资优势的发挥机制、演化机制、影响机制和适应机制，弄清我国中小企业集群成长的融资规律"作为了课题研究的目标之一，但在实际研究工作中发现，中小企业集群融资模式与中小企业集群融资机制二者之间重叠复杂，它们的关系在研究结构上难以理清和不好处理，再加上研究篇幅受限原因，就突出了重点研究目标即中小企业集群融资新模式的研究，忽视了中小企业集群融资机制的研究，只指出了哪些集群融资模式归属于哪类集群融资机制，而没有对其进行具体深入的分析研究。在下一步的研究中，可以换一个角度，专门对中小企业集群融资机制的问题展开深入研究。

3. 中小企业集群融资的实证分析与定量研究的加强

本研究虽然在探讨研究了中小企业集群理论融资新模式的基础上，对三个行业的集群实践融资具体新模式进行了设计构建，但是就某个特定中小企业集群的特定融资模式的案例实证研究仍未更多更深入的进行。虽然选择了浙江的一些中小企业集群，对其融资情况做了调查，但以这些调查数据为依据，针对中小企业集群的融资边界、融资能力指数测定方法及融资能力模型的定量研究，也未能深入地实施。如此这些，都是今后在中小企业集群融资研究中需要加强的地方。

参考文献

[1] 白钦先, 薛誉华. 我国政策性银行的运行障碍及对策思考 [J]. 财贸经济, 2001 (9): 23 - 28.

[2] 陈坚. 韩国银行开展中小企业信贷业务的实践及其借鉴意义 [J]. 金融论坛, 2006 (5): 57 - 63.

[3] 陈晓红, 杨怀东. 中小企业集群融资 [M]. 北京: 经济科学出版社, 2008.

[4] 程崇祯, 赵平. 企业聚集效应对中小企业融资的促进作用 [J]. 湖北经济学院学报, 2004 (1): 41 - 45.

[5] 程均丽等. 中小企业集群信用评级研究 [J]. 金融理论与实践, 2009 (2): 20 - 24.

[6] 董登新, 毛大超. 中美小企业融资体系差异比较 [J]. 统计与决策, 2004 (2): 108 - 109.

[7] 杜传文. 产业集群与中小企业直接融资 [J]. 管理科学文摘, 2004 (9): 32 - 33.

[8] 范飞龙. 非对称信息下中小企业融资信用信号传递模型研究 [J]. 重庆大学学报 (社会科学版), 2002 (6): 59 - 60.

[9] 方健等. 我国中小企业债券融资模式探讨 [J]. 中国软科学, 2003 (10): 52 - 57.

[10] 冯晓莹. 基于三种间接融资创新模式探讨中小企业融资创新 [J]. 金融发展研究, 2012 (8): 28 - 33.

[11] 高长元, 刘蕾. 基于互助融资基金的高技术虚拟产业集群融资模式设计 [J]. 科技进步与对策, 2010 (5): 60 - 63.

[12] 高连和. "信贷工厂"与"集合融资"耦合的中小企业集群信贷融资新模式构造 [J]. 海南金融, 2012 (7): 64 - 66.

[13] 高连和. 国内中小企业集群融资研究综述与展望 [J]. 经济体制改革, 2013 (1): 88 - 92.

[14] 高连和. 区域金融和谐发展研究 [M]. 北京: 中国经济出版社, 2008.

[15] 高连和等. 中小企业集群"组团"融资模式设计 [J]. 现代经济探讨, 2012 (5): 31-34.

[16] 高连和. 中小企业集群融资: 模式创新、融资边界与竞争优势 [J]. 经济社会体制比较, 2007 (3): 92-96.

[17] 高连和. 中小企业集群融资模式与交易优势 [J]. 改革, 2008 (3): 107-112.

[18] 高正平. 中小企业融资新论 [M]. 北京: 中国金融出版社, 2004.

[19] 洪金镖. 依托企业集群行业公会: 中小企业融资互助担保的新构想 [J]. 东南学术, 2005 (2): 129-132.

[20] 贺力平. 克服金融机构与中小企业之间的不对称信息障碍 [J]. 改革, 1999 (2): 14-16.

[21] 黄立新, 叶冬艳. 中小企业融资解困方式创新研究——基于基金资产配置的视角 [J]. 中国软科学, 2012 (8): 111-118.

[22] 胡乃武, 罗丹阳. 对中小企业融资约束的重新解释 [J]. 经济与管理研究, 2006 (10): 41-47.

[23] 胡旭微, 林小专. 基于认知偏差的中小企业融资困境研究——来自浙江中小企业问卷数据的分析 [J]. 浙江理工大学学报, 2011 (2): 290-296.

[24] 姜晓丽等. 高技术虚拟产业集群资源共享激励机制研究 [J]. 科技进步与对策, 2013 (9): 60-65.

[25] 纪敏, 刘宏. 关于产业金融的初步研究 [J]. 金融研究, 2000 (8): 115-120.

[26] 金发奇, 陈晓红, 王金升. 发展担保业对中小企业融资的作用与完善监管体系探讨 [J]. 现代财经, 2006 (1): 20-22.

[27] 金雪军, 卢绍基等. 融资平台浙江模式创新——合政府与市场之力解决中小企业融资难 [M]. 杭州, 浙江大学出版社, 2010.

[28] 金雪军, 陈杭生, 从桥隧模式到路衢模式——解决中小企业融资难问题的新探索 [M]. 杭州, 浙江大学出版社, 2009.

[29] 金雪军, 陈杭生等, 桥隧模式: 架通信贷市场与资本市场的创新型贷款担保运作模式 [M]. 杭州, 浙江大学出版社, 2007.

[30] 蒋志芬. 中小企业集群融资优势与融资模式——以江苏省为例 [J]. 审计与经济研究, 2008 (5): 98-101.

[31] 孔莉, 冯景雯. 集群融资与云南中小企业融资机制创新 [J]. 思想战线, 2009 (1): 92-97.

[32] 孔曙东. 国外中小企业融资经验及启示 [M]. 北京：中国金融出版社，2007.

[33] 龙超，邓琨. 中小企业融资与社区银行发展——美国社区银行发展的启示 [J]. 经济学动态，2011 (8)：150 – 153.

[34] 梁迪. 中小企业融资约束研究新进展：对申请贷款望而却步的借款者 [J]. 经济问题探索，2013 (1)：175 – 179.

[35] 李庚寅等. 中小企业融资担保体系亟待解决的几个问题 [J]. 财经理论与实践，2001 (5)：71 – 74.

[36] 李建军等. 中国地下金融规模与宏观经济影响研究 [M]. 北京：中国金融出版社，2005.

[37] 李晶. 我国中小企业融资问题初探 [J]. 经济研究参考，2002 (40)：22 – 24.

[38] 陆立军. 义乌商圈 [M]. 浙江人民出版社，2006.

[39] 陆岷峰，张惠中. 小企业融资与民间资金对接渠道建设研究——基于民间融资资金管理体制的分析与思考 [J]. 江西财经大学学报，2011 (1)：31 – 37.

[40] 刘轶，张飞. 基于社会资本的中小企业集群融资分析 [J]. 湖南大学学报（社会科学版），2009 (3)：64 – 67.

[41] 刘拓. 中小企业集群信用担保模式的选择——从社会资本的角度 [J]. 经济论坛，2009 (1)：42 – 46.

[42] 栾天虹，唐勇. 金融深化与民营企业融资 [J]. 武汉金融，2001 (2)：27 – 30.

[43] 黎文华. 产业集群内中小企业集群式融资问题研究 [J]. 中外企业家，2009 (6)：94 – 95.

[44] 雷茜茜等，商业保险在解决中小企业融资难中的作用初探 [J]. 金融理论与实践，2011 (5)：49 – 53.

[45] 刘秀丽，郭彦卿. 民营企业投融资难的化解途径探寻 [J]. 现代财经，2006 (8)：34 – 37.

[46] 李扬，杨思群. 中小企业融资与银行 [M]. 上海：上海财经大学出版社，2001.

[47] 李玥，楼瑜. 中小集群企业融资优势研究 [J]. 经济论坛，2006 (12)：96 – 97.

[48] 林毅夫，李永军. 中小金融机构发展与中小企业融资 [J]. 经济研究，2001 (1)：10 – 18.

[49] 楼瑜, 程璐. 集群企业与银行的关系型融资的实证分析 [J]. 上海金融, 2006 (8): 66 - 69.

[50] 罗正英. 中小企业集群信贷融资: 优势、条件与对策 [J]. 财贸经济, 2010 (2): 31 - 36.

[51] 罗正英. 信誉链假说: 中小企业融资能力的放大 [J]. 上海经济研究, 2003 (5): 33 - 39.

[52] 林洲钰, 林汉川. 中小企业融资集群的自组织演进研究 [J]. 中国工业经济, 2009 (9): 87 - 95.

[53] 欧阳凌, 欧阳令南. 中小企业融资瓶颈研究——一个基于产权理论和信息不对称的分析框架 [J]. 数量经济技术经济研究, 2004 (4): 46 - 51.

[54] 彭继增, 商业集群概念、类型及其运行规律 [J]. 中国流通经济, 2010 (7): 69 - 72.

[55] 彭佳, 吴小瑾. 社会资本、信用合作组织与中小企业集群融资创新——以湖南省汨罗市为案例 [J]. 经济体制改革, 2008 (3): 139 - 142.

[56] 庞加兰. 中小企业产业集群融资的模式选择 [J]. 价值工程, 2012 (1): 145 - 146.

[57] 钱海章. 高新技术企业的生命周期及融资策略 [J]. 金融研究, 1999 (8): 61 - 66.

[58] 青木昌彦. 比较制度分析 [M]. 上海: 上海远东出版社, 2001.

[59] 任熹真等. 中小企业集群竞争力的环境系统 [J]. 中外企业家, 2012 (5): 9 - 13.

[60] 任志安, 李梅. 企业集群的信用优势分析 [J]. 中国工业经济, 2004 (7): 57 - 62.

[61] 阮铮. 美国中小企业金融支持研究 [M]. 北京: 中国金融出版社, 2008.

[62] 孙宝文等, 网络虚拟货币研究 [M], 北京: 中国人民大学出版社, 2012.

[63] 唐晶, 王娜. 中小企业集群融资效应分析 [J]. 工业技术经济, 2007 (3): 64 - 66.

[64] 汪卫芳. 美国社区银行模式对中小商业银行发展的启示 [J]. 统计与决策, 2012 (12): 167 - 170.

[65] 王爱俭等. 中国地下金融发展现状与理论思考 [J]. 财贸经济, 2004 (7): 35 - 38.

[66] 王峰娟, 安国俊. 集群融资——中小企业应对金融危机下融资困境

的新思路 [J]. 中国金融, 2009 (21): 33-34.

[67] 王凤荣. 中小企业金融"脱媒"与金融制度创新 [J]. 证券市场导报, 2004 (3): 65-69.

[68] 王鸽霏, 曹兴. 我国家族企业转化期发展与对策 [J]. 重庆大学学报, 2003 (5): 46-49.

[69] 王丽娅. 中小企业融资理论与实务 [M]. 北京: 中国经济出版社, 2005.

[70] 王苏生等. 创业金融学 [M]. 北京: 清华大学出版社, 2006.

[71] 王铁军. 中小企业融资28种模式 [M]. 北京: 中国金融出版社, 2006.

[72] 王霄, 张捷. 银行信贷配给与中小企业贷款 [J]. 经济研究, 2003 (7): 68-75.

[73] 王晓红等. 集合债券: 中小企业融资的新渠道 [J]. 金融纵横, 2008 (10): 12-15.

[74] 魏江. 科技产业创新管理: 产业集群创新系统与技术学习 [M]. 北京: 科学出版社, 2003.

[75] 魏江. 创新系统演进与集群创新系统构建 [J], 自然辩证法通讯, 2004, 26 (1): 48-54.

[76] 魏守华等. 产业集群内中小企业间接融资特点及策略研究 [J]. 财经研究, 2002 (9): 53-59.

[77] 威廉姆森. 企业制度与市场组织 [C]. 上海: 上海三联书店, 1999.

[78] 吴群. 中小企业关系型融资的机制创新与现实意义 [J]. 现代经济探讨, 2009 (10) 29-32:

[79] 吴群. 中小企业集合债券与融资方式创新 [J]. 南京政治学院学报, 2010 (5): 38-41.

[80] 吴利学等. 中国产业集群发展现状及特征 [J]. 经济研究参考, 2009 (15): 2-15.

[81] 闻岳春, 庄道鹤. 美国中小企业融资模式及对我国的启示 [J]. 商业经济与管理, 2000 (6): 36-38.

[82] 温再兴. 探索集群融资模式, 冲破商贸企业融资"藩篱" [DB/OL]. http://finance.sina.com.cn/roll/.

[83] 许登峰, 傅利平. 基于三维系统结构的产业集群演化研究 [J]. 经济问题, 2010 (6): 29-32.

[84] 徐洪水. 金融缺口和交易成本最小化：中小企业融资难题的成因研究与政策路径 [J]. 金融研究, 2001 (11)：47-53.

[85] 邢乐成, 梁永贤. 中小企业融资难的困境与出路 [J]. 济南大学学报（社会科学版）, 2013 (2)：1-7.

[86] 杨大楷, 蔡菊芳. 中小企业公司治理结构及其融资研究 [J]. 经济经纬, 2004 (1)：81-85.

[87] 杨丰来, 黄永航. 企业治理结构、信息不对称与中小企业融资 [J]. 金融研究, 2006 (5)：159-166.

[88] 杨娟. 中小企业融资结构：理论与中国经验 [M], 北京：中国经济出版社, 2008.

[89] 杨军. 中小企业融资制度结构研究 [J]. 武汉科技大学学报, 2003 (3)：10-15.

[90] 杨俊龙. 我国中小企业融资问题新探 [J]. 经济问题探索, 2003 (3)：96-98.

[91] 杨雯. 产业集群与中小企业融资优势分析. 甘肃理论学刊 [J]. 2007 (1)：74-77.

[92] 杨楹源等. 我国中小企业金融服务问题研究 [J]. 改革, 2000 (3)：29-32.

[93] 阎俊宏, 许祥秦. 基于供应链金融的中小企业融资模式分析 [J]. 上海金融, 2007 (2)：14-16.

[94] 叶珍. 基于AHP的模糊综合评价方法研究及应用 [D]. 华南理工大学, 2010 (5).

[95] 张炳申, 马建会. 改进我国中小企业集群融资的对策分析 [J]. 经济经纬, 2003 (5)：50-52.

[96] 张建营. 中小企业融资实战 [M]. 北京：中华工商联合出版社, 2005.

[97] 张杰. 何种金融制度安排更有利于转轨中的储蓄动员与金融支持 [J]. 金融研究, 1998 (12)：14-21.

[98] 张杰. 中国金融制度的结构与变迁 [M]. 太原：山西经济出版社, 1998.

[99] 张杰. 民营经济的金融困境与融资次序 [J]. 经济研究, 2000, (4)：3-10.

[100] 张杰. 中小企业集群融资模式创新研究 [J]. 经济纵横, 2012 (6)：118-121.

［101］张捷，梁笛. 我国中小企业贷款约束的影响因素分析［J］. 暨南学报（人文科学与社会科学版），2004，(1)：40-44.

［102］张捷，王霄. 中小企业金融成长周期与融资结构变化［J］. 世界经济，2002，(9)：63-70.

［103］张捷. 中小企业的关系型借贷与银行组织结构［J］. 经济研究，2002，(6)：32-37.

［104］张静，梅强. 解决中小企业融资难问题的思考［J］. 现代经济探讨，2002，(1)：68-70.

［105］张青庚，费洁春. 对担保机构担保项下中小企业信贷业务的风险管理［J］. 金融论坛，2006 (2)：23-29.

［106］张淑焕，陈志莲. 基于集群理论的中小企业"融资链"问题探讨［J］. 商业经济与管理，2006 (5)：66-69.

［107］张荣刚，梁琦. 社会资本网络：企业集群融资的环境基础与动力机制［J］. 宁夏社会科，2006 (1)：51-54.

［108］张荣刚. 企业集群的融资机制与社会资本网络实证分析［J］. 长安大学学报（社会科学版），2005 (3)：39-42.

［109］张卫国，冉晖. 中小企业团体贷款研究综述与分析［J］. 经济学动态，2010 (5)：81-84.

［110］张文君. 集群融资：破解欠发达地区中小企业"融资难"——兼谈鄱阳湖生态经济区建设融资问题［J］. 江西农业大学学报（社会科学版），2010 (3)：70-73.

［111］张元萍. 创业融资与风险投资［M］. 北京：中国金融出版社，2006.

［112］赵强等. 产业集群创新优势分析及其启示［J］. 商业研究，2005 (8)：70-72.

［113］赵世勇，香伶. 美国社区银行的优势与绩效［J］. 经济学动态，2010 (6)：129-134.

［114］赵秀芳，周利军. 中小企业集群的信贷融资优势——从信息不对称理论角度分析［J］. 绍兴文理学院学报，2003 (4)：81-84

［115］赵祥. 产业集群与中小企业融资机制［M］. 北京：经济科学出版社，2008.

［116］赵祥. 企业集群融资机制的变迁［J］. 经济与管理研究，2005 (1)：49-53.

［117］郑胜利，周丽群. 论产业集群的经济性质［J］. 社会科学研究，

2004（5）：49－52．

［118］章元．论团体贷款对信贷市场低效率的可能改进［J］．经济研究，2005（1）：47－55．

［119］钟增文．集合债券：中小企业融资新途径［J］．金融经济，2007（15）：24－25．

［120］周业安．金融抑制对中国企业融资能力影响的实证研究［J］．经济研究，1999（2）：13－20．

［121］Angelina P. , Salvo R. D. , Ferri G. . Availability and Cost for Small Business: Customer Relationship and Credit Corporations［J］. Journa of Banking and Finance, 1998, 22: 925－954.

［122］Bester H. . Screening versus Rationing in Credit Markets with Imperfect Information［J］. American Economic Review, 1985, 75: 850－855.

［123］Bester H. . The Role of Collateral in Credit Markets with Imperfect Information［J］. European Economic Review, 1987, 31: 887－899.

［124］Berger NAllen, Anthony Saunders, Joseph M. , Sclise, Gregory F. , Udell. The Effects of Bank Mergers and Acquisitions on Small Business Lending［J］. Journal of Financial Economics, 1998, 50: 187－229.

［125］Coleman, James, "Foundations of Social Theory. Cambridge", Mass: Harvard University Press, 1990.

［126］Diamond . D. W. , Reputation Acquisition in Debt Markets［J］. Journal of Political Economy. 1989, （97）; Boot. A. W. A, Thakor. A. V. Can Relationship Banking Survive Competition?［J］. Journal of Finance. 2000, （2）．

［127］Didar Singh. Financing Export Clusters—Options and Implications for strategy Makers. International Trade Centre UNCTAD, 2006.

［128］David Durand, Cost of Debt and Equity Funds for Business: Trends and Problems of Measurement Conference on Research in Business Finance, National Bureau of Economic Research, New York, 1952: 215－247.

［129］Ferri G. , Messsori M. . Bank－firm Relationships and Allocate Efficiency in the Northeastern and Central Italy and in the South［J］. Journal of Banking and Finance, 2000, 24: 1067－1095.

［130］Gianluca Baldoni, Carlo Belliti and Lee M. Miller. Small－firm Consortia in Italy: An Instrument for Economic Development. UNIDO. New York. March 1998.

[131] Harris, M. and Raviv, A. , Capital Structure and the Informational Role of Debt [J]. Journal of Finance, 1990, 45 (2): 321 -349.

[132] Jensen, M. C. and Mecking, W. H. , Theory of the Firm: Managerial Behavior, Agency Costs and Ownership Structure [J]. Journal of Financial Economics, 1976, 3 (4): 305 -360.

[133] Modiglian, I. F. and Millier, M. H. , The Cost of Capital Corporation Finance and the Theory of Investment [J]. American Economic Review, 1958, 48 (3): 261 -297.

[134] Modiglian, I. F. and Millier, M. H. , Corpporate Income Taxes and the Cost of Capital A Correction [J]. American Economic Review, 1963. 53 (3): 433 -443.

[135] Miller, M. H. , Debt and Taxes [J]. Journal of Finance, 1997, 32 (2): 261 -275.

[136] Myers, S. C. , The Capital Structure Puzzl [J]. Journal of Finance, 1984, 39 (3): 575 -592.

[137] Petersen. M. A. , Rajan, R. G. The Effect of Credit Card Competition on Lending Relationships [J]. Quarterly Journal of Economics, 1995, (110); Cole, R. A. The Importance of Relationships to the Availability of Credit [J]. Journal of Banking Finance, 1998, (22).

[138] Peek J. , Rosengren E. . Bank Consolidation and Small Business Lending: It's not Just Bank Size Thatmatters [J]. Journal of Banking and Finance, 1998, 22: 6 -8.

[139] Ross, S. A. , The Determination of Financial Structure: The Incentive - Signaling Approach [J]. Bell Journal of Economics, 1977, 8 (1): 2 -40.

[140] Ray G. H. , Hutchinson P. J. . The Financing and Financial Control of Small Enterprise Development [M]. England: Gower Publishing Company Limited, 1983.

[141] Stiglitz J. E. , Weiss A. Credit Rationing in Markets with Imperfect Information [J]. American Economic Review, 1981, 17 (3): 393 -410.

[142] Schmidt - Mohr U. Rationing Versus Collateralization in the Competitive and Monopolistic Credit Market Swith Asymmetric Information [J]. European Economic Review, 1997, 41: 1321 -1342.

[143] Steel W. F. . Changing the Institutional and Policy Environment for Small Enterprise Development in Africa [J]. Small Enterprise De - velopment,

1994, 5 (2): 4-9.

[144] Strahan P. E., Weston J. P.. Small Business Lending and Bank Consolidation: Is There Cause for Concern? [J]. Current Issues in Economics and Finance, 1996, 2 (3): 4-9.

[145] Taylor L.. Varieties of Stabilization Experience Towards a Sensible Macroeconomics in the Third World [M]. Oxford: Clarendon Press, 1988.

[146] Whette H. C.. Collateral in Credit Rationing in Markets with Imperfect Information [J]. American Economic Review, 1983, 73: 442-445.

[147] Williamson S. D.. Costly Monitoring, Financial Intermediation and Equilibrium Credit Rationing [J]. Journal of Monetary Economics, 1986, (9): 169-179.

后　　记

本著作是本人主持的浙江省自然科学基金项目"中小企业集群资本市场融资新模式研究"（项目编号：Y6110424）的结题研究成果之一和教育部人文社会科学规划基金项目"中小企业集群潜在融资优势的发挥机制：理论到现实的传导研究"（项目编号：12YJA790032）的阶段性研究成果之一。

中小企业集群融资问题是一个新的研究领域，人们对其研究是近几年的事情。到目前，虽然已有不少学者开始关注和研究中小企业集群融资问题，但无论研究者群体层次和数量方面，还是研究角度和研究数量质量方面，都还很不尽如人意。

我本人对中小企业集群融资问题的研究，源于2005年的一次与学生的讨论，在与他谈到集团财务公司时，我突发奇想，"既然企业集团可以成立财务公司，那么中小企业集群是不是也能成立财务公司呢"。

8年前我进入中小企业集群融资研究领域时，与此相关的研究者和论文还寥寥无几。当时，国际上对产业集群的研究已经比较成熟，而国内对其的研究也已成热点，但与此相应的中小企业集群融资研究仍然是缺失的。看到这种研究状况，我比较"敏锐地"意识到中小企业集群融资问题就是研究的"蓝海"。于是便从此开始了中小企业集群融资的研究。经过这么多年的艰辛努力，也算是有所收获，发表了若干篇中小企业集群融资的论文、指导了几名相关主题的研究生毕业论文、获得了2项相关主题的省部级课题和2项市政府科研奖励，这部专著也是其中收获之一。

本论著主要由我本人完成，但也凝结了其他课题组成员的智慧，是课题组集体劳动的成果，在此对他们表示由衷地感谢。他们分别是浙江师范大学经济与管理学院前党委书记孙伯良博士教授，浙江师范大学经济与管理学院冯潮前副教授，浙江师范大学经济与管理学院刘斌红副教授，浙江师范大学经济与管理学院姜新旺博士副教授，浙江师范大学经济与管理学院王敏博士讲师，浙江师范大学经济与管理学院郑小碧博士讲师，浙江师范大学图书馆杨莉馆员，浙江师范大学经济与管理学院已毕业研究生朱纯晨、黄志、陶凤平同学。正是在他们的支持、参与和帮助下，得益于他们的辛勤调研、深入思考、思辨讨论和认真工作，才有这样的研究成果。尤其是我指导过的学生在做毕业论文时的钻研和穷思精神可嘉，他们的毕业论文部分内容经过修改编入了本书的相关章节（朱纯晨的第五章第二节"二"、黄志的第五章第四节"一"、陶凤平的第五章第三节"一"、叶建平的第五章第三节"二"），以期他们在今后的工作中能够继续深入思考、研究和运用中小企业集群融资模式。

特别感谢浙江省特级专家、中共浙江省委党校二级教授、浙江师范大学特聘教授、浙江师范大学经济与管理学院前院长陆立军先生，先生不仅在工作和生活上给予了我非常多的关心和帮助，而且在该课题的研究上自始至终倾注了更多的关注、鼓励、指点和帮助，让我从中学到了不少有益的东西，受到了很大启发，树立和坚定了信心，为本课题顺利完成丰富了思想和理论。

感谢浙江省自然科学基金委员会和教育部给予立项，感谢本课题评审专家的辛勤劳动和宝贵意见，感谢浙江师范大学提供配套经费，感谢浙江师范大学经济与管理学院的领导和同事们给予的各种形式的大力支持，感谢为本课题调研提供机会和帮助的所有单位和个人，感谢书中列出和未列出姓名的所有参考文献作者，感谢中国金融出版社及张智慧、王雪珂等编辑，感谢关注本课题的其他所有同仁和朋友。

高连和于芙蓉峰下丽泽湖畔
2013 年 12 月 12 日